中公新書 2191

砂原庸介著

大阪——大都市は国家を超えるか

中央公論新社刊

はじめに

大都市「大阪」の来歴

「大阪」という地名を聞くとき、人々はどのようなイメージを抱くだろうか。中世以来の商人の町、そこで培われた上方《かみがた》文化、近年繰り返されるお笑いブームも含めて、日本のなかでも特有の存在感を持った都市というプラスのイメージがある。他方で、最近語られるのは、企業の大阪からの撤退や東京への本社移転、生活保護受給者の急増に象徴されるような貧困の拡大といった、特に経済面での地盤沈下というマイナスのイメージもある。

ただ、正負いずれのイメージにしても、「大阪」には日本有数の大都市として、「東京」とは違う何らかの核、人を惹《ひ》きつける求心力が期待されているように思われる。また、少なくとも大阪に住む人間としては、まだ期待されていると思いたい。それは日本の首都である東京とは異なる文化や情報の発信地となることへの期待であり、同時に、最近ではその期待に沿うことが難しくなりつつあることも認めなければならないだろう。

しかし、ここでイメージされる「大阪」がどのような範囲を指すのかと考えた途端、おそらく人によって異なる印象を持つことになるのではないか。基礎自治体として横浜市に次ぐ二七〇万人の人口を抱える大阪市の内側だけが「大阪」なのだろうか。あるいは大阪市を含む広域自治体である大阪府の全域を「大阪」としてイメージするのだろうか。また、大阪国際空港を持つ伊丹《いたみ》市のように、兵庫県に属するが、「大阪」に内属する地域として語られる地域も存在する。

経済の中心地として栄えた近世以来、徐々に拡大していく都市としての「大阪」は、基本的に大阪市の拡大と軌を一にしていた。経済の発展によって中心部が整備されていくとともに、中心部へと通う人々が住む後背地域が拡大し、市域は一八九七年（明治三〇）、一九二五年（大正一四）、五五年（昭和三〇）の三回にわたって拡張されている。特に一九二五年には、著名な社会政策家でもあった当時の關一《せきはじめ》市長が、大阪市の後背地を重視し、都市と農村とが混在していた東成《ひがしなり》郡・西成郡を合併によって大阪市に取り込むことに成功した。このときに、市の面積は五五平方キロから一八一平方キロへと大幅に拡大し、現在の大阪市がほぼ形作られる（二ページの図0－1参照）。

關は、「大阪」の抱えていた住宅問題を解決するために、交通網の整備や近代的な上下水道の整備など、都市計画に基づいて都市的なインフラストラクチャーの整備を進めようとした。その主眼は、「大阪」という都市を、経済発展のなかで無秩序に膨張させるのではなく、都市計画による秩序に基づいて拡大させていくところにあった。

最終的に、關は中央政府から都市計画に関する権限を十分に獲得できず、その後続いていく大阪市の領域を決定づけた他には、自らの構想を必ずしも実現することはできなかった。しかし、その先見性は、大阪のメインストリートたる御堂筋《みどうすじ》の整備や地下鉄建設などの実績と併せて高く評価され、現在に至るまで大都市「大阪」を議論するときに必ず参照されるものとなっている。

第二次世界大戦後、「大阪」は大阪市とともに拡大していく可能性がないわけではなかった。しかし、一九五五年の第三次市域拡張は、周辺の小さい町村と合併したのみで、一九二五年に關が主導した第二次市域拡張と比べると非常に小規模なものにとどまった。そしてその後は臨海部への埋め立てによる市域の拡張を除いて、大阪市の領域は広がることがなく現在へと至っている。

その間、大都市としての「大阪」では、北摂《ほくせつ》地域・泉北《せんぼく》地域をはじめとするベッドタウンの拡大、大阪国際空港(伊丹空港)・関西国際空港、大阪南港・堺《さかい》泉北港といった空港・港湾整備、あるいは大都市圏としての交通網の整備が企図されてきた。このような「大阪」の整備は、大阪市だけではなく、周辺自治体や広域自治体である大阪府との協力が謳《うた》われながら、しばしば対立をともないつつ進められてきたものである。「大阪」の都市計画をあくまでも大阪市のなかで実現しようとした關の構想とは異なって、戦後の「大阪」は大阪市を置き去りにして拡大していった。

そして二〇一〇年、府民からの強烈な支持を受ける橋下徹《はしもととおる》知事が発表した「大阪都構想」は、關一以来の問題に、新たな光を当てることになった。これまでの大阪市とは異なる枠組みで「大阪」を考えることが提案されたのである。もちろんこの間、「大阪」をどのように扱うか、という問題が議論されてこなかったわけではない。しかし、一九九〇年代以降の日本経済の長期停滞とグローバル化した都市間競争の激化、そして二〇〇九年の政権交代へと結実した日本の政治空間の変容によって、現在「大阪」という大都市の問題を単に大阪市・大阪府の問題としてだけでなく、日本全体の問題として扱う必然性がかつてないほどに高まっているのである。

「大阪都構想」と大都市の役割

本書では、「大阪」というフィルターを通して、日本における大都市の問題を議論していく。同じような議論は、「名古屋」をはじめその他の地域の大都市でも当てはまるところがある。重要なことは、従来の「国土の均衡ある発展」という理想の実現が難しくなるなかで、経済成長のエンジンとなる大都市をどのように扱うべきかを考えることである。それは、本質的に特定の地名に回収されるべき問題ではないのだ。

本書を執筆することになった直接のきっかけは、言うまでもなく橋下徹と大阪維新の会が掲げる「大阪都構想」と、それに連なる政治的な変動である。二〇一一年四月の統一地方選挙に続き、一一月の大阪府・大阪市の「ダブル選挙」で勝利した大阪維新の会は、その後の国政進出を表明して日本政治の台風の目となり、その中心にいる橋下徹について毀誉褒貶《きよほうへん》のさまざまな評価がなされている。

しばしば目につく評価は、大きくふたつに割れている。ひとつは、橋下こそが「改革者」であり、停滞した日本政治に対して刺激を与えるとともに、将来には国政でのリーダーシップを期待するようなものである。他方で批判的な論者は、橋下が「ポピュリスト」であり、問題の多い政策を掲げながら有権者を煽動《せんどう》してきたとする。このような議論では、橋下徹という個人について論評し、その人格や思想をもとにして「大阪都構想」のような政策への評価を行う傾向が強い。

もちろん、政治家個人について考えることは重要である。橋下についても、その著書を読めばきわめて有能な一面を持つ政治家であることはわかるし、実際にこれまでに政治に参加してこなかった層をも動員して多くの支持を取り付けることに成功していることを見れば、それを可能にした個人の人格や思想に注目して議論するのは不自然ではない。しかし、個人に注目し過ぎることは、反対にそこで提案される政策への評価を歪《ゆが》めることにならないだろうか。

「大阪都構想」は、その最たるものである。核となる政策であると位置づけられている以上、その主張者の意図と切り離して考えることは難しい。そして、観察する周囲の人間は、主張者である橋下の人格や思想から意図を想像し、そこから「大阪都構想」がどのようなものかを評価することになる。「大阪都構想」の内容が、必ずしも常に一貫したものとして説明されていないために、観察者側の想像で補うことができない部分には、「具体性に欠ける」という批判がつきまとうことになる。

本書では、主張者の意図を離れて、「大阪」という大都市をめぐる歴史のなかで「大阪都構想」がどのように位置づけられるかを明らかにしていく。それは同時に、二〇一一年に行われた一連の選挙で勝利した橋下徹と大阪維新の会が、なぜこれほどまでに支持を得ることができたのかについての推論を行う作業にもなっている。そのような狙《ねら》いのもとで、大都市という存在が現れた明治期に遡《さかのぼ》り、日本全体と「大阪」――国家と大都市――を行きつ戻りつしながら論を展開していく。

本書の構成

第I章では、戦前から終戦直後にかけての大都市をめぐる政治を整理することで、現代にまで通じる三つの対立軸を析出《せきしゅつ》する。それはまず、選挙によって密接な関係を築いた代表を通じて個別的な利益の実現を追求する立場と、都市全体としての収益を上げることを追求する立場の対立である。次に、東京を帝都＝首都として特別なものとみなす考え方と、東京以外の都市を含めた大都市というグループを重視する考え方の対立である。そして三つめは大都市が自らを中心とした将来計画である都市計画を構想するべきという考え方と、大都市といえども全国的な計画のなかに位置づけられるべきであるとする考え方の対立である。

第Ⅱ章では、大都市が抱える都市問題と政治の関わりについて取り上げる。「大阪」は、都市問題が非常に先鋭的に現れていた、いわば課題先進地域であり、戦前以来の専門官僚制には解決が常に求められていた。戦後は、都市問題の解決への期待から社会党を中心とした革新勢力が台頭し、一時は戦前の六大都市の市長をすべて影響下に置くが、すぐに失速していく。そして、大都市における成長の果実を農村への再分配に回す「自民党システム」が確立するなかで、大都市はその自律性を封印されるのである。

第Ⅲ章では、高度経済成長期以降の大都市の再編成について論じる。高度経済成長の人口集中で、「大阪」の範囲が広がっていたにもかかわらず、市長である中馬馨《ちゅうまかおる》から、大阪市域の大きな拡張とそれに併せて大阪府と周辺県の合併が提案されたが、大阪府と関係自治体の賛成を得られず挫折《ざせつ》する。それ以降、府県と政令指定都市という関係は固定化され、経済低成長のなかで大都市は次第に行き詰まりを見せていく。しかし一九九〇年代以降の政治や社会の変化を受けて、あらためて日本のなかでの大都市への注目が集まる環境が整ってくる。

第Ⅳ章では、いよいよ橋下徹と大阪維新の会に言及する。彼らは、大都市への注目が集まる環境が整う転換期に、鮮烈に登場することになった。一九九〇年代後半以降、都市を中心として「無党派」の有権者と彼らに支持される「改革派」の知事や市長が増加し、現状維持に斬《き》り込む改革が進められる。橋下は二〇〇八年に国政での自民党と民主党の対立という枠組みのなかで知事に就任した。しかし就任後は、「自民党システム」の動揺を背景に、遅れてきた「改革派」として大阪府政の現状維持志向を問題視し、大阪府と大阪市の再編に取り組む。大都市の再編を掲げて大阪維新の会という地方政党を組織し、連続する選挙で支持を受け、ついには二〇一一年一一月の象徴的な「ダブル選挙」で勝利するのである。

第V章では、それまでの議論を踏まえた上で、大都市の問題が、今後の日本全体の課題として、どのように位置づけられるか展望していく。まず第I章で析出した対立軸を用いながら現在の大都市をめぐるさまざまな問題の位相を確認し、それが国政の争点になることの意義を議論する。その上で、重要性を増す大都市に配慮したかたちでどのように制度的な対応を行うことができるかを検討する。そして橋下徹と大阪維新の会が提唱する「大阪都構想」に通底するふたつの論理――本書では「都市官僚制の論理」と「納税者の論理」と呼ぶ――を明らかにする。

終章では、本書の議論をまとめた上で、今後、大都市のゆくえがどのように議論され、決定されるべきかを考察する。そこでは、第V章で明らかにしたふたつの論理を、どのような手続で、いかにバランスさせるかが重要な問題となる。そして最後に、都市が国家を超えるような自律性を獲得すべきか、という非常に大きな選択を提示しうる「大阪都構想」の意義を展望して、本書を閉じる。

目次

大阪——大都市は国家を超えるか

図０－１　**大阪府と大阪市**

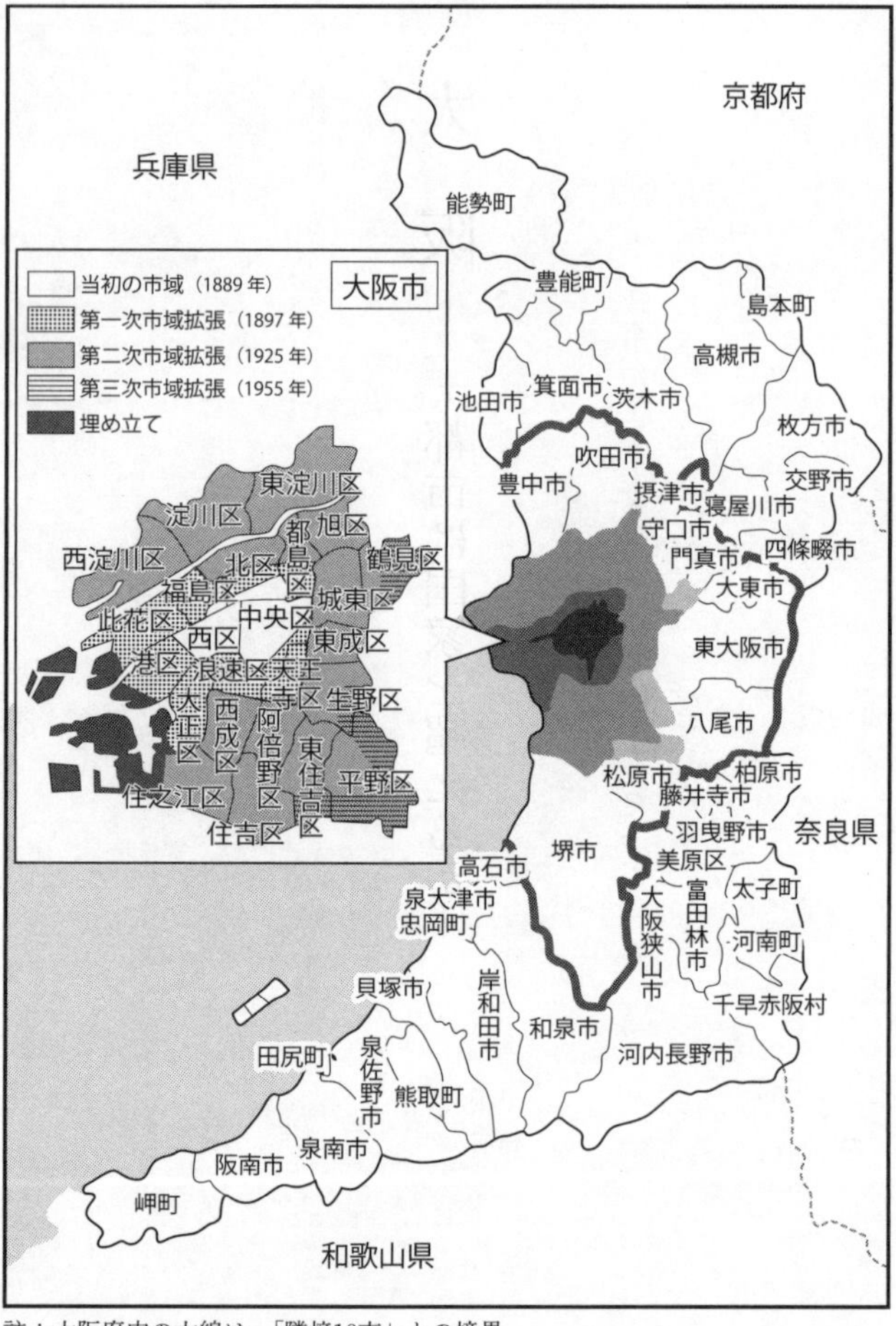
京都府
兵庫県
能勢町
豊能町
島本町
高槻市
池田市
箕面市
茨木市
枚方市
吹田市
豊中市
摂津市
交野市
寝屋川市
守口市
門真市
四條畷市
大東市
東大阪市
八尾市
松原市
柏原市
藤井寺市
羽曳野市
奈良県
堺市
美原区
高石市
泉大津市
忠岡町
太子町
大阪狭山市
富田林市
河南町
貝塚市
岸和田市
千早赤阪村
和泉市
田尻町
泉佐野市
熊取町
河内長野市
泉南市
阪南市
岬町
和歌山県
当初の市域（1889 年）
第一次市域拡張（1897 年）
第二次市域拡張（1925 年）
第三次市域拡張（1955 年）
埋め立て
大阪市
東淀川区
淀川区
都島区
旭区
西淀川区
北区
鶴見区
福島区
城東区
此花区
中央区
西区
東成区
港区
浪速区
天王寺区
生野区
大正区
西成区
阿倍野区
東住吉区
平野区
住之江区
住吉区

註：大阪府内の太線は，「隣接10市」との境界

第Ⅰ章　大都市の成立と三つの対立軸——問題の根源

1　自治の確立——三市特例から六大都市へ

大都市のイメージ

現代の日本における大都市のイメージとはどのようなものだろうか。二〇〇〇年代に本格化した、いわゆる「平成の大合併」には、そのイメージがよく現れている部分がある。それは、地方自治法上の政令指定都市をめぐる議論である。

政令指定都市制度とは、日本の大都市についての特例を定めた制度であり、指定された市は、その市が属する道府県から特例的に権限の移譲を受ける。

移譲される権限は、社会福祉に関連するものが多く、それに加えて都市計画に関連する権限が含まれる。また、市内を複数の行政区に分けることも、政令指定都市の重要な特徴である。行政区では選挙で選ばれた区長・区議会は存在しないが、市長から任命された区長のもとで市の業務が分担されている。

「平成の大合併」を通じて、それまで一二市であった政令指定都市は、二〇市（二〇一二年四月に移行した熊本市まで）へと増加した。その多くは、もともと一定の規模を持つ都市が、周辺の小規模な市町村を合併して人口要件をはじめとした一定の要件を満たすことで成立したものである。

政令指定都市は、もともと旧五大都市と呼ばれる大阪市・名古屋市・京都市・横浜市・神戸市を対象とする制度であった。しかし、この制度は拡大を続けるその他の都市にも適用されていく。適用の際に、しばしば焦点が当てられたのが人口要件である。人口要件は、地方自治法の規定では人口五〇万人以上となっているが、事実上の運用基準として、少なくとも近い将来に人口一〇〇万人を超えることが求められてきた。

実際、「平成の大合併」が始まる前に政令指定都市とされてきた都市では、現在までのところ千葉市を除いて人口が一〇〇万人を超えた経験を持つ。しかし、「平成の大合併」の過程では、特例としてこの要件は大きく緩和され、将来的に人口が一〇〇万人を超えることが予想されない都市でも政令指定都市と認められるようになっている。二〇〇五年に一四番目の政令指定都市となった静岡市より後では、事実として人口七〇万人以上の都市が政令指定都市とされるようになった。

この間につくられてきた政令指定都市は、必ずしも都市として拡大を続ける大都市というイメージではない。逆に、広大な過疎地域も含めて何とか人口要件をクリアして政令指定都市となった都市もある。さらに、「平成の大合併」以前に政令指定都市になった都市にも、人口が増大する周辺部を合併して拡大していくという事例はほとんど見られない。旧五大都市は二〇〇五年に北桑田郡《きたくわだ》京北町《けいほく》を編入した京都市を除けば、一九六五年以降合併を行っていないし、その他の都市でも政令指定都市になってから新たに合併を行ったのは広島市（一九八五年、二〇〇五年）と福岡市（一九七五年）程度である。[1]

このような動向を見ると、現代の日本における政令指定都市は、都市としてのゴールのような状態となっていると言える。全国的な人口の減少が始まるなかで、「平成の大合併」が終了して、二〇一〇年三月に政令指定都市の人口要件についての特例も廃止され、今後新たに大都市として政令指定都市となる都市が現れることは、ほとんど予想されていない。

都道府県に匹敵する権限を持つ政令指定都市という地位は、都市にとっての「格」のようなものである。一度その地位に就くことになれば、都市のさらなる拡大は行われないし、また、政令指定都市の地位を失うこともない。たとえば、五大都市では、横浜市以外の都市の人口は、一九七〇年代から頭打ちの状態にある。また五大都市以外ではじめて政令指定都市となった北九州市は、近年急激な人口減によって、二〇〇五年の国勢調査では人口一〇〇万人を割り込むことになった。他の政令指定都市についても、いまや人口の増加への対応よりも減少をどのように食い止めるか、という問題設定が重要なものとなりつつある。

ここまでに見てきたように、政令指定都市となった大都市が、その後さらなる拡大を進めることは稀《まれ》であり、大都市としての地位を静態的に維持するイメージがある。領域をさらに拡大することも、そのために国に挑戦することもなく、粛々と与えられた事務をこなしていくのである。「平成の大合併」で生まれた政令指定都市は、その典型とも言える。必ずしも人口が拡大しているわけではない周辺地域を編入して人口要件を満たし、大都市としての「格」を整えたものと理解するのはそれほど不自然ではないだろう。

しかし、このような大都市のイメージは、あくまでも戦後、とりわけ高度経済成長期以降のものである。以下では、戦前から占領期にかけての、人口が急激に増加する周辺部を編入しながら拡大していく動態的な大都市の姿を追う。そのことから現在に至るまでに大都市をめぐる政治がどのように展開してきたかを探っていく。

市制施行と有力者による支配

まずは、日本で地方制度が導入された時期から見ていこう。

近代の地方自治制度は、一八七八年(明治一一)に制定された三新法、すなわち郡区町村編制法・府県会規則・地方税規則という三つの法令によって始まる。府県の下に江戸時代以来の自治機能を有してきた町村の存在が法的に認められ、その運営は町村ごとに置かれる公選の戸長に委《ゆだ》ねられた[2]。他方で、府知事と町村戸長の間に官選の郡区長を置いて、町村戸長を指揮・監督させた。区は人口密集地域に置かれ、特に人口の多い東京では一五区、大阪で四区、京都で二区が設置されている。

大都市を考える上で重要なのは、一八八八年に制定された市制・町村制である。市制が施行されたときに、指定されたのは三一市であり、同年に指定された市を加えても、市の数は四〇に満たなかった。つまり、当時のきわめて限られた人口密集地域のみが市として認められていたのである。

市制の施行によって、市は「自治体」となる。すなわち、市会が置かれ、住民のなかから市会議員が選出されて、市の意思決定を行う。しかし、市会は、必ずしも市の住民の意思を平等に反映するものではなかった。選挙権を持つのは、一戸を構えた男子で二年以上（1）市に居住し、（2）市の税負担の分任を行い、（3）市内で地租（土地に課される国税）を納めるか直接国税を二円以上納める、という要件を満たした二五歳以上の「公民」のみであった。しかも市会議員を選出する選挙は、三級制選挙という特殊な選挙で行われていた。

三級制選挙とは、納税総額を三等分して各級から同じ数の議員を選出するという方法であり、多くの税を納めている納税者から過剰に代表が選出される制度であった。そして市長は、府県知事のように国から任命されるわけではなく、市会からの推薦に基づいて内務大臣が天皇に裁可を求めて正式に決定された。そのように選出される市長のほか、市会は助役と名誉職参事会員を選出し、市長とあわせて構成される市参事会が市の行政を統括することとされた。

このような選挙制度を通じて議員を選出する以上、税を納める有産者、とりわけ多額の納税を行う資本家が、自分たちの代表を市会に送り込むことが容易となる。特に大阪市では、議員候補者を選挙前に予選する団体の存在を基礎とした「予選体制」が確立し、地域の有力者による市会の支配が進んだとされる。[3]このような団体は、特定の目的を実現することを目指す政党とは異なる。しかし、三級制選挙という選挙制度を前提にすれば、資産を持つ地域の有力者による市会の支配が広がり、さらに市長や市参事会に強い影響を与えることは不思議なことではない。[4]

三市特例とその廃止

ただし、実は市制が施行された当初、東京市・大阪市・京都市という三大都市に対しては、市制の特例が設けられていた。すなわち、市会が市長と助役を選ぶことはできず、市長の職務をそれぞれの府知事が、助役の職務を府の書記官が行うのである。三市が広すぎるために特例が必要ということであったが、この特例によって他の市と比べて圧倒的に多くの人口を抱えていた三市はそれぞれの府の直轄となる。

大阪市でも市会は設けられたが、官選の府知事が市長、その他の府の官吏が市の吏員を兼務したことで、大阪市には新たな職制は設けられず、大阪府庁のなかに大阪市役所があるという考え方が出てきたという。[5] 特例の下でも市参事会は構成されていたが、市会から選任された名誉職参事会員は、内務官僚であって府知事や府書記官を兼ねる市長や助役に対して不満を蓄積し、しばしば市参事会員の辞任も見られた。[6]

三市の市会議員と住民たちは、このような制度に対して次第に反発を強め、特例の廃止を求めていく。それぞれが市会で市制特例の廃止について建議し、国会では地域の有力者たちの意見を代弁する民党会派の議員の提案で廃止が議論された。その背景には、富国強兵・殖産興業という国家的政策のなかでの大阪市の都市としての成長、商工業の膨張によって生じる都市問題に対して、市長以下の官僚が有効な手立てを打つことができなかったことに対する強い不満があったと考えられる。[7]

市制特例を廃止する提案は、政府・官僚の強い意向を受けた貴族院で否決されてきたが、一八九八年（明治三一）に特例の廃止が実現する。背景には日清戦争後の資本主義の発展にともなって、都市の資産家を中心とした有力者が一定の政治勢力として成立し、政府・官僚や貴族院もその要求を容認することを迫られたことがある。[8] 市制特例の廃止が、最初の政党内閣である第一次大隈重信《おおくましげのぶ》内閣の成立とほぼ同時期に行われたのは、それを象徴していると言えるだろう。

市制特例が廃止された結果、三市でも市長は市会によって選ばれることになった。これによって、重要な政治勢力になっていた都市の資産家たちが、制度的にも市会－市参事会を通じて市政を掌握するようになった。制限された選挙とはいえ、選挙によって選ばれた勢力が、都市の自治について決定権を有するようになったという転換は、三大都市が名実ともに近代都市としての歩みを始めたことを意味するものであった。

市長の役割をめぐる論争

市制特例の廃止によって、大都市でも近代的な自治が制度的に確立した。しかしそれは、当初必ずしも安定的なものではなかった。その背景には、市会のもとで都市の運営をリードする市長をどのように位置づけるかという論争があった。

一方の主張は、市長が専門家として市政をリードするべきであるというものである。都市に特有の問題が深刻化するなかで、市長はその仕事に見合う給与を受けて、職務に専念する。市長には、一九〇〇年代にすでに深刻になりつつあった交通問題や上下水道の問題、衛生に関する問題などを解決する高い経営能力を持つことが要請されるというのである。市民の代表である市会は、能力を基準として慎重に専門家を選任し、一度選んだ市長に対して都市問題の解決を委任する役割を果たすことが求められた。

他方は、市長が名誉職であるべきだというものである。自治の理念を強調し、市長に専門家を置くことで市政が官僚化することを批判的に捉《とら》える考え方である。都市を代表する市長はあくまで名誉職的な存在であり、市長を補佐する助役以下に専門家を置くことで自治を守る。このような立場からは、市民の代表である市長は、市民からの直接選挙によって選出されることが理想とされた。

当初の市制では、市長は有給の専務職とされていたが、市の運営に関する権限は市長個人ではなく、市長や助役に加えて市会からの参事会員も含まれる名誉職市参事会に集中していた。市制施行後の市長は、はじめのうちは大都市でも区戸長や幕藩体制下の有力者など地元で名望のある人物が選ばれていることが多かった。しかし、市政の抱える問題が複雑になっていくにつれて、実業家や地方官といった専門家としての経歴を有する人物が市長に選任される傾向が顕著になっていく[10]。

とはいえ、専門家の市長といえども、無条件に力を発揮することができるわけではない。市長を選任する市会の安定した支持が得られなければ、期待された成果をあげるどころか、任期を全うすることも難しい。大阪市の経験は、それを如実に示している。

大阪市では、前述のように、制限選挙を背景として「予選体制」と呼ばれる地域の有力者を中心とした支配体制が確立されていた。市内の学区や区を単位に結集した中小の資産家層が、自らの局所的な利害を背景に、対立と妥協を繰り返していたのである。市会を牛耳る「予選派」は、市長の職務に対しても干渉を行い、市制特例廃止後の大阪市長は、二代続けて六年の任期の半分程度で辞職に追い込まれていた（巻末「歴代大阪府知事・市長」参照）。

都市官僚制の成立

「予選派」は、自らの支持者たちの個別的な利益と結びつき、市政を壟断《ろうだん》した。それに反発する新興の実業家やブルジョワジーを中心的な担い手として市政改革運動が展開され、一九一〇年（明治四三）の市会選挙で予選派は大敗する。改革運動の担い手たちは、市政が腐敗した原因を、市会議員とその支持者が個別的な利益を通じて結びつきやすい選挙制度や、専門家である市長が市会に左右される執政制度に見出した。そして、市制を改正することで、これらの制度の刷新を求めた。

市制改正を求めるのは、大阪市だけではなく、全国的に見られる動きだった。国会でも、一九〇六年から市制改正案は提案されており、最終的に一一年に改正が実現する。

その内容は、独任制の市長を中心とした都市官僚制の強化を図るものであった。その上で、市長と市会が相互に抑制と均衡を図るための制度が導入された。従来の参事会中心主義は解体され、参事会は存続するものの市会を補充する副次的な議決機関として位置づけられた。

この市制改正は、特殊な選挙制度を通じて市会を支配し、市の意思決定を歪めることもあった都市の資産家を中心とした有力者に対して、専門家としての能力を持った市長がリーダーシップを発揮するきっかけを与えるものだった。都市全体の利益を図ろうとする公共心と専門的な経営の知識と能力を持つ「企業家」としての市長に率いられて、情実的・縁故的な意思決定とは異なる、合理的で近代的な都市行政の構築が行われる可能性が開かれたのである。[11]

さらに、その後一九二一年の市制改正による選挙権の拡大と三級制選挙の二級制への変更、一九二六年の地方における普通選挙制の導入によって、都市の資産家たちの勢力は弱まっていった。

ただし、すべての大都市で市長が官僚制を率いて強いリーダーシップを発揮したわけではない。それは、市長と市会との関係に現れる。市制改正後、池上《いけがみ》四郎《しろう》（在任一九一三～二三）、關一（在任一九二三～三五）と長期にわたって手腕を振るった市長が続いた大阪市は典型的な成功例である。また、名古屋市や神戸市は、大阪市と同様に市会によって選任された市長が長期にわたって在職し、市営事業を中心に安定的な市の運営を行ってきた。それに対して、東京市、京都市、横浜市などでは、たびたび市長が更迭され、在任期間が短い。[12] 民意を反映する市会で安定的に市長を支持する勢力が存在しなければ、市政は混乱するのである。[13]

国家事業から都市計画へ

一九一一年（明治四四）の市制改正によって都市官僚制による近代的な都市行政の構築への道が開かれるなか、現実的な問題となったのは、都市交通や上下水道の整備をはじめとする市営事業の実施であり、都市の成長を促進する都市計画であった。

日本における都市計画の原型は、市制施行と同じ年、一八八八年に内務省によって公布された東京市区改正条例である。たびたび火災による被害を受けていた東京では、一八七八年前後から、東京府全体にわたる都市の近代化を計画していた。その過程で生まれた東京改造計画、「道を拡げ水路を掘り広場や公園を画す仕事」としての市区改正という言葉は、日本における都市計画の源流となっている。[14] この計画は、近世の江戸を近代都市東京へとつくり直すという観点から、築港計画、道路・鉄道といった交通計画、市場・公園・広場・墓地などの施設計画、用途地域制や防火制など広範な内容を含んだ計画として構想された。

当初、中央市区の改造に絞った計画を地方税負担の拡大によって進めようとした東京府知事に対して、地方税負担を嫌う東京府会はたびたび否定的な見解を示す。[15] その後、内務省と東京府知事は、東京を全国の運輸交通体系の要として位置づけ、近代的な「帝都」としてつくり変えようとする。そのため、抵抗する東京府会をパスして国税によってその財源を賄おうとするが、その国税として構想された入府税(東京府に流入する物品にかける関税)については、内務省・大蔵省の間で妥協することができなかった。

市区改正という東京の改造計画は、国家事業としての性格を維持しつつ、最終的に東京市民の負担によって、外債も含めた公債、市営事業からの収益や、特別税である都市計画特別税収入を財源として進められた。

反対していた東京府会の合意を取り付けるきっかけとなったのは、東京における水道改良問題である。コレラ流行のような衛生問題から、市区改正の即時実施を受容する論理が生じ、都市のブルジョワジー層を支持基盤とする立憲改進党を中心に、新聞ジャーナリストなども賛成に回っていった[16]。

東京における市区改正の経緯を見ると、その負担を被ることになる資産家層は強く反発し、都市近代化政策を展開するための負担の拡大について合意を得ることが難しかったことがわかる。それでも最後には、東京全体の共同利益に基づいた水道改良事業を軸に妥結を見た[17]。一九〇三年に計画の大幅な縮小が行われるなど、さまざまな障害に遭遇しながらも、東京の道路は拡げられ、上水道は敷設され、次第に近代都市としてのかたちを整えていくことになった。

市区改正事業は首都である東京にのみ適用された国家事業であり、他の都市には市区改正事業とそれを進めるための特別税などの財源確保の手法は認められていなかった。市区改正は、単に東京という大都市のひとつを改造するという事業ではなく、首都という特別な大都市を改造する国家事業と位置づけられていた。それはあくまでも国家事業であり、大都市が国から自律して自らの改造を行うような事業は認められないのである。

しかし、市区改正事業が東京にしか認められていなかった時期であっても、事実として大都市は自らを改造する大規模な事業を行っている。代表的には市営の電気鉄道や港湾の建築などである。そこに共通するのは、収益的な事業という性格であった。特別税などの財源を確保できない代わりに、大都市は成長部門・高収益部門に大規模な公共投資を行って、地域経済の振興を図りつつ、その収益の還元によって事業を行っていたのである。

結局、国は大都市が自ら抱える問題に対応して、自律的に事業を行うことを認めざるをえなくなる。一九一八年には、市区改正条例が京都市・大阪市に準用され、さらに一九年の都市計画法制定によって、神戸市・横浜市・名古屋市を含めた六大都市に都市計画法が適用され、その後も適用都市は続々と増えていった。この間、すでに述べたように一九一一年の市制改正によって、専門家としての能力を持った市長がリーダーシップを発揮する可能性が開かれている。市営事業、さらには郊外も含めた都市計画事業の担い手としての市長のもとで、大都市は拡大への道をたどることになる。

2　国家への挑戦——特別市運動と東京都制

拡張する大都市

一九〇〇年代には、大都市の人口が急増するのにあわせて、郊外へ膨張した市街地を合併によって大都市のなかに取り込む動きが続いた。表1-1は、六大都市の人口の変遷である。一九二〇年代の前半における東京・横浜の停滞を除けば、一八九〇年代以降、ほぼ五年間で一〇%程度の人口成長が続いている。

明治維新から一八八〇年代まで、都市での人口増加は緩やかに推移し、幕末・維新以来の

表1-1　**6大都市の人口**（単位1000人）

年次	東京	横浜	名古屋	京都	大阪	神戸	合計
1889	1015	127	141	280	513	139	2215
93	1093	152	163	310	535	158	2411
98	1238	186	*199	345	*656	*206	2830
1903	1454	*242	230	*373	770	263	3332
08	1666	286	*273	426	896	337	3884
13	1880	*321	323	501	991	392	4408
18	2122	387	*392	*578	1166	529	5174
20	*2173	432	430	617	1253	*609	5514
25	1995	405	*768	679	*2114	644	6605
30	2070	*620	*907	765	2453	*787	7602
35	*5875	704	1082	*1080	2989	912	12642
40	*6778	968	1328	1089	3252	967	14382

註：*は合併による増加を含む

人口減少を回復するには至らなかった。しかし一八九〇年代には紡績業を主軸とする産業革命が始まり、紡績業の中心地大阪とその輸出港である神戸を中心に人口増が観察される。さらに、一九〇〇年代に入ると日露戦争後の不況のあおりを受けて人口の成長は停滞するものの、市区改正事業が軌道に乗った東京市が、都市全体の人口増加の四割程度を占めるようになる。

一九一〇年代から二〇年代にかけては、東京市以外の大都市で人口が増加し、東京市との格差が縮小する。第一次大戦期の輸出ラッシュで潤った大阪市と神戸市で人口は急増し、都市の改造を進めた京都市でも増加する。それに対して、東京市と横浜市は一九二三年（大正一二）の関東大震災によって大きな被害を受け、人口の流出さえ見られた。この時期における都市の成長の中心は、大阪市をはじめとする関西の大都市だった。

大阪市は、一八九二年から九五年にかけての上水道の敷設、九六年から一九一〇年にかけての淀川《よどがわ》改修工事、また一八九七年から長期にわたって進められた大阪港の築港事業など、大都市としての基盤整備を進めていく。

一九〇三年には市営電気鉄道が開業し、勤労者の通勤にとって大きな役割を果たすようになる。事業の実施にあたっては、外債を含めた市の発行する公債が一貫して大きな比重を占めていたが、市電事業や一九二三年に市営化される電気事業など企業的性格を持った事業では、事業から得られる使用料・手数料といった収益を再投資することによって拡大が進められていった。[18]

さらに、一八八四年に創立された阪堺《はんかい》鉄道株式会社（南海電鉄の前身）がその翌年に営業を開始して以来、多くの鉄道会社が設立され、鉄道網が急速に延びていった。私鉄は、乗客を獲得するために沿線を住宅地として開発しながら郊外へと延びていく。小林一三《こばやしいちぞう》が率いる阪神急行電鉄に典型的に見られるように、郊外に宅地が開発されて大阪の中心部へと通う勤労者に提供されるとともに、沿線に娯楽地も開発されて人々の流れが鉄道に沿ってつくられていった。[19]

紡績業を中心とした工業化の進展と都市基盤の整備を経て、人々の居住地が拡大していくことは、「大阪」の範囲が拡張されることを意味した。本書の「はじめに」でも触れたように、一八九七年には、第一次市域拡張として市の周辺に位置する市街化した工場地帯の編入が行われた。この新たな工場地帯は、民間の資本によって農地が転用されて開発が進められたことで無秩序に市街化され、その地域に大量に用意された借地借家に農村から流入した工場労働者が居住していった。[20]

「大大阪」へ——全国最大の都市に

都市計画法の成立前後にも、「大阪」の膨張は続く。商業地を中心とする旧市域、工場地帯を中心とする新市域を取り囲む、市外の人口増加が激しくなっていくのである。

たとえば第一次世界大戦期（一九一四〜一八年）の五年間で、大阪市内の人口増加率は一一・三％にとどまるのに対して、大阪市に隣接する東成郡・西成郡はそれぞれ四三・六％、五〇・三％という非常に高い人口増加率を示した。[21] とりわけ大阪市と境界を接する町村では急速に人口が増加し、また人口増の激しい地域の低廉な地価や労働力を求めて工場が進出し、農村だった周辺地域が急速に市街地となっていった。

人口が急増した地域では、工場公害の出現や、教育費や衛生費の増大、さらには住宅の不足といった大都市特有の行政需要が拡大する。このような問題に対応するために、都市計画の策定と実施が求められ、大阪市という都市の圏域を超えて都市計画を立てることは可能とされた。ところが、都市計画区域内における事業の執行は、個々の市町村が行うこととされ、大阪市が隣接町村内の事業を執行することができない。周辺の町村では、事業の執行のための財源を確保することができず、都市に編入されていない地域のスラム化が進んだ。[22]

この問題の解決について、主導的な役割を果たしたのが、ここまで何度か言及してきた關一である。助役を経て一九二三年に市長に就任した關は、都心部を商業の中心にするとともに、郊外の住宅地を開発し、高速鉄道によって都心と郊外を結んで都市の分散を図り、緑地を保存して居住環境を保全することを重視した。關の理念に沿って当時の大阪市域を超えた都市計画が定められ、その計画の確実な実施を目指して、一九二五年に大阪市は都市計画の対象となった広大な農村部を有する東成郡・西成郡までを含めた大規模な合併、いわゆる第二次市域拡張を行ったのである。

關一

「大大阪」と称された第二次市域拡張後の大阪市は、関東大震災で疲弊した東京市を人口・面積の上で凌駕《りょうが》して全国でも最大の都市となり、当時の基幹産業であった繊維産業の中心地として繁栄した。当時の大都市は、いずれも同様に都市計画を策定して市域を広げていったが、安定した市政のもとで基幹産業を成長させていく大阪市の発展過程は、まさに戦前における大都市の発展をリードするものであった。

特別市運動の論点——府県監督への不満

都市計画法が制定された一九一九年（大正八）、六大都市市長の協議会である大都市事務協議会の第一回会議が、東京で開催された。都市問題が深刻化するなかで、共通の問題を抱えた大都市が、その解決のために協議する場が設置されたのである。この協議会は、単純にそれぞれの大都市に共通する実務的な問題についての情報交換だけではなく、都市問題の解決のために大都市の自治権を拡充することを国に対して要求する場ともなった。

拡大する大都市についての考え方は、大きくふたつに分けることができる。そのひとつは、大都市が他とは異なる特別な都市であるがゆえに、他の都市よりも強い統制のもとに置くべきである、というものである。これは、官選の府知事が大都市の市長を兼ねる市制特例に典型的に見られる考え方であり、官僚勢力や貴族院はこのような考え方を根強く支持していた。

それに対してもうひとつは、大都市が特別な都市であるからこそ他の都市と異なる特別の権限を与えられるべきという考え方であり、六大都市の要求はこのような考え方に沿っていた。特に、中間的な団体である府県の監督を受けることに対する不満は強く、一九一〇年代から二〇年代に起こった六大都市による特別市制の実施を求める運動（特別市運動）は、大都市が内務省から派遣されてくる府県知事の監督を脱しようとするものだった。

特別市運動で大都市の側から提示された具体的な論点、現代的な言い方をすれば地方分権の要求は、政治的分権・行政的分権・財政的分権の三つに分けることができる。

政治的分権とは、大都市の市長の公選に関わるものである。すでに述べたように、大都市のうち東京市・大阪市・京都市では市制特例によって、もともとは府知事が市長を兼ねていたが、一八九八年にその特例が廃止され、市会が選出した市長が認められるようになっていた。大都市の側は、新たに特別市が設置されたとしても、当然にこの公選制を維持するべきであると主張した[23]。それに対して大都市が国家的に重要であることを重視する政府は、特別市の設置とともに長を官選に戻すべきであるとしていた。

行政的分権は、大都市に対する内務大臣・府県知事の「二重監督」を廃して直接内務大臣の監督下に置くことを要求するものである。その背景には、大都市人口が増大し、行政事務が膨大になるなかで、府県による監督が事実上困難となるだけでなく、画一的な監督が大都市の円滑な行政執行を阻むと認識されてきたことがある。特に、深刻さを増す都市問題の解決を目的として、府県知事の持つ交通・建築などに関わる警察権の移譲が大きな問題となった。

財政的分権は、都市計画のための税源など大都市に特別な財政制度の確立を要求するものであった。一九一九年の都市計画法の策定によって、受益者負担の性格を持つ制度が導入されることにはなったが、大阪市などが強く求め、期待していた「土地増価税」「間（閑）地税」といった税や、都市計画事業への国庫補助は認められてこなかった[24]。また、一九二〇年代に、教育・土木・衛生といった経費が膨張するなかで、硬直的な大都市の市税構造では経費の膨張を十分に支えることができず、新たな財源が求められていた。このような問題に直面した六大都市は、自らの領域から徴収された府県税を大都市の税とするなど、府県の財源を大都市に移すことを主張したのである。

特別市運動とは、要するにこれらの三つの地方分権を一括して大都市に適用すべきであるという主張であった。それは、実質的に大都市を府県の圏域から外し、公選で選ばれる市長に委ねるということを意味する。それに対して国の側は、警察権を含むさまざまな権限を公選の市長に委ねることは認めないと頑強に抵抗した。

それでも、こうした大都市の運動を受けて、一九二二年に大都市行政監督に関する特例法（「六大都市行政監督に関する法律」）が制定され、「二重監督」の撤廃については部分的に実現された。また、国税であった地租と営業収益税のふたつの税を地方に移譲すべしという両税移譲論が議論された。しかし、市長の公選を維持しながら、大都市が強く求めた警察権の移譲や、都市への税源の偏在が懸念される両税移譲を実現するのは困難だった。国のコントロールが及びにくい公選の市長のもとで大都市の権限を拡大させることは、国政の場で合意を得ることができなかったのである。

東京の特殊性

特別市運動のもうひとつの重要な論点は、首都である東京の扱いである。一八九〇年代には、東京市会は市制特例の廃止運動を発展させ、市会による間接公選の市長を前提として、国の出先機関である東京府の監督から独立しようとする特別市運動をすでに行っていた。それに対して、政府や貴族院は東京に都制を施行し、やはり東京府から独立させた上で、その長を官選にして国の直轄にしようと考えていた。

それぞれの提案としては、一八九六年（明治二九）の政府による「東京都制案」、あるいは翌九七年の東京市・衆議院における「東京市制案」が挙げられる。一八九八年に市制特例が廃止される以前から、東京市については特別市を意識した議論が行われていたのである。

一九一〇年代の特別市運動は、東京市のみならず大都市が国に対して地方分権を迫るものだったが、この運動のなかでも首都である東京市の特殊性をどう扱うかが常に問題となっていた。まず東京市のみに特別市制を導入して、状況に応じてそれを他の大都市に広げていくのか、東京も含めた大都市を一括して議論するのか、という考え方の違いにつながるからである。

国の立場は、特別市制を認めるとしても、東京市を例外として考えるというものだった。一九二一年に内務省地方局から提案された東京都制案は、公選の都長を設置して東京市を東京府から切り離すという大都市の要望に配慮したものであった。また、一九二二年に設置された臨時大都市制度調査会でも、大都市全体ではなく「東京市に関する現行制度に付き改正を要するものありや改正の必要ありとせば其《そ》の要綱如何《いかん》」という諮問が行われている。[25]

東京市以外の大都市は六大都市で一致して行動しようとするものの、東京市は都制という独自の制度の実現を目指して単独で運動しようという傾向が強く、他の都市もそれぞれに事情を抱えて足並みが乱れがちであった。臨時大都市制度調査会で、東京市について長の官選という答申が出されると、それに反対して公選を主張する大都市側は結束を強めようとするが、東京市の特殊性には否定しがたいものがあった。

特殊性のひとつは、大都市内部の区の問題である。「二重監督」の部分的な撤廃を実現した「六大都市行政監督に関する法律」が提案された際、同時に東京市・大阪市・京都市の区を完全な自治体にしようという「区制案」も提案された。当時、東京市の区には区会が存在し、財産を持ち営造物を経営していたが、大阪市の区で区会が設立されたのは第二次市域拡張が行われた一九二五年からであり、京都市の区には区会もない状態であった。「区制案」は、時期尚早として消え去るが、東京市のみで区が一定の存在感を持っていたという事実は重要である。大都市側が求めていた、特別市で公選の長を定める案では、区は自治体ではなく大都市内部の行政区として設置されることになっていた。しかし、東京市のみでは、区が単独の自治体として設立されれば、大都市の長を官選としてもその下の区に公選の区長を置いて、自治体としての独立を認めるという提案がありえたのである。

もうひとつは、府域と市域の重なりという問題である。一九二三年に発生した関東大震災後の復興過程で、東京は西側への発展を加速する。東京府の郡部では、私鉄を中心として建設途上であった郊外電車交通が整備され、そこに多くの人々が定住するようになっていた。[26]郡部の人口は東京市内の人口よりも激しく増加し、東京市は一九三二年に周辺の五郡八二町村を市域に編入することで「大東京」を成立させる。

東京市の市域拡張の背景には、大阪市などと同様に郡部で都市計画のための財源を確保できず窮迫状態に陥っていたことがある。市域拡張の結果、東京府人口に占める東京市の人口比率は九二％、府税収入の負担は九六％にまでに達し、当時の永田《ながた》秀次郎《ひでじろう》市長をして「恰《あたか》も重《かさ》ね餅《もち》のやうな具合」と評価させるものであった。[27]これは他の大都市と比べても極端な市部への人口集中であり、東京府と東京市の並存は別格の深刻な問題として認識された。

東京都制の成立と特別市運動の挫折

「大東京」の成立後、東京での特別市運動の論点は、区長の公選か官選かという問題に絞られた。これは、言い換えれば、東京の自治を大都市のレベルで認めるか、区のレベルで認めるかという問題でもあった。そして、「大東京」成立の翌年、内務省が提案した「東京都制案」では、東京都に官選の都長を置き、議会や財政権などは府県に準じるものとした上で、区の自治権を拡大する提案がなされている。

この提案は、東京市とその他の五大都市との関係を分裂させるものになった。すなわち、この提案を受けて、東京都制と特別市制を切り離し、暫定的に都長を官選にすることで五大都市が合意したのである。これは、東京都で長の公選を譲る代わりに五大都市の二重監督問題で妥協を引き出すことを狙ったものであった。[28]

長の公選を譲ることになる東京市は、非常に混乱する。市の執行部や旧市域の議員たちは官選に反対だが、「大東京」で新たに新市域となった地域の議員を中心に、区の自治を重視する議員はむしろ官選の都長に賛成したのである。さらに、一九二〇年代以降、東京市会における政党の腐敗による疑獄事件が発生し、政党勢力が支配する市会と市長の不安定な関係が続くことから、たびたび「市政刷新」が唱えられており、これも公選ではなく官選の都長を容認する追い風となった。[29]

選挙における買収などの不正を取り締まる選挙粛正運動、続いて翼賛選挙が行われ、東京市の政党勢力は弱体化していく。[30]そして、戦時体制のなかで市会権限を縮小し、都長への権限集中による都市経営の発展と市政腐敗の改善を謳う東京都制が一九四三年に導入されることになる。[31]これは同時に、六大都市による特別市運動の終焉《しゅうえん》を意味していた。大都市の中心たる東京市を失い、東京都制をステップに他の五大都市に特別市制を導入しようという戦略は、戦時体制で到底受け入れられず終戦を迎えることになるのである。

3 挫折と埋没――「特別」でない都市へ

特別市制と残存区域問題

第二次世界大戦後、占領下の一九四六年(昭和二一)九月に実施された第一次地方制度改革では、東京都制・府県制・市制町村制の改正が行われ、都道府県知事が公選されることとなった。東京都の長が公選か官選かという議論を経て、戦時体制で長を官選とする都制が導入された経緯を考えると、知事の公選制は大都市にとっても重要な制度改革であった。他方で、大都市が戦前以来要求してきた、市長の公選を柱に府県からの独立を目指す特別市制は、第一次地方制度改革で具体的な提案も行われたものの、結局認められなかった。

大都市制度が具体的に検討されたのは、一九四六年一〇月にスタートした地方制度調査会である。そこで激しい議論となったのは、いわゆる「残存区域」の問題、すなわち、府県から大都市を特別市として切り離したときに、府県の側に残る郡部をどのように扱うかという問題であった。

地方制度調査会は、この問題について、五大都市はそれぞれの府県から独立させて府県と同格とし、残存区域は独立の府県として設定することを答申した。しかし、五大都市をすべて同じように扱ったわけではなく、大阪市・名古屋市については「目下格別の支障がない」同

表1－2　**市別人口と人口比**（1950年10月）

	大阪市	京都市	名古屋市	横浜市	神戸市
人口（A）	1,956,136	1,101,854	1,030,635	951,189	765,435
当該府県総人口（B）	3,857,047	1,832,934	3,390,585	2,487,665	3,309,935
A／B（%）	51	60	30	38	23

ものの、横浜市では「反対の意見が強い情況」とされていた。[32]

地方制度調査会での議論を受けて、一九四七年四月に公布された地方自治法では特別市の規定が導入される。しかし、その指定には特別の手段が考慮された。すなわち、新憲法九五条の「一の地方公共団体のみに適用される」法律として「その地方公共団体の住民の投票においてその過半数の同意を得なければ、国会は、これを制定することができない」というものである。

他方、東京都については、地方自治法で府県と同列に位置づけられ、都についてはそこに含まれる区が法人格を持った特別区とされた。つまりこの時点で旧六大都市のうち、東京市は東京都として府県と同格の存在となり、特別市は五大都市のみの問題となっていたのである。

地方自治法の制定後、五大都市にとって重要な問題は、いかに特別市の指定を受けるかとなった。その際には、憲法九五条で必要とされる住民投票の範囲が、五大都市の市民なのか、あるいは五大都市を含む府県の住民なのかが争点となる。表1－2に見るように、戦禍による人口減少もあり五大都市といえども旧東京市のように府県の九割を超える人口を占めるわけではなく、府県の住民を対象とする住民投票では分が悪いと考えられていた。

住民投票の範囲に関する一九四七年七月の閣議決定は、大都市に不利に働いた。府県側の働きかけが奏功し、住民投票の範囲について「特別市制施行に関する地方公共団体住民の一般投票はその府県全般の住民投票によることが妥当である」との解釈が採用されたからである。[33] その結果、人口集中の度合いが高い京都市以外の大都市では特別市制の成立が難しいという見込みが大勢を占めるようになった。

府県と大都市の対立——政令指定都市制度へ

大都市側の特別市実現に向けた反撃は、一九四八年（昭和二三）六月の大阪市議会による「大阪市を特別市に指定する法律案提出案に関する意見書」に始まるとされる。[34] 地方制度調査会の答申では支障が少ないと見られていた大阪市の特別市実現は、大阪府から強く反対されていた。特別市実現には大阪市の市域再拡張が避けられず、その場合、特別市に入らない大阪府の残存区域が立ち行かなくなることを大阪府は強く懸念したからである。このような府県と市の対立は、他の大都市でもほぼ同様のものがあった。

特別市に反対する大阪府が逆に提案したのは、東京都制を参考とした大阪都制案である。これは、大阪府域で都制を施行し、大阪市内に加えて市外にも漸進的に特別区制を実施していくという提案である。それによって、大阪府庁と大阪市役所の二重行政を解消し、区議会を設立して地域の意見をよりきめ細かく反映させることを主張するものであった。これが、第Ⅳ章で述べていく二〇一〇年に提唱された「大阪都構想」とほぼ同型の構想である。これが、大阪市の特別市実現への対案とされた。

大阪市が特別市制の前提として市域拡張を模索するなかで、すでに一九四七年には周辺九町村が大阪市編入促進期成同盟会を結成して大阪市への編入を陳情していた[35]。それに応えるかたちで大阪市側でも、一九五〇年に大都市行政調査委員会を設置して、市域の問題について調査を行い、豊中《とよなか》市・吹田《すいた》市・守口《もりぐち》市・布施《ふせ》市（現東大阪市）・八尾《やお》市の五市と一一町村を含む地域を市域に編入する基本方針を立てて、その実現に着手する[36]。

一九五二年三月に大阪市は、まずこの五市と守口市との合併が議論されていた四町村を除く、七町村について知事に合併申請を行った。しかし大阪府知事はその申請についての議案をなかなか府議会に提案しなかった。それどころか府議会は、一一月に七町村が大阪市に編入されるべきではないという議決を行うなどして強い抵抗を見せた。

府県と大都市が双方譲らず、膠着《こうちゃく》状態にあった特別市問題に影響を与えたのは、一九五〇年に国と府県・市町村に配分された行政事務の再配分を議論するため設立された地方行政調査委員会議（神戸委員会）の第二次勧告であった。

一九五一年に出されたこの勧告では、行政事務の再配分にあたって、少数の大都市を特別なものとして府県から独立させるような大都市制度は採用されなかった。大都市はあくまでも府県内にとどまり、特例的に府県から大都市に一部の権限を移譲することで、問題が解決できるとされたのである。

この勧告を受けて、国は特別市制度ではなく特例的な権限移譲を中心にした大都市制度を創設する方向で議論を進めていく。一九五二年に再び設置された地方制度調査会[37]の審議を通じて、府県と大都市の間の事務および財源配分についての答申が提出され、それを受けて一九五六年に地方自治法が改正された。

この改正によって政令指定都市制度が実現し、五大都市は府県内にとどまる一方で、府県から特例的な権限移譲を受けることになった。大都市から見れば財政的分権が不十分であるという問題はつきまとうが、政令指定都市制度の導入によって、大都市制度の問題は一応の解決を見ることになったのである。

財政調整制度の導入――都市から農村への分配

戦前から戦後にかけて特別市運動が挫折するなかで、大都市の立場を固定化する大きな制度改革が進んでいた。それは、財政調整制度の導入である。大都市の立場から見れば、この制度の確立によって、その財政的な優位が奪われ、規模としては大きくとも、他の市と同格の自治体としての性格を強めることになるのである。

とはいえ戦前の大都市も、必ずしも裕福な自治体だったわけではない。歳入面では大都市独自の税源が少なく、国税・府県税と税源を共有して税率の操作が制限される付加税が中心であるため、弾力性に乏しかった。他方で歳出面を見れば、都市人口が郊外にあふれ出るために、市域の外まで視野に入れた大規模な社会資本整備を行わなくてはならない。また、都市における住居問題、貧困問題といった社会政策的な課題も抱えるために歳出が増大の一途をたどる。それに対して府県は相対的に税源が豊かで歳出も少なく、府県に有利で都市、特に大都市に不利な地方財政制度であったと評価される。[38]

領域内に税源が存在しても国や府県に厚く配分され、大都市は不利な立場に置かれていたが、農村ではそもそも税源がきわめて少なかった。それでも義務教育に代表される国からの委任事務を実施するために地方税が徴収され、特に担税能力の低い地域では、一人あたり地方税がきわめて重いものとなっていた。そのような農村の財政窮乏への対応として、都市部の財源を農村へと移転する財政調整制度の導入が図られたのである。

恒久的な財政調整制度は、戦時中の国の財源確保と地方の負担軽減・均衡化を目的として導入された。[39] 同時に実施された税制改革と併せて、国税増税とともに地方税を減税し、国税増税分の一部を地方分与税として再配分するというものである。[40] 大都市に集中する所得や資産への課税を強化して、それを国税と徴収した上で地方に配分し、農村負担の軽減を図れば、当然に大都市に大きな影響を与えることになる。

伸長性を持つ税源の喪失

戦後、ＧＨＱ（連合国軍最高司令官総司令部）の依頼によって、コロンビア大学のカール・

図1-1　道府県税に対する市町村税の割合推移

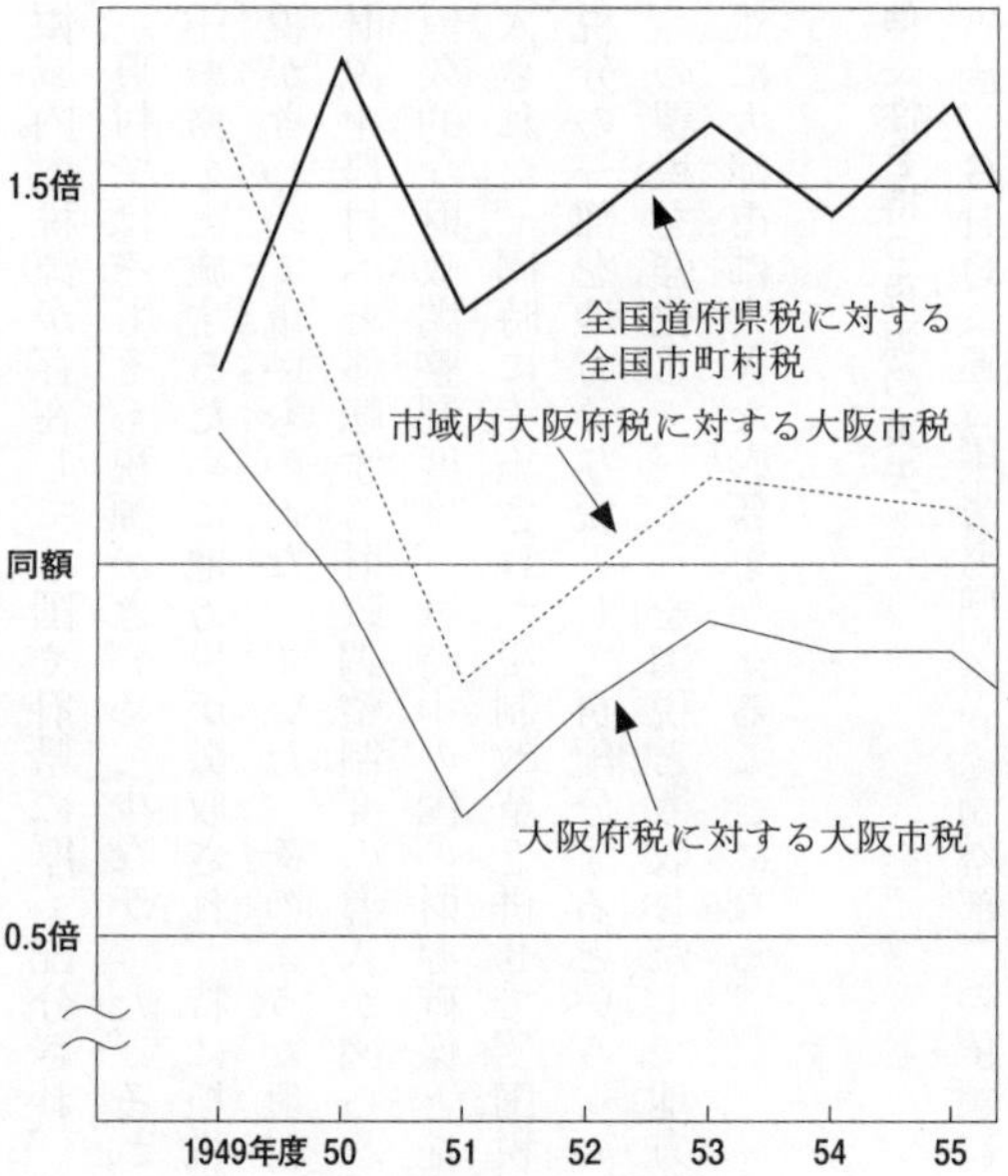

シャウプを団長とする税制使節団が日本の税制改革についての勧告を行った。これをもとに行われた改革は、戦後日本の税財政制度を大きく規定する。財政調整制度についても、地方分与税や分立的な国庫補助金を整理して、地方財政平衡交付金制度に一元化する大きな改革が行われている。しかし、財政的に苦しむ農村に対して大都市が主要な負担者となるという制度の骨格は変わらなかった。

それだけでなく、シャウプ勧告をもとにした改革は、大都市をさらに不利な状況に追いやるものだった。それは、府県と市町村の税源の配分に起因する。道府県税は事業税・入場税[41]・遊興飲食税を主体とし、市町村税は市町村民税・固定資産税・電気ガス税を主体とした税収構造が構築されたのである。

この結果、事業税や一部の間接税など大都市に集中して伸長性を持った税源が道府県のものとされ、市民税・固定資産税という市内居住民のみの直接税が市町村のものとなった。しかも、市民税は住所地に課税されるものであり、市外に居住しながら大都市で働くことで所得を得るような人々に対して、大都市は課税することができなかった。

大阪市はその影響を最も深刻に受けた大都市であった。たとえば、一般の市町村では、新たな税収構造のもとで市町村税の道府県税に対する割合が増加したものの、大阪市ではむしろその割合が減少している（図1-1）。それは、大阪府の事業税や間接税——それはほとんどが大阪市内で発生したものである——の税収が、大阪市の市民税や固定資産税と比べて大きく伸びたことを意味している。

さらに、一九五四年（昭和二九）の税制改革と平衡交付金制度を改めた地方交付税制度は、大都市に不利な傾向をより強めた。すなわち税制改革によって道府県民税の創設と市町村民税の税率引き下げが行われ[42]、地方交付税制度の導入によって国税の一定割合がそれを生み出す都市部から農村部へと恒久的に再配分されることになったのである。

地方交付税制度では、大都市の特殊な行政需要は必ずしも適切に見込まれずに十分な交付金を受け取ることが難しかった。さらに大阪市のように不交付団体となれば、国庫補助金の補助率引き下げや地方債の起債制限などを受けることとさえ生じた。

財政調整制度が確立するなかで、特別市制を実現することができなかった大都市は、財政的に苦しい立場に置かれる。それは、大都市で生み出される事業税や流通にかかる間接税など経済活動の収益を受け取ることができず、市民税や固定資産税のように相対的に伸長性に乏しい税源が割り当てられたからである。しかも、市域を拡張しない限り、大都市の発展とともに増加する郊外人口には課税できない。このような大都市の財政的な困難は、都制の施行によって、府県税・市町村税にあたる税を一元的に受け取ることができた東京都とは対照的であった。

全国計画のなかの大都市

すでに述べたように、日本の都市計画制度は、首都である東京市を対象とした国家事業である市区改正から始まった。その後、大都市が周辺地域も含めて都市基盤を整備するために都市計画制度が設けられたが、この制度は必ずしも大都市にとって好ましいものとはならず、むしろ大都市の自治を阻害するかたちで発展していく。

一九一九年(大正八)に制定された都市計画法では、都市計画は国の事務であるとされ、最終的な都市計画決定の権限が内務大臣にあるという、きわめて集権的な制度であった。また、都市計画のために必要となる個別的な権限の多くは府県のもとにあり、特別市運動のなかでも、建築基準の設定とそれを守らせる強制力を帯びた警察権などを知事から市長に移すことは、重要な目的のひとつであった。[43]

一九三三年の都市計画法改正によって、すべての市と内務大臣が指定する町村に都市計画法を適用し、原則としてそれらの市町村の区域が都市計画区域とされた。それまでは、都市計画の経費こそ各自治体が負担していたものの、大都市が周辺自治体も含めて都市計画区域を策定していた。都市計画の策定は、不十分であるとはいえ、大都市に認められた特権であり、大都市が主導して都市計画を策定するからこそ、周辺地域を編入する市域拡張がより容易になっていたと考えられる。

都市計画が複数出現することは、それらの間に調整が必要になるということである。たとえば、一九三三年時点では、大阪都市計画区域には大阪市の他に吹田町や千里《せんり》村など郊外一一町村が含まれていたが、それよりも大阪市から遠い豊中町・高槻《たかつき》町・布施町などは、それぞれ別個の都市計画区域として指定されている。[44] 都市が膨張し、都市計画の間で重複が生じることが予想されれば、両者の間の調整が必要となる。その結果、より広域の地方計画が考慮されるようになり、大阪でも大阪市を中心とする大阪地方計画や近畿二府四県を包含する近畿地方計画調査会の設立などが図られた。[45]

都市計画より上位の計画は、単に下位の計画を調整するというだけでなく、大都市の無制限な拡張を抑制する機能を持つことがある。[46] 戦時中にはこのような傾向が強く、一九三七年に第一次近衛《このえ》文麿《ふみまろ》内閣の下で創設された総合的な国策立案機関である企画院によって、新たな国土計画が推進された。これは、単に複数の都市計画の調整を行うというものではなく、企画院の主導のもとで大都市の抑制と工業・人口の地方分散を目標とした集権的な国土計画を策定しようとするものだった。[47]

最終的に企画院が解体されて、このような国土計画が決定されることはなかったが、国が国土全体の計画を立てて、集権的な行政機構の下で、地方計画・都市計画を階層的に実施するという発想は、戦後にも受け継がれることになる。それがはじめに表面化するのは、大きな被害を受けた戦災からの復興という局面である。

大阪市の位置づけ

第二次世界大戦によって大都市は大きな被害を受けたが、なかでも大阪市の被害は甚大であった。一九四五年(昭和二〇)一月から八月までの間に大阪市は三〇回の空襲を受け、全市の二七%に相当する地域が焼失した。

特に浪速《なにわ》区・港《みなと》区の被害が著しく、両区の人口はそれぞれ戦前の四%、六%にまで落ち込み、西区・東区・南区でも戦前の人口の一割程度にまで減少していた。[48] そのため、大阪では戦後の都市計画は復興計画から始まる。戦災を受けた地域は復興のための土地区画整理事業の対象となり、地権者の負担をともなう換地《かんち》や減歩《げんぶ》を行いながら道路・公園の新設拡張や上下水道の整備といった事業が進められた。

しかし、国の戦災都市復興の基本方針は、過大都市の抑制と地方中小都市の振興にあった。[49]

国による戦災復興予算の配分では地方都市優先が貫かれ、大都市への配分が縮小していく。また、行政事務再配分の議論に乗って、集権的な都市計画法を改正してその決定権を都市に委ねる提案も行われたが、それも結局受け入れられることはなかった。[50]

大都市が自律的に策定する都市計画よりも、国の集権的な国土計画が優先される傾向を決定づけたのが、「均衡ある国土の発展」を掲げ、一九六二年に策定された全国総合開発計画とそれ以降の地域開発である。とはいえ、その根拠となる国土総合開発法が制定された一九五〇年以降、すぐに全国総合開発計画が策定されたわけではなく、後進地域の特定地域総合開発計画が策定されるにとどまっていた。

しかし、「所得倍増計画」に典型的に見られるように経済成長が国の目標に掲げられるようになると、[51]その目標を実現するための国土計画、さらには地域計画、都市計画という下位計画が当てはめられるようになっていく。そのヒエラルキーのなかで、自治体は地域開発を行うために国に対して働きかけを強め、国は自治体を誘導する手段として国土計画を活用していく。[52]

大阪市を含む近畿圏でも、その総合的発展を目標として一九六三年に近畿圏整備法が制定され、それに基づいて近畿圏の産業の発展と住民福祉の向上を図る近畿圏基本整備計画が策定された。この計画では、大都市の過密による弊害の抑制と地域格差の是正が重視され、大阪市からさまざまな設備・施設を地方に分散させる一方で、経済中枢的な機能への特化が図られる。その結果、大阪市は単なる一都市ではなく、近畿圏の他の地域との関係で中枢としての役割が求められることになる。

これは裏返せば、大阪市という大都市がひとつの自律的な圏域として存在するのではなく、より広い圏域のなかで特定の役割を与えられるということでもある。すなわち、大阪市は自律的に都市を拡張させていく「特別」な都市ではなく、全国のなかで主要であるけれども「普通」のひとつの都市として位置づけられることになったのである。

第Ⅱ章

都市問題と政治――先進地域としての縮図

1 大都市が抱える宿痾《しゅくあ》

都市の改造と「貧民」の排除

大都市の拡張が行われる過程は、都市問題と総称される、都市化にともなうさまざまな社会問題が浮上する過程でもあった。なかでも都市における貧困と、それにともなう劣悪な衛生状況や居住環境は、深刻な社会問題であると認識された。東京市の市区改正事業が進められていた頃、それに連動するかたちで、大阪市でも都市を局所的に改造し、都市問題を解決する計画が議論されていた。

大阪市で初めて提案された都市改造の計画は、一八八六年（明治一九）、大阪府区部会が知事に建議した案であるとされる。[1] しかし、この計画自体は公式のものとして実行されることはなく、むしろその前後に行われた監獄や興行地といった施設の移転計画や建築規制の施行などの一連の都市の改造が大阪市での「市区改正」であると評価されてきた。[2]

この時期に進められたのは、劣悪な衛生状況が引き起こすコレラを中心とした伝染病を予防するための水道事業であり、それにともなう市街地の改造であった。水道の改良事業は、東京でもそうであったように、都市全体の共同利益としてさまざまな層から要望されたものであり、近代都市の重要なインフラ整備であった。市街地の改造は、伝染病が流行する原因となった特定の地区の家屋を撤去し、住民を集団的に移転させようとする大掛かりなものであった。

特に注目されたのは、名護町《なご》（長町《ながまち》）の移転である。一八八六年のコレラの大流行をきっかけに、大阪府は名護町に密集する「貧民」を市街地の外に移転させる計画を立てる。当初は、コレラを媒介すると差別視された住民たちを、市外に「隔離」するという計画であったが、伝染病のイメージが犯罪や貧困と結び付けられ、名護町という地域の移転議論にまで発展する。[3]この計画は移転先の反対もあって頓挫《とんざ》するものの、一八九一年には名護町の取り払い、すなわち大阪で最初の「スラム・クリアランス」が実現する。[4]

名護町で、「貧民」とされた人々の多くは、都市の外から出稼ぎなどで流入し、身寄りを失うなどして、木賃宿《きちんやど》と呼ばれる日払い借家同然の宿泊所に住み、日雇いの労働を行っていた。[5]日雇いの仕事を中心にこなしながら日払いの住居で生活するという状況は、貧困のあらわれであるとともに、都市における流動性の高さを表している。当初の市外移転の対象となったのは、このような「貧民」であった。そして、木賃宿などの不良住宅を取り壊し、「貧民」を排除する事業に連動して、近隣の狭隘《きょうあい》な道路の整備や、行き止まりとなる不衛生な都市河川の整備が行われるなど都市の改造が進んでいくのである。[6]

釜ヶ崎形成の起点

大阪最初の「スラム・クリアランス」によって多くの「貧民」が周辺地区に分散することになり、これが後年の「釜ヶ崎《かまがさき》」形成の起点となる。[7]大阪市内で木賃宿のような施設を運営することが困難になるなかで、当時の大阪市域を外れた地域に少しずつ新しい「スラム」が生まれ、西成郡に位置した釜ヶ崎もそのひとつであった。[8]名護町の取り払いの後も、大阪のさまざまな地域で都市の改造という名目で「貧民」を排除する事業が行われ、新たな「スラム」に「貧民」が流入することが繰り返される。

貧困がより都市に全域的な社会問題として注目されるのは、一九一八年に大阪でも発生した米騒動によるところが大きい。農業生産から切り離された大都市では、主食である米価の上昇によるダメージを受ける。その不満から米価の引き下げを要求する暴動は、釜ヶ崎から始まって大阪一円に広がる。騒動への参加者数は延べ二〇万人、検挙者は三〇〇〇人を超え、その多くは生活困窮者層であった。[9]

生活困窮者層の不満への対応として、米騒動の直後に、大阪府方面委員制度が創設された。

これは、地域の有力者が名誉職的な方面委員として、生活に困窮する世帯の世話役となる活動を行う制度であり、全国的な民生委員制度へとつながる。[10] また、国レベルでも後の生活保護法に連なる救護法が一九二九年に成立している。[11]

一九一〇年代以降の都市における貧困問題は、市外からの流入者の定着を受けて、「貧民」の排除から、物価の急上昇や過密した居住による劣悪な住居状況への対応が中心的な課題となった。特に一九二五年に普通選挙制度が施行され、「貧民」も政治的権利を得たことで、その権利を前提に貧困状態の改善を目指して生活に介入するという現代的なかたちで都市問題の解決が図られるようになっていった。[12]

貧困を中心とした都市問題への対応は、戦後は憲法に規定される生存権・社会権の実現という文脈で、国の責任であるとされる。しかし、もともとは大阪市のような大都市に特有の問題として認識されており、大都市の側もそれを解決することを重要な使命としていたのである。第二次世界大戦後、高度経済成長のなかで貧困の問題は後景に退くところはあるが、第Ⅲ章でも指摘するように、「釜ヶ崎」に象徴される局所的な地域の貧困は、依然として大都市の問題として続いている。[13]

戦前の産業公害

大阪市では、他の大都市よりもかなり早い時期、一八七〇年代後半には紡績工場などが市街地や周辺部に立地して、その移転が問題となり始めていた。
たとえば、大阪で最も工場集積が進んでいた九条《くじょう》・西九条地域（現西区・此花区《このはな》）には、安治川《あじがわ》沿いの巨大な大阪鉄工所を筆頭に工場建設が進んでいる。[14] 一八九〇年代に入るとそれが急増し、中小工場の集積を中核に、周辺産業に従事する流入者の居住する宅地や商業地と混在するかたちで市街地の形成が進んでいた。[15]
一九一四年（大正三）に勃発《ぼっぱつ》した第一次世界大戦は、大阪の工業化を飛躍的に進めた。物価の上昇をともなったものの、戦争の間に工業生産額は大きく伸び、とりわけ機械や化学といった重化学工業が成長している。[16] このような重化学工業の成長が、負の側面としての公害問題をもたらした。工業化の進んだ大阪は、「東洋のマンチェスター」と称される一方で、工場から出される煤煙《ばいえん》に覆われた「煙の都」となった。
このような状況に対して、早くも一八七七年から騒音公害などに対する大阪府の布達があったとされ、一八八〇年前後には問題のある工場を取り締まるためのいくつかの布達が追加されている。[17] 一九〇二年には大阪府会から知事に対して「煤烟《ばいえん》防止に関する意見書」が出され、[18] 一三年には警察によって煤煙防止令の検討が行われた。[19]
しかし、そのような規制は企業に深刻な打撃を与えるものであり、簡単に実行できるわけではない。[20] 煤煙防止令は結局実現せず、むしろその後の重化学工業の発展とともに、大気汚染以外にも水質汚濁や地盤沈下など、多様な公害現象が拡大していった。[21] また、工場取締の規則は、市内から工場を移転させる一定の効果を挙げたものの、市域拡張によってその後大阪市となる郡部で、無秩序に公害現象を拡大させることにもつながった。第二次市域拡張後の一九三二年には、關一大阪市長などの建議を受けて大阪府が煤煙防止規則を制定する。これは日本で最初の包括的な煤煙規制として、噴煙の濃度を規制しようとしたものだったが、監視体制が不十分であり、実効性は期待できないものだった。

公害の激化――府と市の権限争い

第二次世界大戦前後には工業生産が縮小したものの、産業活動の再活性化にともなって、公害の問題が再度浮上してくる。戦後、大阪の大気汚染や水質汚濁の規制を行ったのは、大阪府であった。一九五〇年（昭和二五）の大阪府事業場公害防止条例をはじめとして、煤煙防止を中心に大気汚染を防ぐ施策が行われる。しかし大阪府では、企業誘致の観点からも産業を優先する傾向が強く、[22]条例は企業の自主防止活動の推進を促すものにとどまって実効性は乏しかった。他方、大阪市には企業を規制する具体的な権限が与えられておらず、公害を所管する専任の部署さえなく、[23]初期の公害対策は、一九五九年の地盤沈下防止条例を待たなくてはならなかった。

大阪で公害が最も深刻だったのは、西淀川区・東淀川区や此花区、港区、大正区という淀川や大阪湾に面した臨海地域であった。これらの地域には、大阪市の重化学工業が集中し、しかしその多くは一〇〇人程度までの従業員からなる中小工場である。[24]従業員の多くは工場の近くに居住し、第二次世界大戦以前から、集積する工場によって排出される有害物質による大気汚染・水質汚濁の問題や、工業用水としての地下水の過度な汲《く》み上げによる地盤沈下がとりわけ深刻であった。

大阪で地盤沈下の調査が始まったのは、一九三三年頃からで、沈下しているという結果が出たのは三五年とされる。[25]臨海地域で特に地盤沈下が進んでいたために、一九三四年の室戸《むろと》台風、五〇年のジェーン台風などの高潮による水害が非常に激しいものとなっていた。戦争で工場が操業できない時期に地盤沈下の進行は止まっていたが、戦後の復興とともに地下水の汲み上げが再開され、再度地盤沈下の問題が深刻化した。それに対して、大阪市は工業用水の取水制限を含む厳しい地盤沈下防止条例を制定し、問題は収束していく。[26]

大阪市の公害対策が本格化するのは、一九六三年に地盤沈下防止部が総合計画局公害対策部に改組されてからである。しかし、その公害対策は遅々として進まなかった。大きな原因は、実効的な権限が大阪府にあったことであり、市民からの働きかけを受けて公害対策を進めようとする大阪市と法人関係税を主要な財源として産業の振興を重視する大阪府は、その権限をめぐって対立する。一九六二年に制定された日本最初の大気汚染防止に関する法律である煤煙規制法の制定における所管をめぐる対立は、国会議員までを巻き込んだ激しいものだった。[27]

公害の激化にともなって、大阪府でも一九六一年に商工部に公害課が設置され、次第に経済発展との調和を図りながら公害防止が進められるようになった[28]。一九六三年の大阪府知事選挙では公害問題が争点となり、大阪府としても公害対策を強化する必要に迫られる。一九六五年に旧条例を全文改定して、事業者への罰則規定も盛り込んだ大阪府事業場公害防止条例が制定される。さらに、商工部・衛生部・企画部などで分掌されていた公害対策が、一九六六年には企画部公害室に担当が一本化され、その後大阪市への権限移譲が進むようになった[29]。

公害問題が深刻化していた大都市での対応は、国に対策を促すものとなった。国では一九六七年に公害対策基本法が制定されたものの、大気汚染防止法、水質汚濁防止法、騒音規制法といった法律は、通産省と厚生省のセクショナリズムでなかなか実効性を持つように整備されなかった[30]。それが一九七〇年のいわゆる公害国会でようやく整備され、大都市の公害対策に法的な裏付けを与えることになった。

先頭を走った大阪市——都市計画と都市官僚制

大阪市は、日本有数の大都市として、成立間もない頃からこのような都市問題の解決を迫られていた。窮乏する農村地域に関心を傾けがちな国が都市問題に対して有効な解決策を打ち出すことはほとんど期待できず、大都市は自らの力でこの問題に取り組まなくてはならなかった。そして実際に都市問題への対策の先頭を走ってきた大阪市は、日本の都市行政をリードする存在であるという強い自負を持っていた。[31]

都市問題を解決する手段として最も期待されてきたのは都市計画である。都市計画によって、上下水道や道路を通し、住宅地と商工業の地域を分け、住宅地と働く場所を結ぶ交通機関を整備することで、貧困や公害を減少させるのである。しかし、もちろんそれには犠牲がともなう。都市計画の対象となった地域の人々に対して、居住地の移動や都市基盤整備のための負担を求めなくてはならないからである。

都市計画という発想が前面に押し出されるのは、大都市で一定の専門官僚制が成立してからである。しばしば賞賛されるように、大阪市の關一市長はそのパイオニアのひとりであった。当時としては破格の道路である御堂筋を、周辺住民の非難を受けつつも受益者負担によりながら建設したことはその象徴であるし、都市の住宅問題を強調して郊外に住宅を開発し、高速交通で都心と結ぶことを重視したのもそのあらわれである。

關にとっては、都市計画をただ商業と工業を円滑に発展させるための潤滑油として利用し続けるよりも、公共の福祉を増進するために計画された社会事業として再認識することが重要であった。[32] そのような認識のもとでは、当然ながら既存の権利を持つ勢力、特に都市計画によって土地に対する私権を制限されるような勢力との対立が厳しいものとなる。[33]

關の都市計画に代表されるような、公共の福祉の観点から私権に一定の制限を課するべきであるという都市官僚制の論理は、その後の市長たちにも受け継がれていく。任期中に病没した關の後継者である加々美武夫《かがみたけお》（在任一九三五〜三六）は、關が内務省から呼び寄せて長く助役を務めている。その後も同様に市長が内務省から呼び寄せて助役を経験した、坂間棟治《さかまむねじ》（在任一九三六〜四五）、中井光次《なかいみつじ》（在任一九四五〜四六）が市長を務める。

戦後、初の公選市長は当時大林組の常務を務めていた近藤博夫《こんどうひろお》（在任一九四七〜五一）であったが、彼もまた大阪市港湾部長の経験を持ち、近藤が一期で退任した後は中井光次（在任一九五一〜六三）が返り咲いて三期市長を務めている。さらに、中井が後継者とした助役を破って市長となった中馬馨（在任一九六三〜七一）も長く關と加々美のもとで秘書を務め、中井市長時代には助役の経験を持っていた人物であり、その流れを引き継ぐ存在であった。[34]

権限と財源の制約

一九一一年の市制改正から、大阪市では、關一を助役に招聘《しょうへい》した池上四郎の時代も含めて、市長が専門家として都市における公共の福祉の実現を目指す都市官僚制の論理がきわめて強くなっていた。[35] もちろん、このように都市官僚制の論理が強まるのは大阪市だけではない。一九二〇年代の東京市でも、後藤新平《ごとうしんぺい》市長（在任一九二〇〜二三）とその系列の官僚たちによって市政が担われる時期はあった。しかし、それは長く続かなかった。[36] 議会でさまざまな私権を代表する政党によって市長への介入が行われ、後藤以降で最も在任期間が長い永田秀次郎（在任一九三〇～三三）ですら三年を待たずに退任している。
大阪市は東京市などと比較しても、官僚制が機能的に都市問題に対応しようとできた例であった。しかしその大阪市でも、都市計画の実現にはさまざまな障害があり、構想の一部しか実行に移されなかった。

制約のひとつは、権限の問題である。第I章で述べたように、戦前の特別市運動の大きな論点は、府県の持つ強制力、すなわち警察権力を大都市に移譲できるかであった。これが論点になったのは、都市計画を実現するために不可欠の実効的な警察権力が大都市に与えられていなかったからである。

さらに重要な制約は、財源であった。市制の成立当初から、都市に与えられた財源は少なく、一九一九年に都市計画法が制定されたときも、大都市が訴えた特別税の導入は行われなかった。そのようななかで貴重な財源となったのは、交通事業を中心とした市営事業からの収益と公債であったが、民間企業の参入などによってそれも先細りとなっていく。

戦後もその状況にあまり変化はなかった。公害問題に取り組もうとしても、大阪市は工場への立入権限などの強制力を持たなかったし、シャウプ勧告によって実現した地方税体系は、大都市にとってきわめて不利なものであった。それでも権限については、政令指定都市制度が創設されて特例的なかたちで権限の移譲が進められたほか、公害問題のようにその都度必要な権限の移譲が行われることもあった。しかし、財源については大都市特有の財源が創設されるようなことはほとんどなかった。

戦後、財源の制約のなかで、国に先んじてさまざまな都市問題に取り組んできた大都市の行政に、ひとつの大きな転換が見られた。それは、大都市への行政需要が急速に拡大した高度経済成長期に、事業のために国からの大規模な財源が導入されるようになった点である。中馬市長の遺稿集には、中央省庁に財源の必要性を認めさせたことを誇らしげに説明する箇所がしばしば見られる。そこでは都市を改造する事業のために国からの財源を積極的に受ける必要が主張されている。[37] これは、よくも悪くも、大阪市が「特別」な大都市として、収益を用いて自律的に事業を進めるというよりも、国に必要性を認められた事業を補助金を受けて執行するという「普通」の都市になったことを明確に示すものだった。

2 革新勢力の台頭と退潮

革新勢力の源流

大都市の都市問題に取り組もうとしたのは、都市官僚制だけではなかった。いわゆる「革新勢力」、すなわち社会主義あるいは共産主義のイデオロギーを掲げた政党も、都市問題を重要視し、その解決を訴えて人々の支持を集めてきた。

日本におけるその源流は明治期に遡る。大阪市は、当時最も資本主義の発達した都市であり、日清戦争後には労働問題が高揚していた。当時の労働者が貧しい状況に置かれていたことで、貧困という都市問題の解決と、階級的な対立である労働運動が結びつきやすく、一九一八年（大正七）の米騒動は、そのひとつの帰結でもあった。

米騒動をきっかけに普通選挙の実施を求める運動が高まり、大阪における国政選挙・地方選挙でも、普通選挙を訴える自由主義的な勢力が進出した。さらに一九二五年の普通選挙の成立を挟んで、貧困の解決と結びつく労働者階級の動きが活発になる。労働運動を統合して強い政治的な影響力を発揮できるかどうかは重要な課題だったが、結局のところ複数の無産政党が乱立した。大阪では、主に大工場で働く相対的に裕福な労働者で組織された労働組合を支持基盤とする右派の社会民衆党が、大きな存在感を誇っていたことに特徴がある。[38]

満州事変後には、社会民衆党など複数の無産政党が合併して社会大衆党を組織したが、戦争のさなかに労働運動は以前のような支持を集めることができず、一九三三年の市会選挙ではその勢力が大幅に凋落《ちょうらく》する。[39] その後、大都市における既存政党への不信から、一九三〇年代後半に再度社会大衆党が躍進するが、戦争の激化とともに翼賛体制に組み込まれ、四〇年には解体された。[40]

戦後、日本の非軍事化・民主化とともに、労働運動の再建が進んだ。大阪では一九四五年八月という全国的にもかなり早い段階で、右派の西尾《にしお》末広《すえひろ》を中心に社会民主主義者が集まり、運動再建の方針が議論された。[41] 一一月に日本社会党が結成されると、大阪でも同月に社会党

表2-1　**国政選挙における革新勢力の議席と得票率**（%）

年	1946	47	49	52	53	55
全国						
定数	464	466	466	466	466	467
社会党	93	143	48	(111)	(138)	(156)
得票率	17.9	26.23	13.5	(21.25)	(26.57)	(29.24)
うち右派	—	—	—	57	66	67
得票率	—	—	—	11.63	13.52	13.85
うち左派	—	—	—	54	72	89
得票率	—	—	—	9.62	13.05	15.39
共産党	5	4	35	0	1	2
得票率	3.85	3.6	9.76	2.54	1.9	1.98
大阪						
定数	18	19	19	19	19	19
社会党	5	9	5	(8)	(8)	(9)
得票率	20.96	32.18	16.12	(34.1)	(36.73)	(35.37)
うち右派				6	5	5
得票率				24.2	23.77	19.7
うち左派				2	3	4
得票率				9.9	12.96	15.67
共産党	1	0	4	0	1	2
得票率	6.54	6.02	19.84	6.1	6.02	8.04

註：（　）内の数値は右派・左派社会党の合計

大阪支部連合会が結成される。並行して労働組合結成の機運も高まり、一九四六年一月に日本労働組合総同盟大阪連合会の結成大会が開かれた他、大阪市電など交通関係の労働組合も次々に結成されていった。

他方で、戦前、非合法な政党として繰り返し弾圧されてきた共産党にとっても大都市である大阪は重要な拠点であった。終戦直後の一九四五年一〇月に政治犯が釈放されて党が再建されると、大阪でもすぐに地方組織が結成される。社会党との共闘は常に問題になったが、天皇制打倒という共産党のスローガンが問題となり、統一した行動が取られることはなかった。大阪の共産党は中央と若干の違いを見せ、その支持母体である労働組合も含めて社会党と一本化の試みが行われたが、[42]結果的にその試みは結実しなかった。

一九四六年四月に戦後初の総選挙を迎えることになり、全国的には自由党が第一党、進歩党が第二党と続いて保守勢力の地盤の強さが目立った。しかし、大阪では社会党が第一党（一八議席中五議席）となり、共産党が全国五議席のうちの一議席を獲得するなど、革新勢力が台頭した。さらに、一九四七年四月の総選挙でも社会党は大幅に得票を増やして、大阪で九議席、全国で一四三議席を獲得し、比較第一党となっている（表2－1）。

統一戦線の挫折

終戦直後の大阪での革新勢力の強さは、地方選挙でも際立っていた。一九四七年（昭和二二）四月の統一地方選挙では、大阪府知事選挙こそ自由党の赤間《あかま》文三《ぶんぞう》が辛勝したものの、市長選挙では社会党から立候補した近藤博夫が当選した。この選挙でも社会党と共産党の共闘は実現せず、知事選挙・市長選挙で別の候補が擁立されていた。それでも、社会党は市長選挙に勝利したのである。そして、府議会議員選挙・市議会議員選挙でも社会党は躍進している（次ページ表2－2）。

この背景には、戦後の労働運動の激化があった。食糧不足や物価の急上昇などによる生活

表2－2　**大阪府議会・大阪市議会における革新勢力の議席**

年	1947	51	55
府議会			
定数	74	86	86
社会党	23	21	24
うち右派	—	—	12
うち左派	—	—	12
共産党	0	1	3
市議会			
定数	72	72	73
社会党	25	16	23
うち右派	—	—	16
うち左派	—	—	7
共産党	1	2	3

の危機を受けて、特に大都市では労働争議が頻発し、大阪府ではピーク時の一九四八年に全国で起きた争議件数の四分の一、争議参加者の一割が集中するほどだった。[43] 革新勢力は人々の不満の受け皿となり、問題が最も厳しく現れる大阪のような大都市で、政権を握る保守勢力に匹敵する支持を集めていた。

そんな革新勢力が抱える問題は、社会党と共産党の共闘に象徴される統一戦線の構築であった。両党が共闘して、都市問題への不満に対する十分な受け皿となることが何度も試みられたが、そのほとんどが失敗に終わった。[44] 選挙のたびに、労働組合を中心とする支持団体内部での政党色が鮮明となり、共通性ではなく違いを強調することになってしまうのである。

占領政策の転換によってレッド・パージが始まると、共産党は弾圧されて力を失う。他方、一九四九年の総選挙で大敗北を喫した社会党のなかでは、共産党との共闘を重く見る左派と、伝統的な地盤に立脚し財界にも近い右派に分かれ、革新勢力が分裂する。そして、労働組合出身の指導者を多く抱える左派社会党が全国的に伸長し、戦前以来の右派は圧倒される。[45] 大阪でも、伝統的に右派が優位だったものの、左派的な労働組合を結集しつつあった、日本労働組合総評議会（総評）[46] の地方組織である総評大阪地方評議会（大阪地評）の支持を得た左派が、次第に勢力を伸ばしていった。

一九五五年体制下の停滞

一九五五年（昭和三〇）、左右の社会党は統一され、また、自由党と民主党の保守合同も成立した。国政では、一九六〇年に最高潮を迎えた安保闘争を経て、自民党と社会党による保革対立が固定化する。しかし社会党は、右派の西尾末広に率いられた民主社会党（民社党）が分裂したこともあり、確実に当選できそうな候補者を絞って選挙に臨むため、憲法改正を阻止する三分の一の議席の確保に満足する野党に甘んじ続けることになる。

いわゆる一九五五年体制後、国政では自民党の一党優位体制が形成され、地方でも終戦直後の支持の拡大と比べると、革新勢力は停滞していた。一九四七年から五二年にかけて誕生した大都市の社会党系の市長は、一九五〇年代に入ると次々に退場するか、当選するために自民党の支持を受けて保守的な傾向を強めた。[47]

その後も保守勢力の分裂に乗じるなどして社会党系の市長が当選することは少なくなかったが、功刀俊洋の調査によれば、一九五〇年代の社会党系の市長は一定数存在していてもそれぞれが孤立しており、初当選のときは社会党の推薦を受けてもその半分は二期目から保守

表2－3　**革新市長の推移**

年	1959	60	61	62	63	64	65	66	67
推薦合計	124	129	130	134	123	115	111	105	103
登場		9	5	17	20	3	5	6	23
退場		4	4	11	37	11	9	11	25
相乗り市長	40	46	52	53	46	43	38	32	32
革新市長	84	83	78	81	77	72	73	73	71

註：推薦合計は社会党．ここでいう相乗り市長は保守勢力との相乗りがある場合で，革新市長はそれを除いた選挙時の反保守の候補である．選挙時に反保守であっても，その後保守化することもある点に注意が必要である

化し、一九六〇年代前半には社会党系の市長は漸減する傾向にあったという[48]（表2－3）。

大阪市でも、一九六三年に大阪市長に初当選した中馬馨は、初当選時は社会党の支持を受けて、現職の中井光次が後継指名して自民党に支持された助役の和爾《わに》俊二郎《しゅんじろう》を破った。しかし、その後自民党との関係を深め、一九六七年、七一年の選挙では、自民党と社会党の双方から推薦を受け、共産党の候補に圧勝していた。中馬は社会党の支持を受けながら、保守化する傾向を持つ市長の代表的な例であった。

革新勢力が地方政治レベルでも退潮傾向にあったのは、保守合同によって保守勢力が分裂を克服したことが大きい。また、「所得倍増計画」に象徴される経済成長のために集権的に地域開発が進められていくなかで、保守系の市長のほうが国との関係で事業を有利に進めることができたことも一因だろう。そして、大都市で強かったはずの社会党は、一九六五年前後には神戸や名古屋、京都といった大都市で行われた市長選挙でも、有力な候補を立てることすら困難な状況に陥っていた。

革新自治体の時代——黒田了一の府知事就任

だが一九六〇年代終わり頃から、革新勢力は再度拡張を始める。その重要な契機は、一九六七年（昭和四二）の東京都知事選挙であった。これは、それまで激しく対立していた社会党と共産党が共闘に転じる画期をなす選挙であった。一九六四年に左派優位の執行部が成立して左傾化を進めた社会党が、公認候補にこだわらずに美濃部亮吉《みのべりょうきち》を支持するための政策協定を共産党と結んだのである。[49] この選挙の後、社会党と共産党との共闘を基本に、場合によっては公明党や民社党が加わるさまざまな形式の野党連合が形成されることになった。

この時期の選挙の主要な論点は、交通、道路、住宅、公害といったまさに都市問題であった。高度経済成長の影の面である産業公害問題はとりわけ深刻で、人口が急激に集中する大都市部や工場立地の集中した地域では、すでに公害反対運動のような市民運動や住民運動が数多く形成されていた。そして、社会党と共産党の共闘の上に、市長選挙で非政党の候補を立て、「明るい革新市政をつくる市民の会」といったような組織を母体として、無党派の知識人や文化人を表に出して、さまざまな団体とともに選挙運動を行うことで、従来の革新勢力を超えた得票が可能になった。[50]

この波は、大都市であると同時に急速な重化学工業化を進めていた大阪にも、当然押し寄せた。その象徴が大阪府知事選挙である。一九六七年の大阪府知事選挙は、自民党の支持を受けた左藤義詮《さとうぎせん》が、現職として社会党・共産党がそれぞれ擁立した候補に圧勝していた。しかし、一九七一年の選挙では社会党と共産党が中心となって擁立した黒田了一《くろだりょういち》に、前評判を覆して敗れたのである。

黒田陣営は、「公害発生源企業の規制強化、車より人間を優先する交通政策への転換、低家賃公営住宅の大量建設」[51]などの政策を掲げ、公害を中心とした都市問題の解決を前面に押し出した。選挙結果を大阪市内全体で見ると、黒田五九万四三五一票に対して左藤六二万四七四〇票と左藤票のほうが多い。しかし、此花区・港区・西淀川区・東淀川区など公害の厳しい地域で黒田が左藤を圧倒したほか、伝統的に保守色が強い大阪府の南部地域でも、堺市・高石市・泉大津市といった堺・泉北臨海工業地帯の造成にともなって公害が激化している地域で多くの票を獲得したことが、黒田の勝利の要因であった。[52]

知事に就任した黒田は、公害問題や福祉政策を重視し、特に前者については、汚染物質の総排出量を抑制するために、全国に先駆けて総量規制を実施し、監視体制を整備した。その姿勢は、企業の負担能力に配慮して、経済成長との調和を図りながら公害対策をしようとしてきた従来の行政とは一線を画し、明確に生活環境を優先しようとする公害行政への転換を図るものであった。[53]しかし、それは府議会で多数を占める保守勢力の前に容易なことではなく、府議会野党との安定的な関係を築くのが困難な状況であった。

革新の衰退——社共共闘の瓦解

一九七一年（昭和四六）の統一地方選挙で東京都と大阪府というふたつの巨大自治体での選挙に勝利した革新勢力は、その直後に全盛期を迎える。革新市長のリーダーであった飛鳥《あすか》田一雄《たいちお》の横浜市に加えて、神戸市や大阪市、京都市、そして一九七三年には名古屋市でも革新勢力に支持された候補者が勝利した。大阪市長の中馬馨のように、そのなかには保守化する傾向を持つものもいたが、東京も含めれば戦前の六大都市がすべて革新勢力の影響下に置かれることになった。

これは、大阪府知事選挙で見られたように、公害反対運動のような市民運動・住民運動を革新勢力がうまく取り込むことによって大都市で広範な支持を得た結果である。大都市を中心とした多くの市長が「革新市長会」に参加しており、地方からの革新のうねりが国政を刺激して、社会党を中心とした当時の野党による政権交代につながることも非現実的な見方ではなかった。

しかし、革新自治体は全盛期を迎えるとほぼ同時に衰退への道を歩み始める。重要な要因であったのは、選挙における連合形成である。一九七〇年代に入ると、国政における与野党伯仲のなかで、社会党の執行部が公明党・民社党という中道勢力と連合を組む社公民路線か、共産党も含めた全野党共闘を行うかという論争を始める。特に一九七六年の衆議院総選挙で中道勢力が躍進したことで、社会党は共産党よりも自民党と連合しうる中道勢力に対して配慮が必要となった。[54]

国政レベルでの社会党と中道勢力の連合は、地方政治レベルでの社会党と共産党との関係にも影響を与えた。革新勢力のなかでも伝統的に右派が強かった大阪では、社会党と共産党の共闘は一時的なものであり、社会党は中道勢力あるいは自民党と連合して共産党と対立した。すなわち、一九七一年、中馬馨の死去後の市長選挙では、自民党が候補を立てず、社会党・公明党・民社党が助役の大島靖《おおしまやすし》を擁立し、共産党の候補に圧勝したのである。

他方、共産党が勝利することもあった。一九七五年の大阪府知事選挙では、黒田了一が共産党のみの支持を受けて、社公民が支持する竹内正巳《たけうちまさみ》と自民党が支持する湯川宏《ゆかわひろし》を大差で破っている。社会党と共産党が革新勢力として共闘することができないようになり、この頃から地方議会でも両党は勢力を弱めていく。[55]

都市官僚制との距離

革新勢力の退潮の原因は、社共共闘の失敗だけではない。都市官僚制との連合を形成できなかったことも大きな原因のひとつである。戦前から都市問題への対処の中心を担ったのは専門性を持つ都市官僚制であり、彼らは戦後も公害問題を含めた都市問題への対応に積極的だった。革新勢力も都市問題の解決を重要な課題としていたが、両者は必ずしも相容れることがなかった。

その原因は、一九五五年体制下で国政における自民党の一党優位が安定し、中央集権的な財政システムのもとで都市官僚制が都市問題を解決するための事業を行うには自民党政権とのパイプを必要としたことに求めることができる。さらに、社会党の支持を受けて当選した市長でも、市政を運営するために重要になるのは都市官僚制との関係である。大阪市の中馬市長はその典型と考えられるが、選挙を控えて都市問題への取り組みを進めたい市長が、社会党よりも自民党との関係を強めようとするのは当然の選択であった。

革新の側にも問題がある。社会党を中心に革新勢力の側も、体制変革の政治的なステップとして自治体改革を位置づける発想が強かった。[56]都市問題の解決と体制概念を結びつけて、産業公害のような害悪を生み出す資本主義から社会主義へと移行することで都市問題が解決するという主張がなされたのである。[57]このような発想は、都市を発展させる産業の重要性を認める都市官僚制からすれば、あまりにラディカルで受け入れがたいものであった。

都市官僚制と距離を置く市長たちは、理念ばかりが先行して、後述する自民党の「都市政策大綱」のような具体的な政策を持たず、地域組織・住民組織の裏付けもなかった。また、社会党は政党の地方組織がきわめて弱い状態であり、地方議会で社会党系の地方議員が市長を助けることも難しかった。組織的な基盤を持たない市長が、都市官僚制に対して強い指導力を発揮することは困難だったのである。

それでも、革新自治体では公害や福祉についていくつかの新しい政策が打ち出されてきた。

公害に対する規制手法や、老人医療の無料化などはその典型であると言えるだろう。これらの政策のなかには国によって採用され、場合によっては国による負担が行われた上で革新自治体以外の自治体も含めて全国化されたものも少なくない。地方における政治的な競争の成果として、それまで国では採用されてこなかった政策が採用されるようになったのである。[58]

しかしそれは、革新自治体にとっては政策的な特徴を失うことを意味する。結果として求心力を失っていく革新自治体は、石油危機による財源の逼迫《ひっぱく》で新たに住民にアピールする政策を打つこともできず、退場していくことになった。

3　自民党長期政権下の大都市――進む多党化

「保守の危機」と自民党の対応

大都市で革新勢力が支持を広げるのに対して、一九五五年（昭和三〇）以降確立していった自民党長期政権は大都市をどのように扱おうとしてきたのだろうか。まず、都市問題に対する自民党の対応を見てみよう。

高度経済成長が始まって農村から都市への人口移動が急速に進み、自民党の支持基盤であった農村が縮小し、他方で都市には自民党に対して不満を持つ勤労者層が増大する。これは、自民党にとっての危機であった。

この「保守の危機」に対して、一九六三年に『中央公論』誌上に発表された石田博英《いしだひろひで》の「保守政党のビジョン」を皮切りとした反応がある。[59] そこでは、農村が縮小して都市が拡張することが自民党の既存の支持基盤を掘り崩すのであれば、新しく都市の勤労者層の利益を保障すべきであるという主張が見られる。

一九六七年に美濃部亮吉が東京都知事選挙に勝利したことは、革新勢力のみならず自民党にとっても大きな転換点であった。自民党側から見ればこの敗北によって危機感は強まり、福田赳夫《ふくだたけお》(「進歩的保守のすすめ」)や田中角栄《たなかかくえい》(「自民党の反省」)といった自民党指導者からも、自民党の将来を憂うる論文が盛んに発表される。ここでは、増大する都市の勤労者層の要望に応えて物価高騰や都市公害など生活環境の悪化に対応することで、自民党への支持を回復させるべきであるという主張がなされた。[60] たとえば、田中角栄は『中央公論』に発表した「自民党の反省」のなかで、「今日の東京は明日の全国」として、次のような主張を行っている。

人口や産業・文化が東京、大阪など大都市に過度集中した結果、地価は暴騰し、住宅は不足し、交通難は日増しに激しくなり、各種の公害が市民生活をむしばみ、破壊していることは明らかである。事態がこのまま推移すれば、国民経済自体が根底から揺さぶられることになるのは早晩、避けられない。東京、大阪はもちろん膨張する太平洋ベルト地帯に対して、自民党がもし有効に対処できなければ、都知事選にみられた都民の欲求不満の爆発は、やがてベルト地帯住民の間にも連鎖反応をもたらすことになろう。現在、すでにベルト地帯における革新・中間勢力の伸張はいちじるしく、自民党は明らかに劣勢に立っているのである。

〔中略〕自民党の伝統的な支持基盤であった農村が急速な崩壊過程に入っている現実を直視すべきである。農村人口の都市流入にともなう支持層の絶対的な減少と、現に農村に住んでいる人たちの間で、〈保守〉から〈革新〉への接近が顕著になろうとしている事実は、都市対策と同様に、地方開発、過疎対策の緊急な実行を自民党に迫っているといえる。

〔中略〕人口の都市集中、農家人口の激減、エンプロイーの激増という社会構造の基本的な動向は、全国的な都市化対策として、いわゆる都市問題の解決を政治に求めている。この都市問題と正面から取り組み、解決の手がかりをひきだし、実施に移す政党こそが、将来、国民の圧倒的な支持を得るであろう。[61]

「都市政策大綱」という提案

自民党政権が、それまでに何も政策を講じてこなかったわけではない。全国総合開発計画のもとでは過大都市を抑制しつつ拠点開発を進めることが目標とされていたし、一九六四年

(昭和三九)に発足した佐藤栄作内閣では「社会開発」を訴えて、中期経済計画の決定にあたって産業基盤整備ではなく生活基盤整備を最優先のものとしていた。しかし、結局のところ経済開発は太平洋ベルト地帯を中心とした地域に集中し、また「社会開発」は高度成長のひずみ論や反公害論など革新勢力に近い反体制運動のイデオロギーへと絡め取られてしまう[62]。

自民党が一九六七年三月に発足させた都市政策調査会は、党としての都市問題への取り組みを示すものであった。田中角栄を会長に、副会長には坂田道太《さかたみちた》や原田憲《はらだけん》といった有力な議員が就任し、省庁の枠を超えた多くの官僚を事務局に集め、主に財界人や学者を中心としたヒアリングを積み重ねて、一九六八年五月に「都市政策大綱」が発表される。この文書は、しばしば自民党を強く批判する『朝日新聞』の社説でも「これまでの自民党のイメージをくつがえすほど、率直、大胆な内容を持っている[63]」と絶賛された。

その内容は、たしかにそれまでの自民党とは異なるイデオロギーにあふれたものであった。御厨貴が指摘しているように、「都市の主人は工業や機械ではなく、人間そのものである[64]」という人間中心の哲学を標榜《ひょうぼう》し、「公益優先の基本理念をうちたてる。土地の私権は公共の福祉のために道をゆずらなければならない[65]」という公益優先の土地利用を主張する。そして、「集積の利益をもっている大都市においては、都市生活の利益を享受し、利用する私人や法人が、みずからの負担によって、みずからの要求を満足させるべきである[66]」という受益者負担の考え方を展開しているのである[67]。

ただし、その主体は依然として国であった。ほぼ同時期である一九六八年に全面改正された都市計画法では、都市計画決定権限の地方への移譲が行われたが、それは知事に強い権限を与えるもので、依然として大都市の権限は制限されていた。「都市政策大綱」をリードした田中角栄も、都市計画法の改正に関わった形跡はない。[68]「都市政策大綱」は、大都市が自律的に都市問題に取り組むことを可能にするようなものではなく、あくまでも国の立場から人口が集中する都市をどのように扱うかを述べたものであった。

だからこそ、都市問題への取り組みの裏側では、農村部を中心とした地域開発や、都市の工業を農村に移す工業再配置がセットで議論されたのである。特に、工場が集積している大都市に高い税金をかけて工場の移転を促し、それを財源として農村部への工場再配置を進めることを狙った工業再配置税（工場追い出し税）に支えられた工業再配置の構想は、一九七二年に発表された『日本列島改造論』の中核に位置することになった。

大都市での公益優先の土地利用のような発想は、「都市政策大綱」の責任者たる田中角栄自身がそこから距離をとったこともあり、[69] 十分に実現されることはなかった。大都市に残されたのは、「公益」の観点から都市計画を策定する権限ではなく、民間資本の再開発への参加を促す「都市再開発法」（一九六九年）であった。[70] また、工業再配置税を活用して、産業の基盤でありかつ都市問題の原因である工場を都市から農村部へ再配置する構想も、中小企業やその支持を受けた自民党議員の反発によって潰《つい》えていく。そして『日本列島改造論』以降は地域開発のみが強調され、過大な投資へと傾斜していくのである[71]。

その後自民党政権の都市問題への対応は、年金の大幅増額や老人医療費の無料化の実施を行った一九七三年の「福祉元年」以降、社会保障を拡充することによって都市の勤労者層の不満をなだめる方向へと向かう。いわば、都市部への分配によって問題の解決を図ろうとしたのである[72]。

多党化とその影響

深刻化する都市問題への対応を担う大都市は、国政での自民党長期政権の下、全国的な観点からは非常に特殊な政治状況にあった。それは、ほぼ大都市のみで進展していく多党化という現象である。五五年体制の成立直後に誕生し、ともに大阪に深い関わりを持つ民社党と公明党が、大都市を中心に長く存在感を発揮することになる。

一九六〇年（昭和三五）に、社共共闘を主張する左派に反対して、右派の西尾末広や片山《かたやま》哲《てつ》が離党して結成した民社党は、労使協調的な民間企業の労働組合を中心に支持を得た[73]。民社党は、社会党と比べて支持は低迷するが、西尾末広の地元である大阪では府議会や市議会に一定の議員団が存在し、名古屋でも春日一幸《かすがいっこう》、塚本三郎《つかもとさぶろう》という指導者のもとで勢力を拡張している。

公明党は、日蓮正宗の在家信徒団体である創価学会の影響を強く受けた政党である。創価

表2－4　**1955年体制下の大阪府議会・大阪市議会の議席数**

	政党＼年	1959	63	67	71	75	79	83	87	91
府議会	自民	39(23)	41(23)	42(23)	37(19)	38(21)	38(20)	40(18)	38(13)	47(17)
	社会	30(17)	23(11)	24(8)	23(6)	15(4)	15(4)	15(3)	17(3)	17(4)
	公明		5(4)	11(7)	11(7)	19(8)	19(7)	25(8)	26(8)	19(5)
	民社		16(10)	16(9)	16(9)	11(3)	10(3)	10(3)	11(3)	6(1)
	共産	2(1)	4(3)	3(2)	14(8)	17(8)	19(10)	9(1)	11(4)	11(2)
	その他	15(4)	12(3)	14(2)	8(2)	12(1)	12(1)	14(3)	10(5)	13(5)
	定数	86(45)	101(54)	110(51)	109(51)	112(45)	113(45)	113(36)	113(36)	113(34)
市議会	自民	42	40	32	27	31	34	37	28	34
	社会	26	12	15	19	9	12	11	14	12
	公明		8	21	18	25	20	21	22	20
	民社		18	17	14	10	8	11	9	6
	共産	3	5	7	13	15	18	11	15	14
	その他	7	2	2	3	4	2	1	2	4
	定数	78	85	94	94	94	94	92	90	90

註：府議会の（　）内の数値は大阪市域内の議席数

学会は一九五五年の統一地方選挙で初めて候補者を立て、五六年には参議院に三人の候補者をすべて当選させた。一九六二年には公明政治連盟を結成して、衆議院への進出を図り、六四年には公明政治連盟から公明党へと改組した。

公明党にとっても大阪は重要な拠点であり、初の参議院通常選挙では唯一地方区の議席を獲得した地域であった（他の二人は全国区）。地方選挙でも、まだ公明政治連盟と称していた一九六三年から大阪府議会・大阪市議会に候補を立て、共産党よりも多くの議席を獲得していた（表2－4）。

一九七〇年代以後、民社党と公明党は国政で安定的な議席を確保する（図2－1、図2－2）。おおむね半数からの支持を得る自民党と、二割程度の社会党、一割弱の公明党・民社党・共産党という構成が固定化している。ただし、得票率と議席率がほぼ等しく効率的に議席を獲得している公明

図2－1　**衆議院総選挙の政党得票率**

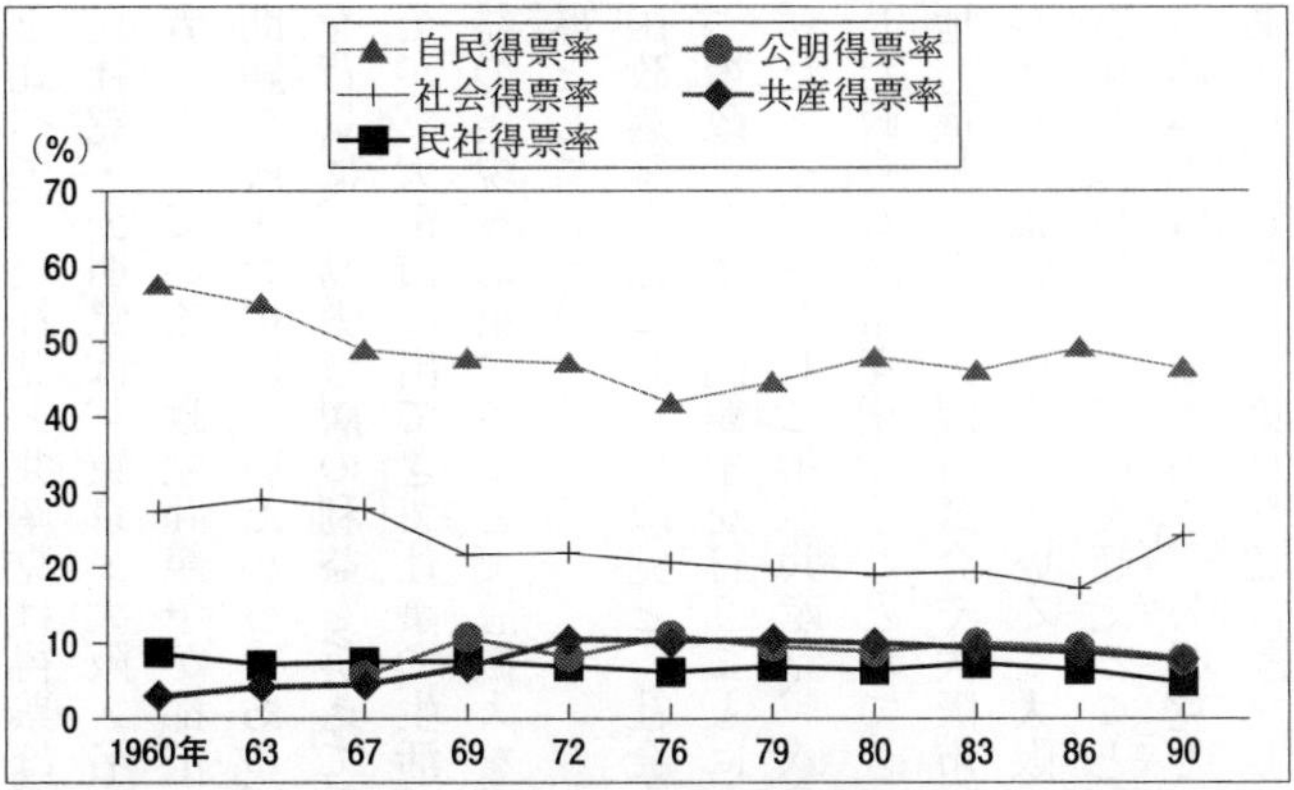

図2－2　**衆議院総選挙の政党議席率**

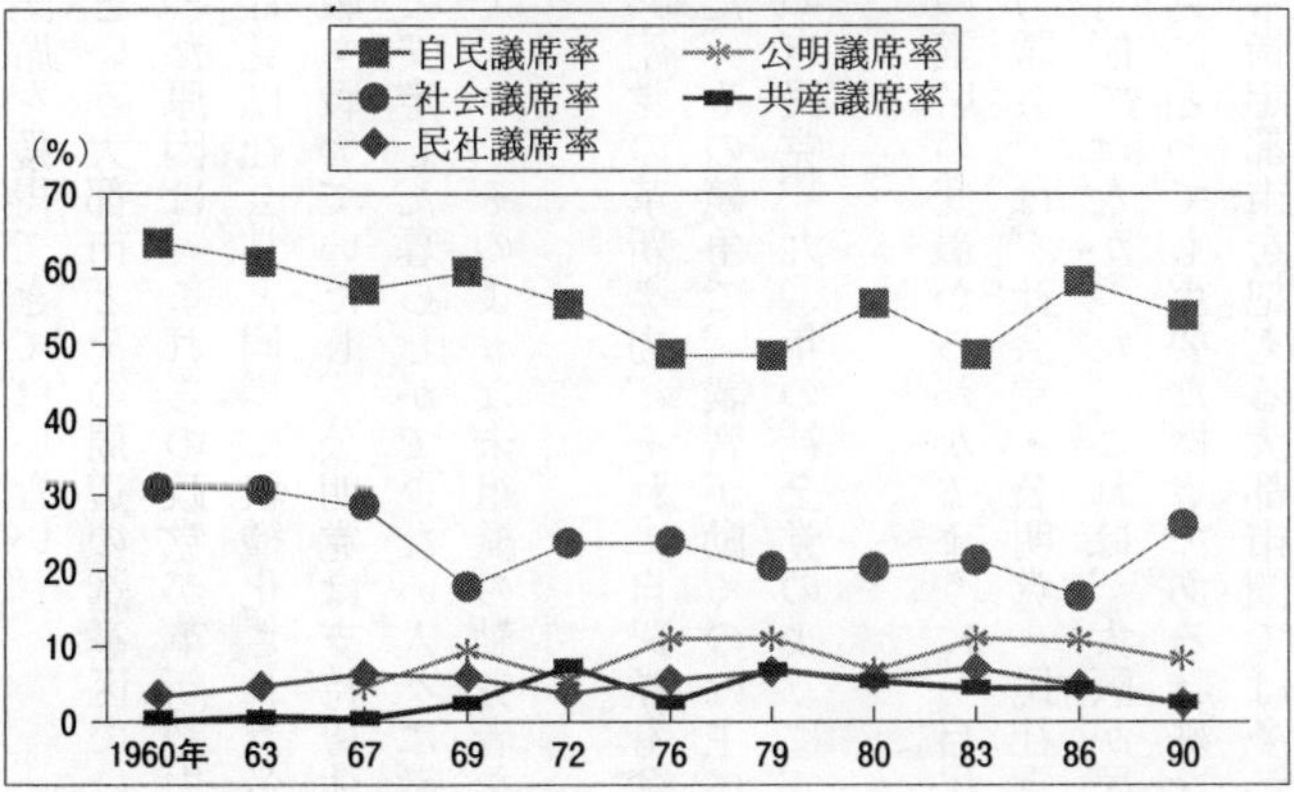

党と比べて、民社党と共産党は得票ほどに議席を獲得できてはいない。

民社党・公明党は、東京・大阪・名古屋という大都市とその周辺の選挙区でほとんどの当選者を出している。政党間競争が都市に偏った原因は、これらの政党が革新勢力と同様に都市問題の解決を掲げていたからである。民社党は社会党と同様に組織化された労働組合の支持を背景に、勤労者層の利益を訴えて選挙戦を戦っていたし、公明党は支持母体である創価学会が、大都市に出てきて仕事や生活の面で安定した暮らしができない人々に徹底した現世利益の実現を約束することで急拡大を遂げており、そのような未組織の勤労者を主要な支持基盤としていた[74]。

国政選挙ではこれらの政党と、社会党・共産党の革新勢力、それに自民党も含めた主要な五つの政党が政党間競争を行うことになった。その競争で、議席が動くのは主に都市部だった。たとえば一九七二年の共産党、八〇年の自民党、九〇年の社会党のように、都市部で勝利した政党が議席を増やすことができた。

地方選挙でも、大阪府議会や大阪市議会の議席の変遷からわかるように、自民党以外の政党が多くの議席を獲得している。大阪の地方議会では、社会党・公明党・民社党・共産党が連合すれば自民党の議席を超えることも不可能ではなかった。これは、大阪が民社党初代委員長西尾末広の地盤であり、公明党と共産党にとっても重要な拠点である特殊な地域だからであった。しかし、東京や名古屋などの政令指定都市を抱える大都市圏では多かれ少なかれ似たような状況が現れていた。[75]

このように大都市で多党化が進んだ原因は、選挙制度にある。都市部における総選挙の選挙区定数は、四あるいは五であることが多く、五つ程度の政党での競争に収斂《しゅうれん》しやすい環境が設定されていた。それに加えて、政令指定都市やそれを抱える都道府県であれば、定数がおおむね三から六の選挙区が設定されていて、そのなかで政党間の競争が行われるのである。[76]

定数が小さければ多党が併存するのは困難だし、定数が大きすぎても共倒れの可能性が高まってしまう。大都市では、国政・地方政治ともに多党化しやすい前提条件を持っていて、実際に都市問題の解決を多様なかたちで訴える複数の政党が参入することになったのである。

こうした多党化は、保守であれ革新であれ、大都市の市長による一元的な都市問題への対応を困難にした。市長が「公共の福祉」を掲げて都市政策を提案しても、地方議会ではそれぞれの政党が支持層の個別的な利益を代弁し、私権を制限するというよりは、むしろ私権を強調する方向に動くからである。[77]高度経済成長の下では、配分の原資が存在し、実際に個別的な要望に応答することができた。結果として統合的な都市政策が打ち出されることは、ほとんどなかったのである。

大都市は「搾取」されてきたか

一九七〇年代以降、「都市政策大綱」で示された、大都市の膨張を抑制して「公益優先の土地利用」を「受益者負担」で進めるという発想は後退し、『日本列島改造論』に代表される地方の経済開発や大都市と地方をつなぐ交通網の整備が強調されることになる。[78] ふたつの構想、そしてさらに同時期に策定された新全国総合開発計画の中心にいた田中角栄は、「資金力のある都市の改造はなるべく民間中心に、民間の金とエネルギーを集めること、国の投資は重点的に先行的な国土開発へふりむけること」[79]を重視していた。しかし、大都市は「民間中心」を実現するために必要な都市計画の権限を持つことはできず、国による工業の再配置もほとんど実現できなかった。そして残ったのは、国による「重点的に先行的な国土開発」だったのである。

それでは、国による農村部を対象とした国土開発は、どのような財源で行われたのだろうか。「先行的」という言葉に象徴されるように、その時点で開発されていない地域に負担をかけるわけにはいかない。あらためて述べるまでもなく、大都市や工業都市から納められる税金が財源となったのである。

第Ⅰ章で説明したように、シャウプ勧告以降、大都市にとって分の悪い地方税制が確立していた。中馬馨が訴えるように、「戦前は、大阪市から上がる税金の六割二分は国へ、一割四分が大阪へ、そして大阪市の自主財源として大阪市には二割四分がとどまって」いたにもかかわらず、「行政量は戦前よりうんと市へ移譲されているのに、逆に市には大阪市民が納めておる税金の一一%しかとどまっていな」かった。[80] 都市計画事業の伝統を持つ大阪市でさえ、独自の財源で都市計画を実施するのは困難であり、国の補助金を用いないと事業ができないと認識するのである。

大都市は自律的な発展を封じられ、その集積の利益を後進地域に対して振り向けることを余儀なくされてきた。これは極端な言葉を用いるならば、大都市からの「搾取」である。しかし、なぜこのような事態が続いてきたのだろうか。それは、大都市が国政に対して政治的な影響力を持ちえない状況が長く続いたからにほかならない。

重要な要因は、選挙区定数の問題である。高度経済成長期に農村から都市への人口移動が急速に進む一方、選挙区の定数是正は遅々として進まなかった。その結果、都市部は人口の割に議員が少なく、農村部では逆に過剰であった。

選挙制度の歪みと「自民党システム」

一九四七年（昭和二二）に実施された総選挙での選挙区は、六四年まで変更されることがなかった。その後は、国勢調査の結果に基づいて四回の定数是正が行われ、都市部では一九六四年に一九議席、七五年に二〇議席が増やされている。しかしその後の是正は、「一票の格差」の是正を目的に、議員一人あたり最も人口が多い選挙区と、最も少ない選挙区に注目した弥《び》縫策《ほうさく》に過ぎなかった。[81] これらの定数是正は「一票の格差」を一定程度小さくすることはできたが、選挙制度全体として存在する定数不均衡はむしろ維持されたのである。

図2－3　衆議院総選挙における定数不均衡の変遷

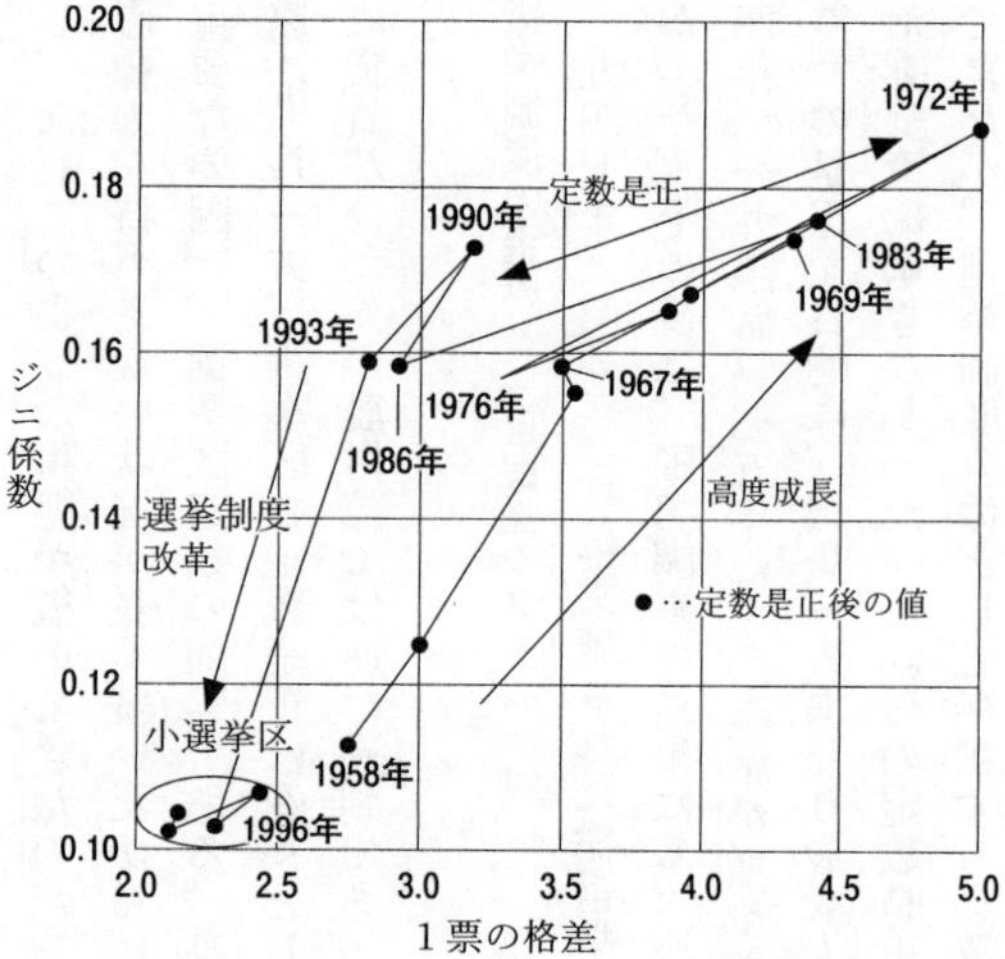

菅原琢は、所得格差の計算に使われるジニ係数を用いて、この定数不均衡を分析している（図2－3）。その分析によれば、定数是正を行うことで「一票の格差」はたしかに改善するが、ジニ係数は高いままである。つまり、選挙制度全体での定数不均衡は是正されておらず、さらにその結果として、農村部に強い地盤を持つ自民党が多いときで二〇議席程度も「得」をしていたと推計されている。[82] 選挙制度の歪みのために、日本全体で農村部が過剰に代表され、その恩恵を政権政党である自民党が一方的に享受していたのである。

自民党が長期政権を維持するために重要だったのは、この農村部での強さを維持することであった。都市部では政党間競争が激しく、政権にある自民党といえども過半数を超える議席の確保はほぼ不可能であった。農村部に利益誘導を行い、自民党に対する支持を維持することが長期政権の生命線であり、だからこそ大都市での成長の果実を農村への再分配に回す政策が「自民党システム」として成立したのである。[83] 自民党は農村部に対して公共事業などの利益を提示し、農村の有権者も、少なくとも利益が実現するまでは選挙で自民党を支持することで、積極的に応えようとした。[84]

次に、個別の議員の当落を考えても、都市部の自民党議員は他党との競争が熾烈《しれつ》であるために、しばしば落選を経験していた。自民党で人事の制度化が進み、当選回数がきわめて重要な議員の評価指標になると、落選可能性の高い都市部の議員がリーダーシップを発揮するのは困難な状況が生まれる。

総理大臣をはじめ、派閥のリーダーとなる議員の多くは、農村の比較的競争の少ない選挙区から選出される議員であった。そのような議員たちが農村優先の政策を改めようとする契機はほとんどない。そして『日本列島改造論』の後も、第三次全国総合開発計画での定住圏モデル地域やテクノポリス指定といった地域開発の手法が続く。都市問題を苦手とする自民党が、成長の果実を、自分たちを支える農村に対して還元しようとする手法には、ほとんど変化がなかったのである。

もちろん、このような状況を大都市が「搾取」されていると考えるかどうかは人による。大都市の繁栄は、農村部の負担、たとえば東日本大震災が明らかにしたように原子力発電の立地などの上に成り立っている。その負担部分を「還元」すべきであるという論理は強いし、そのような論理が一定程度採用されてきたのも事実だろう。しかし、自民党長期政権では、財源が絞られることで、大都市が自らの抱える問題に、自律的に取り組む契機が封印されてきたのもまた事実である。

その背景としては、国政で都市全体の利益を掲げるような主張がほとんど見られなかったことが大きい。都市で一定の支持を得た政党が、それぞれの支持基盤である労働組合や地域団体をはじめとするさまざまな利益団体に対する還元を志向したとしても、受益者負担をともなう都市計画事業を推進しようとする統一的な政治権力は出現してこなかった。政党につながる組織に所属しない都市の有権者が、自らの意思を反映できるような経路は存在せず、都市の勤労者層の支持を集めることが期待された革新勢力も、期待通りの支持を集めることがなく、結果として都市における「支持政党なし」が拡大したのである。[85]

第Ⅲ章 未完の再編成——拡張の模索

1 大阪市域の固定化と都市基盤の整備

揺らぐ都道府県境界

田中角栄が「都市政策大綱」をまとめ、自民党が都市問題の解決に乗り出そうとしていた一九六〇年代後半は、大都市制度にとっても重要な時期であった。それは、政令指定都市制度が確立に向かい、府県と大都市の関係が安定していく時期と重なるからである。

第Ⅰ章で見たように、一九五六年（昭和三一）に政令指定都市制度が創設され、その後五つの市の合併で設立された北九州市が六三年に新たに政令指定都市となっていた。しかしこの間、戦後に形成された地方自治制度が安定的なものだったわけではない[1]。特に問題になっていたのは、戦前以来の府県の扱いであった。そして、府県の境界が変更されることになれば、大都市といわゆる府県の残存区域問題のあり方にも大きな影響が及ぶことが確実であった。

府県の境界は、一八九〇年の府県制制定以来、戦時期の樺太《からふと》の扱いと東京府が東京都になったことを除くと、変更されていない。しかし府県が常に揺るぎないものであったわけでもない。社会の近代化・複雑化とともに府県の境界を超えた行政への要請が強まっていく。一九二五年には加藤高明《かとうたかあき》内閣に対して府県の合併や道州制の導入を求める「行政刷新に関する意見書」が提案されているし、二七年には田中義一《たなかぎいち》内閣のもとで、数府県を合併して全国を北海道と六つの州に分ける「州庁設置案」が策定された。「州庁設置案」のもとでは、官選の強力な州長の下に、公選の府県知事と市町村長を置く三層制の地方制度が構想されていた。[2]

その後も府県の境界を超えた行政の必要性は議論され続け、広田弘毅《ひろたこうき》内閣期における「東北庁」の設置構想や、戦時下の地方連絡協議会（一九四〇年）、地方行政協議会（四三年）、そして全国を八つのブロックに分ける地方総監府の設置（四五年）へとつながっていった。

戦後に入っても、地方自治法の制定に際して、国会は府県の境界を見直すという付帯決議を行っていたし、行政事務再配分を課題とした神戸委員会でも、一九五一年の第二次勧告のなかで人口二〇〇万人を標準にして府県区域を見直すべきであるとしていた。[3]

戦後、府県制度を含む地方制度の改革にあたっては、内閣総理大臣の諮問を受ける地方制度調査会の審議が重要な意味を持ってきた。府県の整理統合についての審議が最も白熱したのは、一九五七年の第四次地方制度調査会である。このときは府県制度、府県の合併問題、さらに進んで道州制などの根本的な改革に関する諸問題の検討が行われた。

審議の結果、都道府県制を廃止して全国を七から九の「地方」に再編し、その議会の同意を得て内閣総理大臣が任命する官選の「地方長」が置かれるといういわゆる「地方」案が答申されている。また、現行府県の完全自治体としての性格は維持しつつ、おおむね三から四の府県を統合して府県の区域を再編成するという少数意見の「県」案も併記された。[4] しかし、「地方」案がきわめて微妙な差で採択されており、[5] 両案ともに実施には強い政治的抵抗が予想されたから、結局いずれも法案化されることはなかった。

広域行政と府県合併

府県の再編が実現しないなかで、高度経済成長期に入ってからは「広域行政への要請」が重要視されてくる。これは、単一の府県・市町村レベルでは処理が難しい行政需要への対応と、地域間の格差が顕在化するなかで全国的公平性・統一性を確保することを意識した問題設定である。これに対応して、あらためて地方自治体の各層における事務の再配分や、それに併せた府県の境界のあり方が議論されることになった。

一九六〇年代初頭には、広域行政への対応としての府県合併は一定の現実味を帯びていた。特に一九六三年（昭和三八）には、関連する構想が続けて提案される。近畿地方では関西経済連合会が大阪・奈良・和歌山のいわゆる「阪奈和合併構想」の推進を申し合わせ、「府県広域行政法案に望む」という提案で府県合併の制度化を国に要望した。[6]

他方、東海地方では、愛知県や中部経済連合会が中心となり愛知県・岐阜県・三重県の東海三県合併構想が提唱されている。さらに、当時の早川崇《はやかわたかし》自治大臣によって府県が政治的独立性を保ちながら経済的に統合するという「府県連合構想」が提唱され、年末には第九次地方制度調査会で地方自治体がその事務を共同処理するための「連合制度」が答申された。

府県制度の揺らぎのひとつのピークは、一九六五年の第一〇次地方制度調査会による「府県合併」の答申と言えるだろう。ここでは、府県の区域を超える広域行政のより効率的な処理を目指して、自主的な合併を推進する「府県合併」が盛り込まれ、合併の規模・条件やその方式について取りまとめられた。それを受けて一九六六年には「都道府県合併特例法案」が政府提案で国会に提出される。

この法案では、都道府県合併のための手続きが定められ、合併に関係する都道府県議会の議決を経た上で、内閣総理大臣が申請に基づいて、国会の議決により合併を認めるとの特例が規定された。[7] 重要なのは、あくまでも府県の自主的な合併に委ねるという考え方である。これは、実質的に近畿における阪奈和の合併と東海三県の合併を念頭に置いたものであった。[8] そして、仮にこれらの府県合併が行われれば、府県の権限のみならず、そこに含まれる大阪市と名古屋市という大都市の市域や権限の再定義が重要な問題になると見られていた。

大阪市域拡張の試み——中馬馨の挑戦

戦前の「州庁」案や戦後の「地方」案は、基本的に国の側から事務の再編成を企図して行われたものであった。それに対して、一九六〇年代に行われた府県の境界についての提案は、事務の再編成とともに大都市制度との関連が強く意識されているのが特徴である。つまり、大都市を拡張するために府県の狭さが問題として浮上してくるのである。そして、そこで最も重要な論者であったのが、大阪市長の中馬馨であった。

地方制度調査会などで展開された中馬の主張の核心は、大阪市が大都市として小さすぎるというものである。次ページの表3－1でわかるように、他の政令指定都市と比較すると大阪市の面積は非常に小さい。隣接一〇市を併せても、まだ京都市よりも小さく東京の特別区部と同程度だというのである。大阪市が狭すぎて飽和状態にあるために、周辺の衛星都市の人口は急増し、周辺の市町村から大阪市への昼間流入人口は一〇〇万人を超えていた。この人口流入に対応するために、大阪市は大きな負担を抱え込んでいた。

中馬 馨

この問題の解決策として提示されたのが、大阪市の市域拡張である。その理由は主にふたつである。ひとつは、すでに

表3-1　**政令指定都市と大阪市隣接10市**　面積，人口，人口増加率

市	面積	人口 1960	人口 1965	人口 1970	人口増加率（%） 1960→65	人口増加率（%） 1965→70
名古屋	325.19	1,591,935	1,935,430	2,036,053	21.6	5.2
京都	610.61	1,284,818	1,365,007	1,419,165	6.2	4.0
横浜	412.94	1,375,710	1,788,915	2,238,264	30.0	25.1
神戸	533.72	1,113,977	1,216,666	1,288,937	9.2	5.9
北九州	456.90	986,401	1,042,388	1,042,321	5.7	0.0
大阪	203.04	3,011,563	3,156,222	2,980,487	4.8	−5.6
豊中	36.60	199,065	291,936	368,498	46.7	26.2
吹田	36.60	116,763	196,779	259,619	68.5	31.9
摂津	15.46	24,390	43,479	60,116	78.3	38.3
守口	13.13	102,295	138,856	184,466	35.7	32.8
門真	12.21	34,228	95,207	141,041	178.2	48.1
大東	18.36	35,354	57,107	93,136	61.5	63.1
東大阪	61.78	318,001	443,081	500,173	39.3	12.9
八尾	41.26	122,832	170,248	227,778	38.6	33.8
松原	16.58	47,037	71,405	111,562	51.8	56.2
堺	128.68	339,863	466,412	616,558	37.2	32.2
隣接10市合計	380.66	1,339,828	1,974,510	2,562,947	47.4	29.8
大阪市＋隣接10市	583.70	4,351,391	5,130,732	5,543,434	17.9	8.0

註：1960年・65年の摂津市は市制施行以前の三島町，東大阪市は合併以前の布施市・河内市・枚岡市．1960年の門真市は市制施行以前の門真町の数値である

存在する大阪市と隣接する市町村との「連担《れんたん》」、つまり市街地が市域に関係なく広がり、境界がどこにあるのかわからないかたちで拡大している状況である。連担しひとつの都市圏を形成する市街地では統一的な行政が行われるべきであるという考えが前提にあった。

もうひとつの理由は、財源の問題である。すでに何度か述べてきたように、大都市は財源が制約されているために、都市交通や水道といった事業の展開が困難になるというのである。具体的な事例としては、一九七〇年に行われた万国博覧会のため

の市営地下鉄の延伸という問題がある。万博は、大阪市に隣接する吹田市で行われたが、大阪市内から万博会場への交通は市営地下鉄に第三セクターの北大阪急行を接続させるかたちで行われた。

中馬によれば、吹田市が大阪市域内であれば、地下鉄に大きな投資をしても地下鉄の開発とともに周辺の土地の値上がりから得られる固定資産税で大きな見返りがあるものの、市域外であるために、大阪市は投資による赤字を抱えるだけだというのである。このような投資の判断も可能になることが、市域拡張のひとつの根拠とされている。

大阪市が市域を拡張して大都市として十分に大きくなれば、当然に大阪府と重なる部分も広がる。大阪府は香川県についで全国で二番目に小さい都道府県であり、大阪市が市域を拡張して新たな大都市制度を導入すれば、残存区域が立ちいかなくなることは目に見えていた。そのような残存区域をフォローすることを含めて、先に述べた大阪府・奈良県・和歌山県の合併などの「府県合併」が提唱される背景が形成された。

大阪府による「機能分担」の主張

大都市の拡張が府県合併と明確に結びつけられて、その是非が議論されたのは、一九六八年末から七〇年末までの第一三次・第一四次の地方制度調査会であった。第一〇次の地方制度調査会で「府県合併」について答申が示されたこともあり、当初の中心的なテーマは大都市制度であったが、審議では大都市に限定した議論より、府県制度の改革を含めて論じるべきとする主張が他を圧倒したのである。[9]

審議では、ここまでに述べたような根拠で市域拡張を主張する中馬に対して、大阪府知事の左藤義詮は、都市問題の重点が衛星都市に移りつつあり、大阪市を超えた広域的な行政こそが重要であると主張する。そのときに中心となる概念は「機能分担」である。大阪府が中心となって策定した「大阪地方計画」のような広域の計画に基づいて、大阪市は大都市圏の中心として市内の再開発を行い、衛星都市は中心部の過密性を緩和する都市整備が必要であるという考え方である。そして、中馬による市域拡張の提案に対しては、基礎的な自治体として住民に密接な行政サービスを提供するという機能が果たせなくなると批判した。

他方で、大阪市の市域拡張を現実化させるであろう府県の合併についても、左藤は大都市圏の圏域は常に一定のものではなく、政策ごとに関連する都市の範囲が異なると主張する。[10] そのために合併で固定的な圏域をつくることには消極的だった。また、この阪奈和の合併でいえば、和歌山県知事は合併について積極的に取り組む姿勢を見せていたものの、奈良県知事は強く反対していた。[11]

すでに述べたように、一九六六年四月には「都道府県合併特例法案」が国会に提出されていた。第一三次・第一四次の地方制度調査会が開催されるさなか、この法案は審査未了による廃案を繰り返した。[12] 府県の合併という重大な課題であるにもかかわらず、熱烈な推進者が

図3－1　**3大都市圏への人口流入**

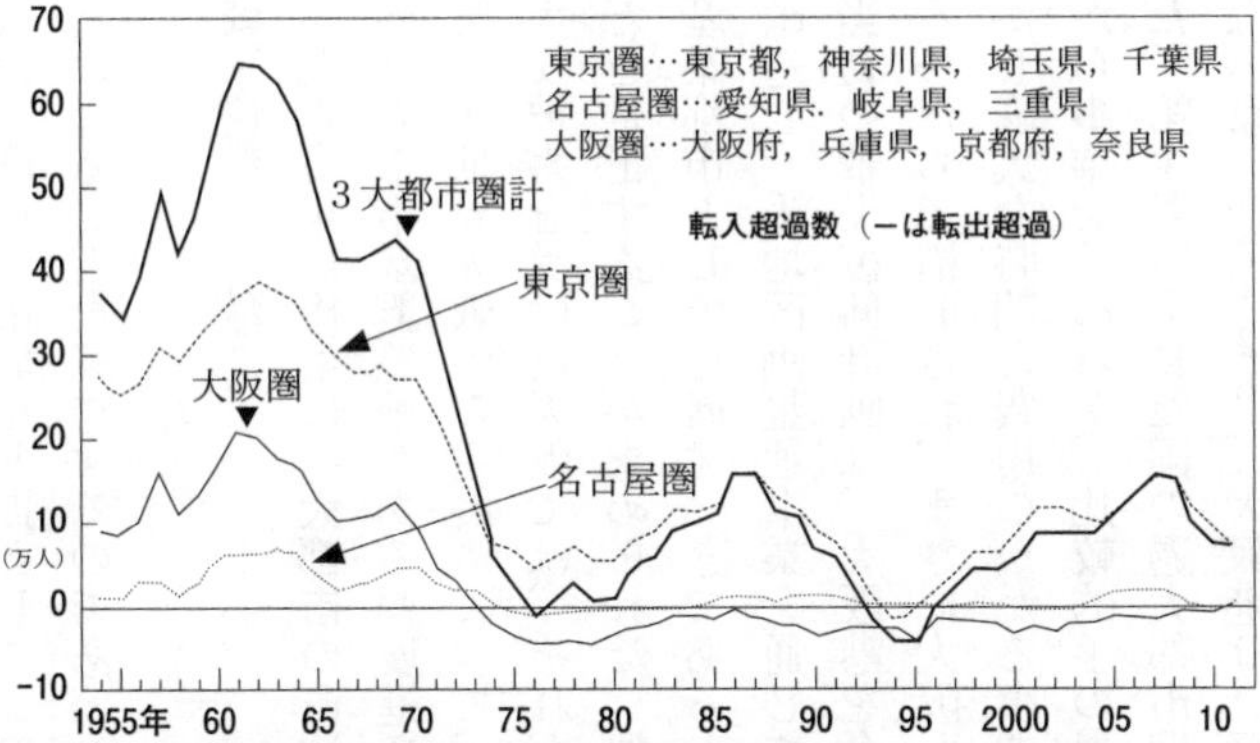

いなかったからである。当時、革新自治体を増やしつつあった野党は地方自治の破壊という観点から強く反対していたし、[13]関係府県の反対もあるなかで自民党も必ずしも一枚岩で強く推進するわけではなかった。

一九七一年の第六五通常国会に際しては、「次期国会において必ず成立を図る」ことを申し合わせて国会提案が見送られた。その後、府県合併が再び提案されることはなく、議論も終幕となる。[14]その背景には、図3－1で示すように一九七〇年頃を境に急激に大都市圏への人口流入が減少していくこと、そして第Ⅱ章で見たように、都市問題に対して現行制度のもとで取り組む体制が構築されていったことが挙げられる。

府県合併が進まないことは、それを前提とした大都市の市域拡張も進まないことを意味した。その結果、大都市の市域は固定化を余儀なくされる。他方で一九七二年に札幌市、川崎市、福岡市が新たに政令指定都市に追加されるなどして、この制度が安定していく。

これは、既存の市域を前提として、府県と政令指定都市の間での「機能分担」が強調されるようになることを意味するのであった。

戦災復興から万博へ

一九六〇年代後半に、大都市の市域拡張が争点として浮上する背景には、その時期に大都市内部の都市基盤整備がある程度進められ、さらなる拡張が問題になっていたことがある。

第二次世界大戦中の空襲によって、全市の二七%にあたる五〇平方キロが焼失するという甚大な被害を受けた大阪では、それを契機に新たな都市計画を樹立し、中心部の狭隘《きょうあい》な道路などを是正することが求められた。戦後すぐに策定された復興計画では、大阪港を中心とする産業都市として発展すべきであるという観点から、戦争や自然災害で打撃を受けた大阪港を改造し、土地区画整理事業を通じて都市の道路や公園を整備する計画が立てられた。

当初の戦災復興計画は、大阪港を含み、おおよそ現在のJR大阪環状線の領域内をほぼ収めるかたちで構成され、まさに大阪を作り替えることを狙ったものであった（図3-2a）。しかし膨大な時間と費用のかかる事業を行うにあたって、大阪市役所内部でも、困難な中心部から事業を始めるか、比較的手のつけやすい周辺部から事業を始めるかについて対立があった。[15] 第I章でも見た国の過大都市抑制方針も相まって、計画は再検討されて小規模なものとなった（図3-2b）。大阪港は計画から外され、事業はJR大阪環状線に沿った外側の住

図3－2　**大阪市戦災復興計画**

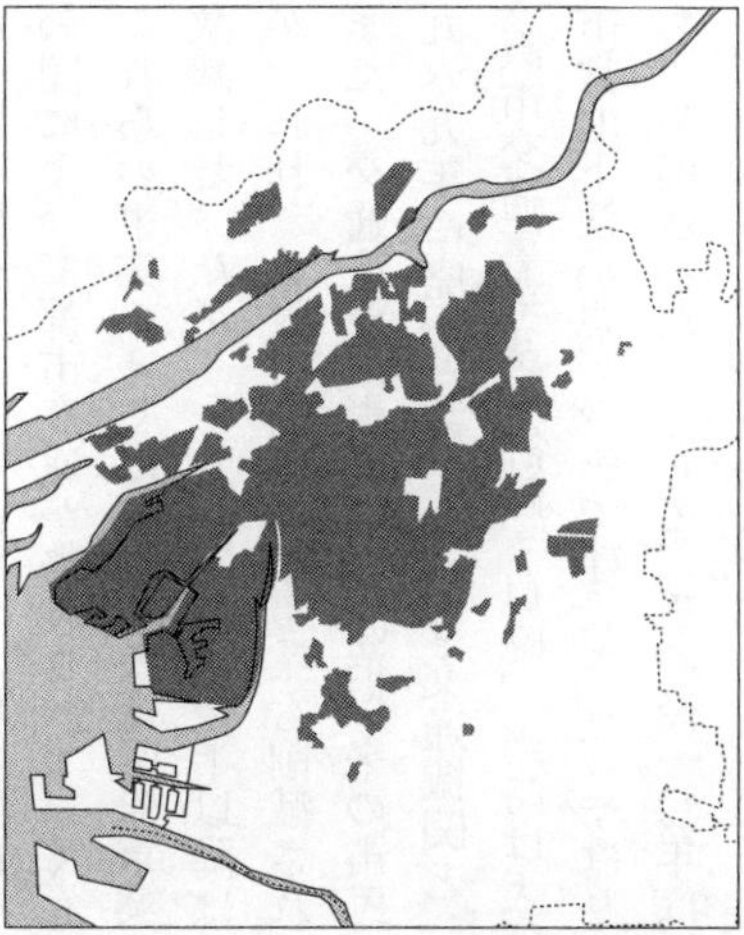

3－2a　当初計画決定地域（当初五ヵ年計画）

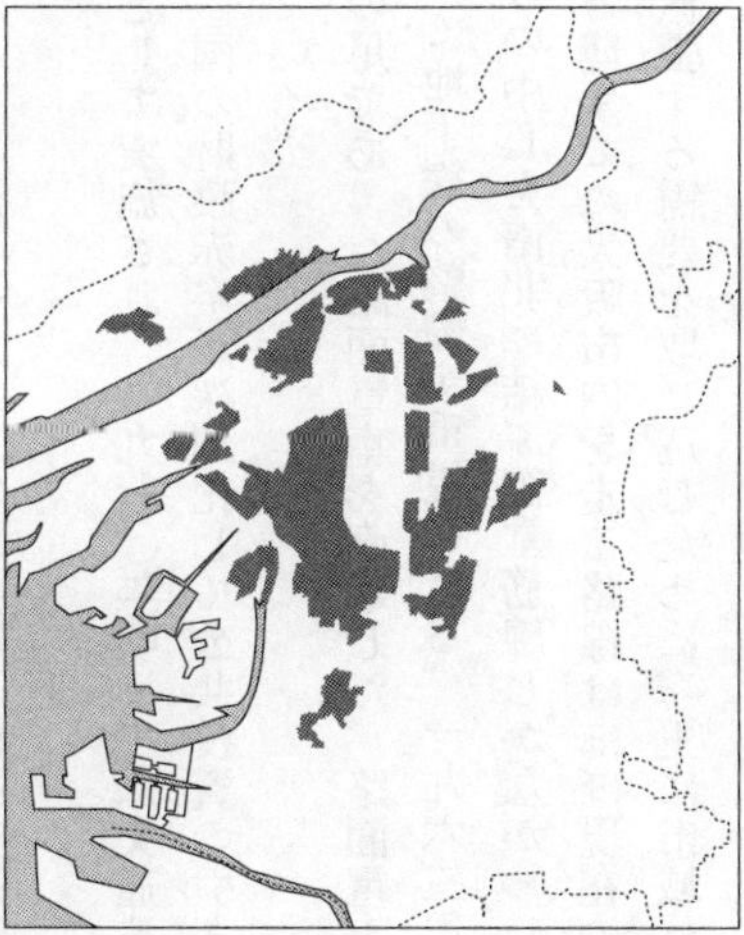

3－2b　変更計画決定地域（再検討五ヵ年計画）

註：網かけ部分が区画整理地域

宅地域が中心となる。

当初の戦災復興計画が修正され、都心部の道路整備が出遅れたことで、高度経済成長期の大阪市は深刻な交通渋滞に直面した。慢性的な交通渋滞を解消するために、市の事業として一般道路の整備や鉄道の高架化が精力的に行われ、また、一九六二年に発足した阪神高速道路公団によって都市高速が整備されていく。

これらの事業の多くは、国の万博関連事業として実施され、一九七〇年頃までに交通渋滞は激減した。だが、一九七〇年代後半以降は、国の財政赤字が深刻化して公共投資の引き締めが行われ、大阪市内の道路事業も削減されていく。

また、交通渋滞の影響は、明治以来の市民の足であった路面電車を直撃した。[16] 路面電車は一九六九年に廃止され、新たな交通機関として地下鉄の整備が重視される。一九六三年の「大阪市交通事業基本計画」以降、当時は大阪の中心を南北に結ぶ御堂筋線しかなかった大阪市営地下鉄が急ピッチで建設され、やはり万博までに大阪市内を走る路線はほぼ現在のかたちで整備された。そして、その後一〇年は拡張する需要を取り込むために、主に市域外など周辺部への延伸が行われた。[17]

このように大阪市における都市交通の分野では、都心部の主要なインフラは万博を前に整備された。整備に一定の目処がたった上で、あらためて市域拡張の問題が浮上したのである。それが挫折したことで政令指定都市の市域が固定化し、大都市と府県の「機能分担」が謳われるが、実際には道路にしても地下鉄にしても、中心部というよりはむしろ周辺部の整備が進められ、依然として市域外に拡張する人々の需要を取り込むことが重視された。

臨海部への拡張

万博以後、大阪市に求められる都市の再開発の主要な舞台は、戦災復興計画のときからその中心にすえられていた港湾となった。大阪港は、戦災復興計画の縮小によって計画から切り離されたが、一九四七年の大阪港修築計画に基づいて港内の河川を拡幅して大型船舶の係留を可能にする「内港化」が行われた。しかし、大阪港の貿易港としての地位向上とともに現在の南港にあたる部分を埋め立てて、大型船舶の入港を容易にし、工業適地を造成する「外港化」へと転進していく。

高度経済成長期の大阪港には、埋め立てた南港を利用して臨海の重化学工業地帯として造成する計画があった。しかし都市問題が深刻化するなかで都市近辺の重化学工業は衰退する。港湾施設として使用されない土地の再開発は、市域の狭い大阪市にとって重要な問題となっていく。一九六七年には、中馬馨市長のもとで都市機能の充実を図ることを目的として、埋立地での住宅建設を併せた港湾計画の改定が行われる。新しい計画における南港の開発面積は約九・四平方キロで、大阪市全域の五％にも及んだ。

続く大島靖市長のもと、一九七〇年代から構想された南港ポートタウンは、一万戸の住宅と四万人の人口を収容するニュータウンの開発であり、一九七七年にオープンする。同時期に開発された神戸市のポートアイランドの計画人口が二万人であることを考えれば、その構想の規模が大きいことがわかる。これは都心からは距離がある地域の開発であり、都心と連結するために新交通システム（ニュートラム）が建設されるなど、郊外型の開発と言えるものであった。[18]

　さらに一九八五年には、「テクノポート大阪」の基本構想が発表され、新たな段階を迎える。単なる住宅地ではなく、新たな都心（都市核）をつくろうとしたのである。[19]西尾《にしお》正也《まさや》市長に引き継がれた後も、その構想に基づく基本計画に従って南港北地区（コスモスクエア）の整備は続く。その整備は、ＷＴＣ（World Trade Center）ビルを中心として国際通信機能を集約したテレポート大阪、大規模な卸売取引センターであるアジア・太平洋トレードセンター（ＡＴＣ）、国際見本市会場であるインテックス大阪などの複合的な開発を行うものであり、それにともなって周辺にホテルや多目的ホールなどの施設の建設を計画していた。

　このように、市域が固定化し、府県との「機能分担」が強調されても、大阪市は必ずしもその中心部の整備だけを進めたわけではない。都心の既存インフラを更新・整備するよりも、むしろ拡張に力点が置かれる傾向があった。市内の恒常的な住宅不足に対応しつつ、実質的に市域を超えて周辺部の人々を惹きつけることが重視されたのである。さらに、臨海部を新たな都心として整備することは、人が集まる大都市としての大阪を刷新し、成長に結びつけることを企図していた。

2　行き詰まる大阪

府による開発――大阪府企業局

市域拡張が挫折し、大都市行政の一元化がなされないことが確定すると、府県と大都市の「機能分担」がきわめて重要な問題となる。適切に分担がなされないと、行う仕事が重複する二重行政が生まれるからである。しかし、結論から言えば、大都市圏でのさまざまな事業を統合する一元的なリーダーシップは欠如しており、適切な分担は行われなかった。とりわけ大阪では、前節で見たように、大阪市が都市問題の核心である住宅・交通問題や港湾整備で拡張的な事業を行っており、大阪府の事業との調整は深刻な課題だった。

大阪府の事業を考える上で重要な組織は、大阪府企業局である。大阪府企業局は、一九六〇年に大阪府の収益事業として住宅開発・臨海開発事業を進めるために設置された。二〇〇五年に廃止されるまで、千里・泉北ニュータウン建設事業と堺・泉北臨海工業地帯開発事業という戦後の大阪府における基幹事業をはじめ、さまざまな大規模事業を担ってきた。

企業局が担った住宅開発事業は、大阪市内における住宅の不足に対応するものである。大阪市では一九六〇年代に入る頃にはすでに市内全域で都市化・過密化が進んでおり、港湾部にならない者が出てくるのが当然であった。必然的に、大阪市外に住宅開発が求められることになり、企業局の主導で計画人口一五万人の千里ニュータウン、同じく一八万人の泉北ニュータウンという大規模な事業が行われた。

いずれもまず広大な住宅用地を大阪府が買収した上で、水道や道路の整備を含めた住宅開発を行って売却する事業であった。市街地化されていない地域を大規模に開発し、その地域と都心部を結ぶ交通機関を整備して土地の価値を上げて売却するのである。千里ニュータウンには北大阪急行が、泉北ニュータウンには泉北高速鉄道が整備されている。これは戦前であれば、市域拡張によって大阪市が行ってきた事業であったと考えられるだろう。

北大阪急行は、阪急電鉄を中心とした第三セクターの会社が経営を行っているが、この問題についての大阪市と大阪府の見方の違いは興味深い。大阪市では、すでに述べたように、当時の中馬市長が市域の問題があることから大阪市としてその開発に乗り出すのが困難であることを語っている。それに対して、大阪府企業局の関係者は、「北大阪急行が江坂から万博会場まで延ばすのに八六億円ぐらい、大阪市の地下鉄が試算すると、一二〇～三〇億かかる。違うということで、北大阪急行がいいなということになりました」と述べ[20]、費用の問題で第三セクター方式が採られたことを示唆している。ここには、大阪市の都心を中心に自らの計画のもとで交通機関の整備をしたい大阪市と、まずはなるべく低廉な値段でニュータウンと都心を結ぶことを考える大阪府の違いが現れている[21]。

ただし大阪府と大阪市が常に非協力的だったわけではない。泉北ニュータウンと都心を結ぶために一九七一年に開業した泉北高速鉄道線は、運輸業務を南海電鉄が行っているが、その経営を行う第三セクターの大阪府都市開発株式会社には、当初大阪市交通局が技術提供を行い、大阪府企業局に出向というかたちで職員の派遣も行われていた[22]。そして、一九八七年に泉北高速鉄道の終着駅である中百舌鳥《なかもず》駅まで大阪市営地下鉄御堂筋線が延伸され、両者が接続した。

開発事業の重複

大阪府企業局の住宅開発と並ぶ柱は、臨海工業地帯の開発事業であり、ここでも大阪市と大阪府の事業が重複していた。大阪市の南港が、重化学工業地帯として造成されなかったのと対照的に、大阪府の堺・泉北地域では、早い段階から八幡製鉄（現新日本製鐵）をはじめとした多くの企業の進出が続く。工場が多数進出したことで、現職の左藤知事が黒田了一に敗れた選挙で大きな争点となった公害が深刻化したという問題はあった[23]（第Ⅱ章）。しかし、最終的に開発のための特別会計も収支を合わせることが可能となり、臨海工業地帯の開発としては一定の成果を収めた。

大阪府企業局の行ってきた事業は、戦前であれば大阪市が自ら行ってきた事業と重なってくる。市営事業による収益を原資とした、不足する住宅の開発と工業地帯の造成である。しかし、高度経済成長期に企業局が市と一体的に事業を推進してきた形跡はない。[24] 経済活動の中心である大阪市域で納められる法人税収をはじめとした豊富な税収をもとに、大阪府が主体となって市域外の住宅開発や港湾開発を進めてきたのである。

開発の中心にいた大阪府の左藤知事は当初から、大阪市の中馬市長は途中から、ともに自民党の支持を受けていた。しかし、それぞれに独自の政策を掲げて当選しており、多党化する地方議会のなかで自民党がその政策を一元的に調整することができたわけではなかった（第Ⅱ章3節）。また、特に港湾については、一九六〇年代に関西財界の主導で大阪港と神戸港、将来の堺・泉北港を含めた港湾を企業として一元的に管理する阪神ポートオーソリティー（港湾局）を設立する構想もあった。しかし、関係する自治体からの批判が強く、すぐに撤回を余儀なくされることになる。[25] 結局、政党にしても、ポートオーソリティーのような制度にしても、一元的な意思決定を行う機関はついに存在しなかったのである。

その代わりに政策の調整を行うことが期待されたのは、広域で策定される計画であった。全国レベルで策定される全国総合開発計画（第一次〜第四次）と、近畿圏整備法に基づく近畿圏基本整備計画、そして大阪に特化した「大阪地方計画 六二」「大阪府総合計画」「大阪府新総合計画」といったものである。

しかしこれらの計画は、特に一九七七年の第三次全国総合開発計画で顕著であるが、都市の過密化を問題視し、中心部に集中する施設を郊外へと分散させる傾向を持っていた。広域の計画のもとで「均衡ある発展」が重視されたが、大都市の中心部に集積を促して効率的な開発を進めるリーダーシップが生み出されることはなかったのである。

人口流入の終焉

大都市で一元的なリーダーシップは存在しなかったが、高度経済成長期、大阪では特に万博までは、それでも大きな問題が発生しなかった。それは、全国から大都市に人口や産業が流入し、公害という負の側面をはらみつつも、自治体による大規模な住宅開発や港湾開発が十分に収益を上げることができたからである。

しかし一九七〇年代以降、大都市を取り巻く状況は変化していく。『日本列島改造論』を中心とした過大都市の抑制や工業の再配置の議論、そして直接的には一九七〇年代初頭までに成立した工場三法（工場等制限法・工業再配置促進法・工場立地法）の影響を受けて、大都市における工場の新設・増設が困難になり、大阪から工場が郊外へと分散することになったのである。[26]

このような変化は、大阪の産業構造の転換を求めるものとなったが、大阪がそれに成功したとは言えない。本章1節の図3－1にあるとおり、一九七〇年代前半の石油ショックを境に、大阪圏への人口流入はほぼ止まり、それ以降は転入・転出がほぼ均衡する。石油ショックによる不況を経て、一九八〇年代後半のバブル期に進んだのは東京への一極集中だった。

一九八七年に策定された第四次全国総合開発計画では、東京一極集中を是正するために大阪の都市機能の拡充を謳っているが、人口の流出に歯止めをかける効果はあったとしても、それ以上のものではなかった。

人口の流入が止まることは、大阪の大都市圏としての広がりにも一定の枠が与えられ、都市整備の需要にも歯止めがかかることを意味する。実際、大阪府企業局が泉北ニュータウンの次に構想した泉南ニュータウンは、石油ショック後に凍結され、見送られることになった。[27]大規模な開発によって都市としての収益を上げることができるようなフロンティアは消滅していったのである。それにもかかわらず、その後も新たな開発は続けられる。[28]

再開発事業の過剰な競合

開発事業は、大阪府や大阪市といった自治体が主導する住宅開発や港湾開発だけではない。民間資本によるものも含めて非常に競合的なかたちで開発が続けられた。その典型は、鉄道の駅前を中心とした再開発事業である。

これは駅前などに密集する住宅や商店街などを統合し、バスターミナルや道路と駅前再開発ビルを同時に建設して都市機能の更新を図るものである。事業の前にその場所で居住・営業を行っていた人々に対しては、完成した再開発ビル内に、事業以前に所有していたものと等価の床（権利床）を提供するか、事業以前の権利を金銭的に補償しなくてはならない。再開発ビルの総床面積から権利床を差し引いた部分（保留床）を売却することで事業費を捻出《ねんしゅつ》するのである。

このような事業の多くは、第Ⅱ章で議論した一九六〇年代末頃の都市問題への対応の遺産とも言える「都市再開発法」に基づいた市街地再開発事業として実施された。特にバブル経済の進展にあわせて一九八〇年代から二〇階建てや三〇階建ての高層ビルをともなう再開発事業が増加し、それらの事業が激しく競合した。中山徹の調査によれば、バブル崩壊後の大阪では、都市再開発法に基づく市街地再開発事業だけでなく、区画整理や土地信託の手法を用いた事業が急増し、さらに一九八〇年代後半からは再開発ビルが急激に高層化したという[29]。

再開発を行って土地利用を効率化し、そこから収益を上げることができれば、それは本来都市にとって望ましいことと言える。しかし、人口の流入によって需要が増えなければ、過剰に再開発を行っても保留床が売却できるわけではなく、結果として再開発事業が立ちいかなくなる。再開発事業は大阪市のような大都市のみならず各衛星都市でバラバラに計画されたものであり、大都市という圏域から見て最適な配置を考えて計画されているわけではない。個別の自治体を集計すれば、客観的に見て過剰な再開発となったとしても、それを「適正化」するような動きは起きなかったのである。

これらの事業が民間資本を中心に行われていたことも大きい。個別の事業で、民間資本は事業にかかった費用を回収し、なるべく多くの利益を上げようと考える。そのために、個別の事業が高層化・大規模化することとなり、結果として再開発事業がさらに過剰に競合する。このような民間資本の論理を止めるような一元的なリーダーシップは、大都市には存在しえないのである。しかも、事業が失敗すれば、経営破綻《はたん》したビルの買い取りなどで、関係する自治体が大きな負担を強いられる。

リーダーシップ欠如の象徴

臨海部の開発は、自治体間の競合のもとで、収益を狙った事業が失敗した象徴とも言える。大阪市が南港にポートタウンを開発し、WTCビルを建設したように、大阪府も企業局が主体となって南大阪湾岸を埋め立ててりんくうタウンを開発し、りんくうゲートタワービルを建設する。一九九〇年代後半に竣工《しゅんこう》したふたつのビルは、ともに屋上までの高さが二五六メートルを誇り、横浜のウォーターフロントに建設されたランドマークタワーに次ぐ国内で二番目の高さである。

りんくうタウンは、一九九四年に開業した関西国際空港に、そして大阪港は二〇〇八年の招致を目指したオリンピックに活性化の期待をかけたものの、関西国際空港は見込みほどに利用が広がらず、オリンピックの招致は惨敗に終わった。その結果、ともに開業した直後から運営に苦しみ、それぞれの事業主体である大阪市・大阪府の関係事務所を入居させ、それでも足りずに多くの負債を抱え込んで財政を圧迫する要因となった。

結局、リーダーシップ欠如の帰結は、需要に対して過剰な開発であった。大都市の整備を一元的に行うどころか、府県と大都市が二元的に、さらには周辺の衛星都市までも含めて多元的な開発が行われ、大阪という大都市圏域が持つフロンティアを大幅に超えてしまったのである。

そのような多元的な開発を行うことができたのは、バブルという時代状況に加えて、大阪から上がる税収のうち法人からの税を大阪府が、大阪市内居住者からの税を大阪市が、大阪市外居住者からの税を衛星都市が分け合う構造になっていたからである。財源をそれぞれの自治体が分けあい、他の自治体の事業を考えずに再開発を進める。そして、再開発事業が頓挫した後は、それぞれが同じように財政危機に苦しむことになったのである。

「スラム」から貧困問題へ

林立する再開発事業は、大阪に人の流れを呼び戻すことはなかった。一九七〇年代後半からの東京への一極集中は、バブル崩壊の時期にブレーキがかかったが、その趨勢《すうせい》は現在まで変わらない（八七ページ図3－1）。この過程で生じたのは、大阪と名古屋という東京以外の大都市圏域の凋落であった。三大都市圏と称されるものの、人口が流入していくのは東京ばかりで、大阪も名古屋も流出が超過し続けた。

特に成熟産業である製造業が集中的に立地していた大阪は、工場の国内・海外への移転に

図3－3　**全国に占める大阪経済の推移**

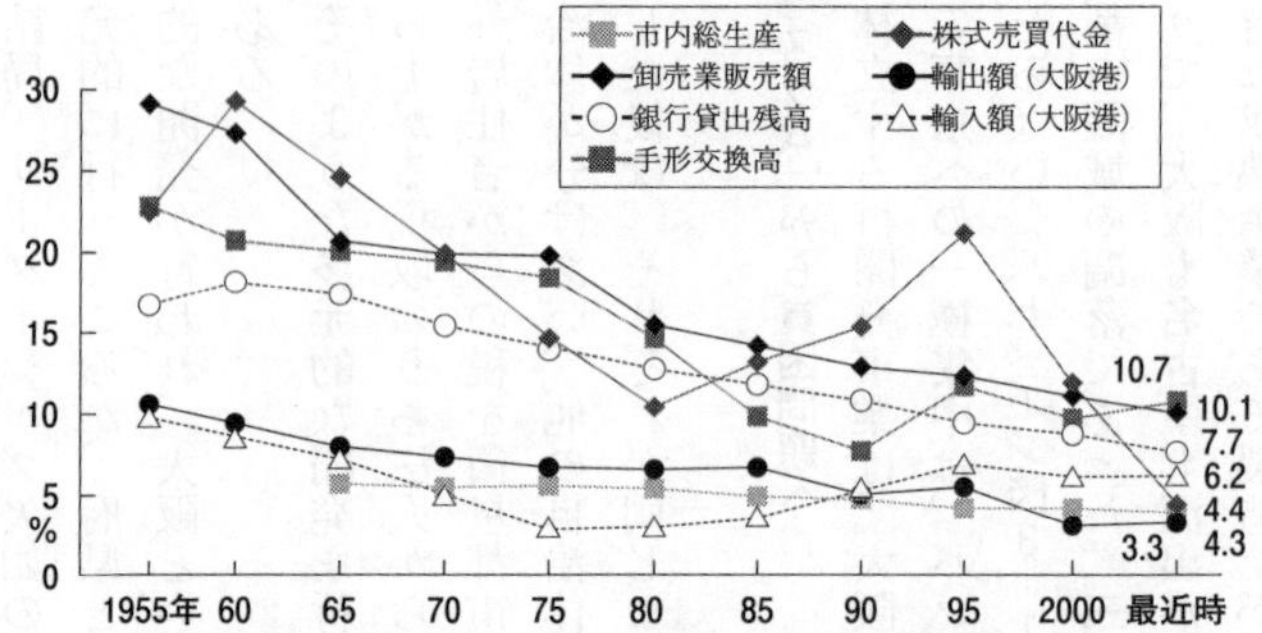

註：手形交換高は大阪手形交換所における交換金額ベース．株式売買代金は大阪証券取引所における取引金額．最近時の数値は，市内総生産（2003年度），卸売業販売額（2004年），銀行貸出残高（2004年3月末），手形交換高（2004年度），株式売買代金（2005年），輸出額，輸入額（2004年）の数値

ともなう産業の空洞化と、それを受けた産業構造の転換が必ずしもうまくいかず、国内における経済的な存在感は低下する（図3－3）。一九八〇年代に入ってからは、大島靖・西尾正也・磯村隆文《いそむらたかふみ》と続く大阪市長のもとで、大阪湾開発・関西国際空港開業・オリンピック招致に代表される「国際集客都市」として観光業の開発を目指すが、それが事態を大きく変えることはできなかった。

日本における大阪の大都市としての位置づけが低下するなかで、一九六〇年代後半に激化した都市問題は必ずしも解決されたわけではなかった。工場が減少し、規制が強まることで公害問題でこそかなりの解決が見られたが、大阪市内の住宅、とりわけ「不良住宅」への対応が大きな課題として残っていた。

戦後、焼土となった大阪では、現在の大阪環状線の路線内の部分を中心として土地区画整理事業が行われ、そこでは新たに優良な宅地として生まれ変わった地域は少なくない。しかし、区画整理事業にかからなかった地域、あるいはかかったとしても十分に事業が進まなかった地域に不良住宅は残り続けた。そして、それは大きくふたつのかたちでクローズアップされる。

まず、戦後の混乱期に始まる不法占拠、無断居住から生じるバラック住宅から続く、居住環境のきわめて厳しい局地的な「スラム」である。そのような地域では、立ち退き・排除をともないつつ「住宅改良」の事業が行われてきた。このような戦後の「スラム・クリアランス」は、居住する人々への差別問題とも絡みながら、代替する低廉な公営住宅の用意も不十分なままに進められていくところもあった。水内俊雄によれば、バラックの問題はその多くが一九六〇年代初頭から始まった同和対策事業に回収され、同和地区以外でのまともな行政ルートにのった改良事業は、大阪に集住していた沖縄出身者への差別と絡む限られたものであったという[30]。

「スラム」の問題は、一九六一年に西成区のあいりん地区で発生した釜ヶ崎暴動をきっかけに、次第に釜ヶ崎周辺の特殊な事象として処理されるようになり、その周辺地域に対策が集中的に行われるようになる。そのため、極端な「スラム」の問題は一般的には不可視化され、この地域に封じ込められることになった。しかしそれで問題が解決したわけではなく、近年はあいりん地区を中心にホームレスや生活保護と密接に関連した貧困問題として再び顕在化している。

整理できない密集市街地

次に、より広範囲にわたる問題として、終戦直後の区画整理から漏れたJR大阪環状線の外側地域を中心とする、戦前からの老朽化した住宅が残る地域の存在である。図3－4の網掛け部分は、一九九九年に策定された大阪市防災まちづくり計画で「防災性向上重点地区」として指定された地域である。これらの地域は戦災を免れた密集市街地であり、二一世紀に入った現在までも建物の老朽化や建て詰まり、狭隘道路、オープンスペースの不足など、整備が必要な状況が続いている。大阪市全域に比べて人口減少率および高齢化率が高くなっており、特に高齢単身世帯・夫婦世帯の割合は三割を超えるところも少なくない[31]（図3－5）。

この原因は一九二五年に行われた大阪市の第二次市域拡張前後まで遡ることができる。すなわち、急速に当時の大阪市域外である郊外地域に人口集中が進み、大阪市の都市計画がその対応に追いつかないなかで、無秩序とも言える住宅開発が進んだことの遺産なのである。同様に、終戦直後から高度経済成長期にかけて都市計画がほとんどないままに進行した大阪市に隣接する市部、たとえば豊中市や守口市、寝屋川《ねやがわ》市でも密集市街地の問題が残されている[32]。そのため、大阪市を中心とした大阪府下に、国の基準による「地震時等において大規模な火災の可能性があり重点的に改善すべき密集市街地」とされる地域が二二九五ヘクタール存在し、東京（二三三九ヘクタール）と並んで全国（七九七一ヘクタール）の三〇％弱を占め

図3－4　**密集市街地の分布**

図3－5　**高齢単身世帯・夫婦世帯率の分布**

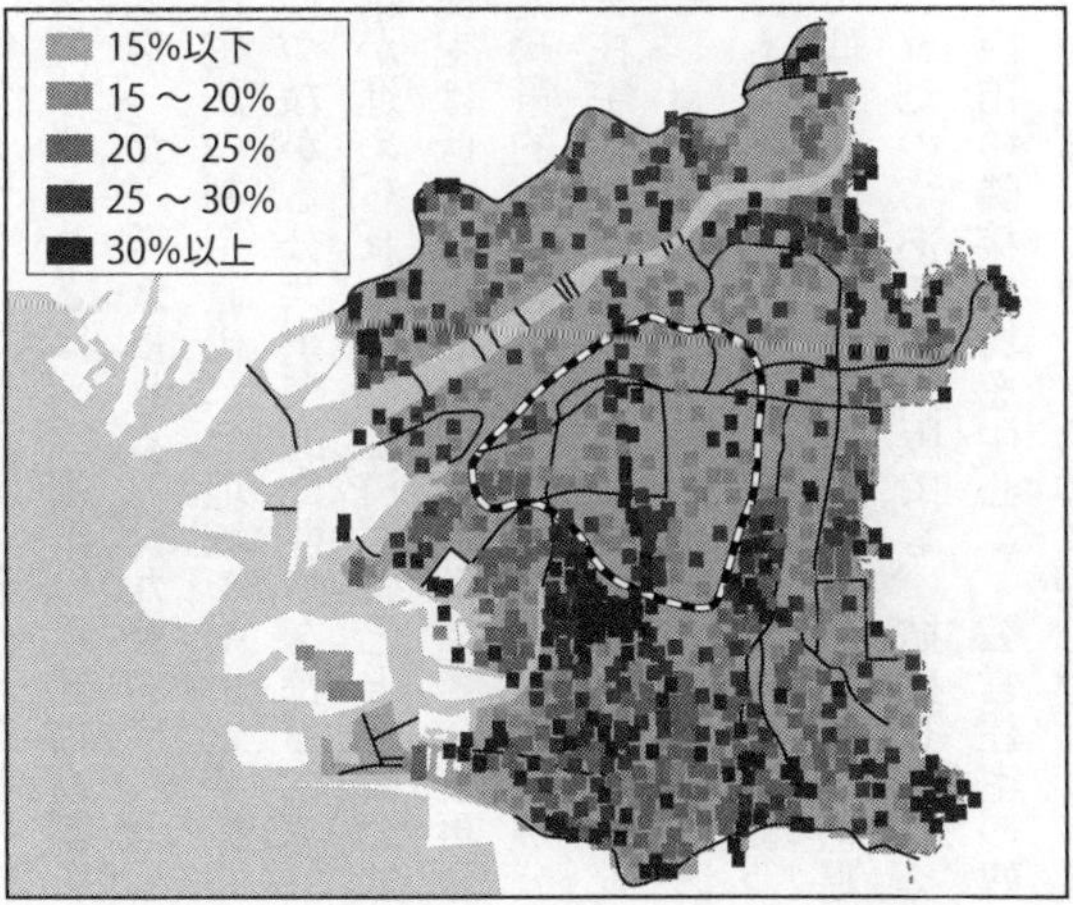

図3-6　**阪神地域の所得分布**（推計）

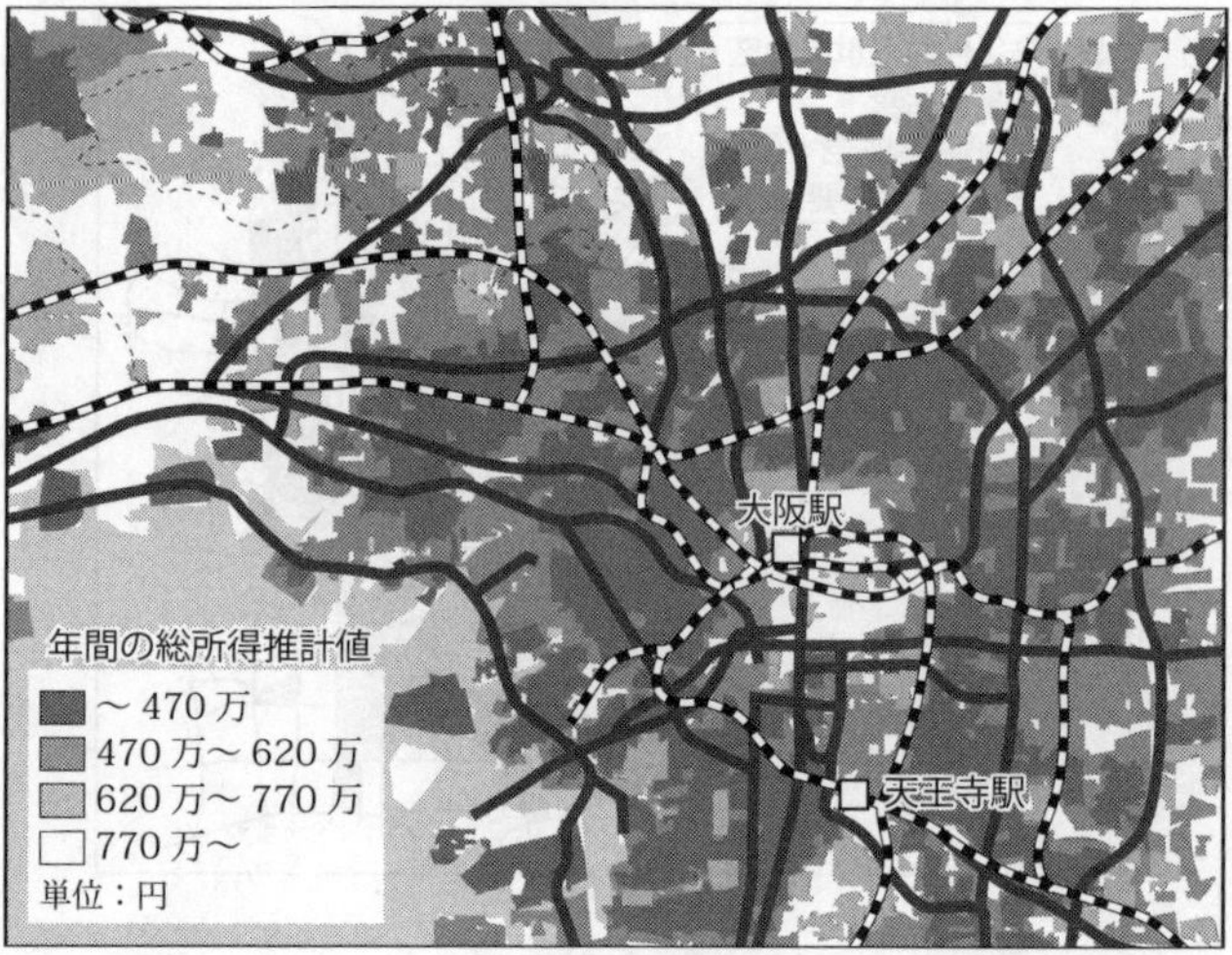

ている。[33]

密集した住宅を整理し、新たに公営住宅を供給することは、大都市の重要な役割でもあったと考えられる。一九五〇年の公営住宅法の制定直後には地域の中小企業振興につながる公共事業的な性格を持ち住宅供給が進められたが、経済成長とともに公営住宅は低所得者層への住宅供給という再分配政策的な色彩が強まり、地方自治体が公営住宅の供給を回避しようとするようになる。自治体にとって財政負担が生じることはもちろん、そのような再分配政策によって低所得者の転入や滞留を招くことが忌避されたのである。[34] 大阪でも、拡大していく大阪市の隣接市域を中心に、公営住宅の建設をなるべく他の自治体に押し付けようという行動が見られていたという。[35]

高度経済成長期以降も、劣悪な居住環境は課題であり続けた。それにもかかわらず、実際に行われてきたことは、駅前再開発事業のようなバブル期の局地的な再開発であり、主にオフィス向けの利用のために局地的な高層ビルが建設されてきた。

その結果として、大阪市はその中心に近い地域で生活環境が悪く、比較的所得の低い層が居住することになり、特に京都・神戸という別の大都市との中間地帯に高所得者層の住む優良な住宅地が広がるという状態が続く。そして、そのような階層構造の空間的なパターンは、一九八〇年代から二〇〇〇年代にかけてほとんど変化がない[36]。中心部における相対的な低所得と、大阪市外に存在する郊外の高所得という構造が固定化しているのである（図3-6）。

3　浮上する大都市——二〇〇〇年以降の都市回帰

「世界都市」への挑戦と挫折

これまで見てきたように、高度経済成長期を通じて、過大・過密な大都市に対する批判が強まり、人口や産業を大都市から周辺地域に移転させる政策が進められてきた。同時に「自民党システム」によって、人口や産業が集積する大都市は、国土の均衡ある発展の名のもとに、財政的には「搾取」にあってきた。そのなかで、東京を除く大都市は次第にそのダイナミズムを失い、東京一極集中が進んでいく。

こうした状況で、大都市としての大阪を再度強調するきっかけとなったのが、一九九〇年代前半に盛り上がった「世界都市」論である。[37] ニューヨーク、ロンドン、東京などの「世界都市」とされる大都市は、政治・経済・文化の中心として高い成長力を誇り、グローバル経済の結節点として多くの人々や新しい産業を吸い寄せてさらなる成長を遂げているというものである。東西冷戦が終焉し、交通システムや情報通信技術が発展することで、一九九〇年代にグローバリゼーションが飛躍的に進行し、世界的な都市間競争に焦点が当てられていく。

大阪でも、「世界都市」となるべくさまざまな構想が進められた。大阪府・大阪市や関西経済連合会など財界は、一九八二年に「大阪二一世紀協会」を設立して、[38]『大阪二一世紀計画』（八三年）、『大阪二一世紀計画・グランドデザイン』（九一年）などの文書を発表し、世界都市としての大阪の将来像を描いてきた。それらの文書で開発の中心とされたのは、やはり港湾である。特に臨海地域の開発を進めるために一九九二年に国によって制定された大阪湾臨海地域開発整備法は、第一条の「目的」から、「世界都市にふさわしい機能と住民の良好な居住環境等を備えた地域」を掲げて、東京圏の一極集中の是正を目指すものであった。[39]

大阪が「世界都市」として飛躍するためには、特にふたつの条件が必要だと考えられていた。ひとつには都市計画法や工場三法などの大都市を規制する法律について規制緩和を行うことである。海浜を埋め立てて作られた大阪湾岸の工業用地は、重化学工業の不振で多くの土地が遊休地と化していたが、その土地を商業地・住宅地として利用しようにも、法規制によって有効利用が困難な状況にあった。

もうひとつは、大阪府・大阪市をはじめとする周辺の地方自治体が分立してリーダーシップが欠如した状況を打開することである。大阪湾のベイエリアの開発計画は数多く存在していたが、事業相互の調整はほとんど行われていなかった。それを改めて、広域行政の観点から関係自治体が調整を行い、また関係省庁の枠を超えて地域開発を促進することを狙ったものである。

関西復権のためにと共産党を除く超党派の賛成で成立したこの特別法に基づいて、関係する事業の統合が期待された。しかし、結果としては大阪港のWTCビルとりんくうタウンのりんくうゲートタワービルに象徴される、開発計画の重複を解消することはできなかった。[40]

また、公共部門の財政悪化のために先行するインフラ開発を進めることもできず、現在に至るまで広大な土地が未利用な状態で残されており、その試みは失敗したと言ってよいだろう。

都市への回帰

それでもグローバリゼーションが進む世界で、成長のエンジンとして大都市が注目され、再び人や資源が集中する傾向が見られ始めている。その傾向は、大阪市の都心への人口回帰現象にも確認できる。次ページの図3-7に示すように、一九七〇年代に激しく人口の流出を経験した大阪市は、八〇年代後半から徐々にその人口流出を緩めており、二〇〇〇年以降

図3-7　**大阪への人口流入**

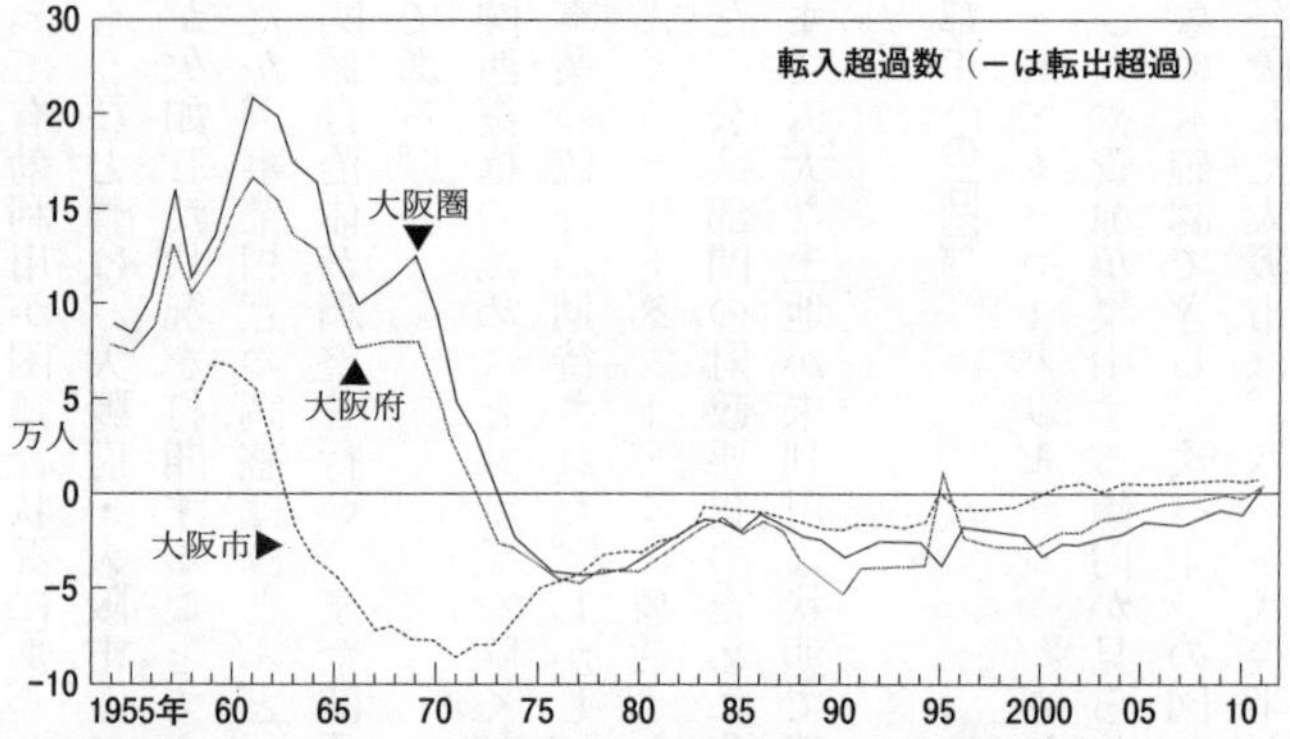

註：大阪圏とは大阪府，兵庫県，京都府，奈良県の合計．大阪市の統計は1958年から始まった

は人口の流入が流出を上回っている。その要因は、中心都市から郊外へと移動していた大都市圏内の人口移動が、郊外から中心都市への移動へと転換するという一九五〇年代以来のトレンドの変化がある。[41]

政策的にも、二〇〇一年に発足した小泉《こいずみ》純一《じゅんいち》郎《ろう》政権のもと、都市再生特別措置法の施行をはじめ、大都市への集積を促進するような方針が打ち出されている。特別措置法による緊急整備地域六六一二ヘクタールのうち二五一四ヘクタールが東京に集中する「東京中心主義」ではあるものの、[42]大阪も名古屋とともに重点的な「都市再生」の対象となっている。そのような地域では、都市計画の特例による建築規制の緩和や各種の税制減免、金融支援措置を動員して大規模な開発が促進されている。

大阪では、二〇〇〇年代以降市内中心部で「なんばパークス」「あべのキューズモール」「大阪ステーションシティー」などの大規模な商業施設が開業したほか、二〇一二年現在で日本最大の高さ（三〇〇メートル）となった「あべのハルカス」の建設も進んでいる。そのような商業施設と同様に、特に市内の中心部である都心六区（北区・福島区・中央区・西区・浪速区・天王寺区）を中心として民間の大規模マンションをはじめとする住宅供給も進み、それが人口の都心回帰へとつながっている。[43]

人口とともに、産業も大都市への回帰を進めつつある。大阪では、工場三法による規制が緩和された二〇〇〇年代に入って、〇二年からの景気回復とも連動して工場立地件数が増加している。一定のインフラが整備されている大阪湾岸での工場は大きく伸びており、特に薄型ディスプレイパネルを製造する工場が集中することで「パネルベイ」という呼称も生まれた。二〇〇八年のリーマン・ショックを受けて薄型パネルの需要が世界的に減少して、多くの企業が打撃を受けたが、新たに経済波及効果の大きい電池関連の設備投資が増加しており「バッテリーベイ」といった呼称も広がっているという指摘もある。[44]

大阪港は、従来あくまでも大阪市という一都市が運営する港湾という位置づけであったが、二〇〇四年には神戸港とともに「阪神港」として、国家的に港湾コストの低減とリードタイムの短縮によるサービス向上を図る「スーパー中枢港湾（現在は「国際戦略港湾」）」の指定を受けた。これによって、国からの補助金や税の減免、金融支援などをより大規模に受けて港湾整備を行うことが可能になり、シンガポールや釜山《プサン》などの港湾との国際的な競争を行うことが期待されている。[45]

このように、グローバリゼーションが進み国際的な都市間競争が激しくなるなかで、再び大都市に人口や資源が集中していく傾向が見られる。いまや一九七〇年代の過大都市の抑制という問題意識は後景に退きつつあり、国家的な政策としても東京を中心とした大都市への後押しが行われているのである。

「自民党システム」の動揺

大都市が経済的に再度浮上しつつあるのと歩調をそろえるかたちで、第Ⅱ章で議論した「自民党システム」が揺らぎ、大都市は政治的にも重要性を増しつつある。その要因として、一九九〇年代に行われた二つの改革、すなわち、衆議院の選挙制度改革と国から地方への権限移譲を進める地方分権改革が重要である。

国政で自民党が長期政権を築いていたとき、地方政治での重要な関心は、どのようにして中央へのパイプを築くかに集約され、地方政治内部での亀裂は可能な限り封印されてきた。地方自治体の財源が乏しく、中央政府からの補助金に大きく依存する状況では、地方自治体が一枚岩として自民党を支持する姿勢を見せることが重要だったのである。都道府県レベルであれば、知事選挙における自民党の分裂というような事態はしばしば生じたが、それは基本的に自治体内の地域間対立によるものであり、一～二年すれば分裂状態が解消されて自民党として合流することが常であった。[46]

「自民党システム」では、自民党の地方議員は、国政とつながりながら利益誘導の前線に立ち、地方レベルから自民党長期政権を支える役割を担っていた。国会議員が中央から地方に対して利益誘導を期待されるのに対して、地方議員は国会議員ごとに系列化され、地方における票の取りまとめを期待されていたのである。[47]

一九九〇年代のふたつの改革は、国政と地方政治が密接につながった「自民党システム」を大きく揺さぶった。まず選挙制度改革は、当初から自民党国会議員の地方に対する利益誘導に対する批判を背景に、衆議院議員総選挙における小選挙区制の導入による政党中心の選挙を志向したものだった。

一九九六年の総選挙から小選挙区制が導入されると、国会議員の候補者は、中選挙区時代の固定的な支持層を固めるだけでは当選が覚束《おぼつか》なくなる。中選挙区制のもとでの最大の問題は、同じ政党の候補者が同士討ちすることであり、逆に言えば候補者たちは政党のラベルに頼ることなく、地方議員からなる系列組織を固めて当選を目指した。しかし、選挙区からひとりだけを選出する小選挙区制では、候補者個人よりも政党が重要になり、相対的に公認権を通じた政党指導部の重要性が高まっていく。[48]

さらに、小選挙区制の導入によって選挙区の規模が小さくなり、各選挙区の自民党候補者が原則的にひとりとなることで、従来の国会議員と地方議員の系列関係は再編を余儀なくされる。地方議員はその特定の候補者を応援するかしないかの選択を迫られることになるのである。同時に、国会議員の側としても、地方議員に頼らない集票のあり方を模索する必要に迫られる。[49]

選挙制度改革にともなって、大幅に選挙区の区割りが見直されることになったために、従来の農村部に偏重した一票の格差が改められ、都市部により多くの議席が配分されることになった（七六ページ図2-3参照）。その結果として、国政における都市部の重要性が高まり、農村部への過剰な補助金が是正されることになったと考えられる。[50] 政権選択の衆議院選挙に臨む自民党の執行部は、特に二〇〇一年に就任した小泉首相のもとで、重要性を増した都市部の利害を無視することはせず、前述のように大都市を中心とした「都市再生」を推進し、都市部からの批判が強い地方への裁量的な補助金を大きく削っていく。

地方分権改革——溶解する自民党の基盤

もうひとつの改革である地方分権改革は、「自民党システム」の前提である、中央集権的な地方制度に対する批判という性格を強く持っていた。一九九三年の国会での「地方分権の推進に関する決議」、さらには第三次行政改革審議会の最終答申を受けて、中央集権的な行政を見直して国から地方への権限移譲や地方税財源の強化を図り、地方自治を確立するための地方分権改革に向けた法制化が進められる。一九九五年に設立された地方分権推進委員会に主導された第一次地方分権改革では、地方自治体への権限移譲が行われたが、市町村への権限移譲は進まず、結果として都道府県知事の権限が強くなった。

また、地方分権改革の受け皿としての市町村の能力を高めることをひとつの目的に、二〇〇〇年代に行われた「平成の大合併」では、三三〇〇あった市町村が一〇年間で一八〇〇程度に再編された。その結果、一二だった政令指定都市が二〇市に増加するなど、都市を中心とした市町村の再編が行われ、農村地域の町村が激減した。

都市の自治体に飲み込まれることで、それぞれの市町村長・市町村議員を選出し、過剰とも言える代表が選出されてきた農村部の政治的な存在感は衰える。特に、「自民党システム」を最前線で担ってきたとも考えられる町村部の地方議員が「平成の大合併」で激減したことは、自民党の基盤を掘り崩すものでもあった。[51]

地方分権が進むことで、都道府県知事や大都市の市長の政治的な重要性は増していく。知事や市長というポストの魅力が増し、市町村合併によって基礎自治体の規模拡大が進んで市町村の領域と衆議院議員選挙の選挙区は近づき、国会議員から市長に転身する政治家も与野党問わずに増加している。[52]そして近年では、有力な知事や市長が、「自民党システム」に組み込まれずに、国に対してさらなる地方分権を要求し、自民党もそれを無視できなくなっていったのである。

このように、一九九〇年代に行われたふたつの改革の影響によって、「自民党システム」

を支えてきた国会議員と地方議員の関係は、次第に崩れていった。同時に、国政レベルでは政党執行部が都市部を重視するようになり、地方政治レベルでは国会議員よりも知事や市長の存在感が増すことになったのである。

補助金削減と税源移譲

一連の地方分権改革のうち、財政面の改革は大都市と農村部の格差を顕在化させ、大都市の問題をあらためてクローズアップさせた。そのポイントは、地方における自主財源の増加とそれにともなう国庫支出金の削減である。

そもそも地方分権改革は、一九八〇年代後半から公共事業など裁量的な補助金を中心とした国庫支出金の削減とその一般財源化から始まった。国が深刻な財政危機に直面し、その負担の軽減を図って、一定の権限移譲とセットで地方自治体への補助金を削減していったのである。国庫支出金が減らされることは、それを自主財源で穴埋めできない財政力の弱い自治体にとって深刻な問題である。このときは、国庫支出金こそ削減されたものの、その代わりに地方の一般財源である地方交付税が増額されることで財源の不足がカバーされることになった。

権限面の改革が中心であった一九九〇年代の地方分権改革を経て、二〇〇〇年代初頭の小泉政権期の改革では、地方財政改革が重要な課題となった。ここでも改革の対象はまず公共事業を中心とした裁量的な補助金であった。これは、大都市が稼ぎ出した富を農村部に再配分するだけでなく、その再配分を通じて自民党が自らの票田を確実なものとする、「自民党システム」に不可欠なものであった。「自民党をぶっ壊す」と叫んだ小泉首相は、その改革を公共事業の大幅な削減から始めたのである。[53]

さらに重要だったのが、地方税・地方交付税・国庫支出金を一体的に改革する三位一体改革であった。ここでの争点は、国の基幹税目を地方に移す税源移譲であり、それと並行して、自治体間の財政力格差を調整するための財源である地方交付税の縮減と、地方に移譲する税源に見合った国庫支出金の削減が行われた。これは、地方の自主財源を増加させて国からの自律性を高めることを目指し、地方分権を進展させる改革として期待された。

この過程では、「改革派」を自認する知事たちが中心となり、全国知事会が削減すべき国庫支出金のリストを取りまとめ、「国と地方の協議の場」で国との交渉を行った。そして、小泉政権では中央省庁の反発を抑えて、すべてではないものの知事会の主張を取り入れて、義務教育国庫負担金を中心とした国庫支出金の削減と、それに見合った税源移譲を実現したのである。[54]

三位一体改革によって、国の基幹税としての所得税三兆円が地方へと移譲され、その分の国庫支出金が削減された。結果として、東京二三区など、地方税の税源が相対的に豊富な都市部の自治体は税源移譲の恩恵を受けたのに対して、農村部の自治体はむしろ国庫支出金の削減によって財政がダメージを受けることになった。

顕在化する都市と農村との対立

さらに、小泉政権末期の好景気のなかで都市と農村の格差が拡大する。その背景には、国の財政危機のなかで地方財政の歳出・歳入の総額は厳しく抑えられている一方で、景気回復によって大都市部の税収が増大したことがある。

日本では地方財政計画という計画に基づいて、すべての自治体を合計した地方財政全体での地方税や地方交付税、国庫支出金、地方債などを含めた地方財政の歳入総額が、必要とされる歳出総額とのセットであらかじめ枠付けされている（図3－8）。財政危機の状況では、前年度を基準として地方の歳出は厳しく統制されている。そのため、地方財政全体での歳出・歳入の総額は、二〇〇一年をピークに減少している（一二〇ページ図3－9）。

他方で、大都市部の自治体での地方税収は、好景気のもとで好調な法人税収に支えられて増加する。そこで問題になるのは、地方交付税を受けない不交付団体の歳入である。不交付団体であれば、好景気に税収が伸びれば、その増収分を歳出に用いることが可能であり、特に標準的な行政水準を超える経費として水準超経費が計上されている（図3－8）。

地方財政全体の総額が厳しく枠付けされているなかで、大都市部の不交付団体の歳入、特に増収分である水準超経費が拡大すると、地方財政全体の歳出に占める大都市部の自治体の

図3－8　**地方財政計画における歳出・歳入**（2012年度）

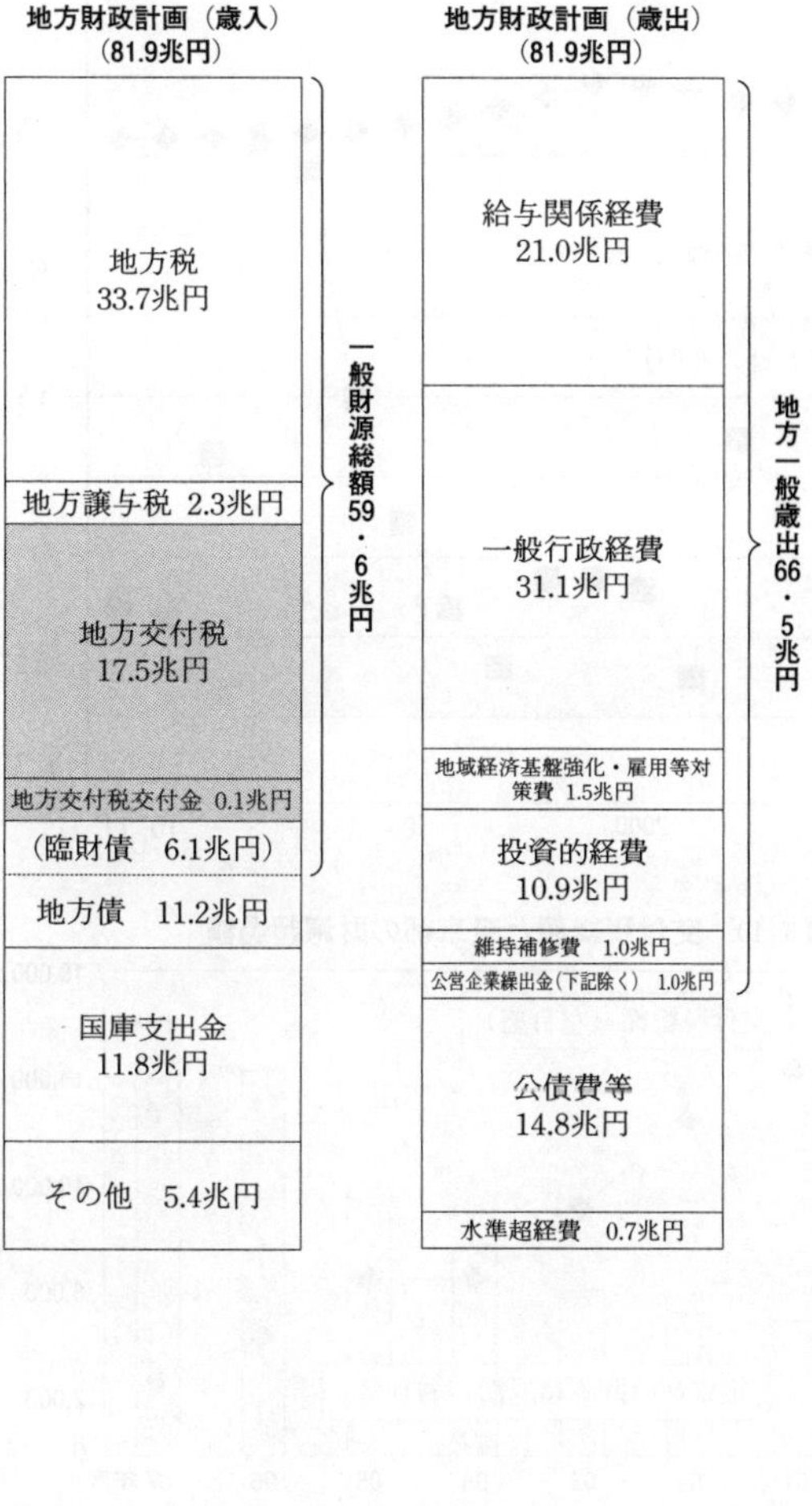

歳出の割合が大きくなる。大都市部以外の自治体の歳出はその残りの部分となるから、自動的にそれら自治体の歳出を圧迫してしまうのである。それは、歳入面では基本的に地方交付税の減少として認識されることになる。

図3-9　**地方財政計画と水準超経費の推移**

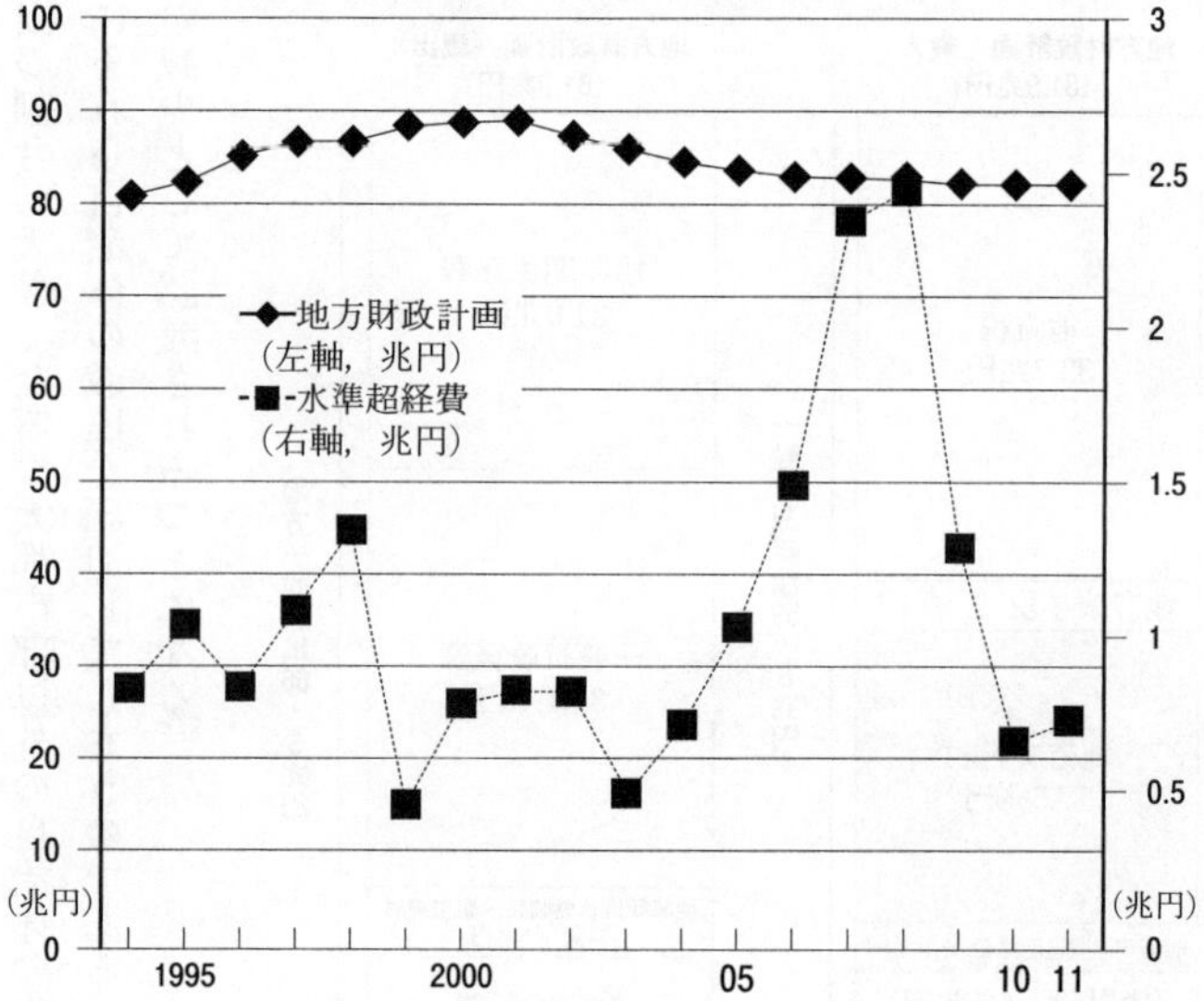

図3-10　**交付税総額と東京都の財源超過額**

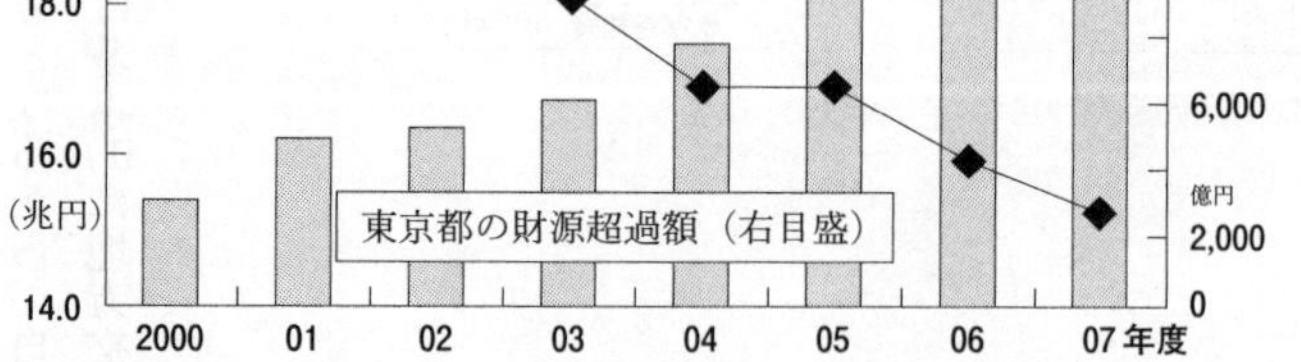

三位一体改革による税源移譲で地方交付税の交付を受けない不交付団体となった自治体が増え、これらの自治体に財源が集中することが格差拡大の原因のひとつとなった。[55] 二〇〇〇年代の景気回復期には、東京都を中心とした不交付団体の財源超過が大きく、財政が圧迫される農村部の不満が高まった。図3-10に示したように、二〇〇七年には地方自治体に一般財源として配られる地方交付税が一五兆円程度であるのに東京都の財源超過額は一・六兆円にも上っており、その影響は深刻であった。

それに対して、自民党政権は、二〇〇八年度税制改正で地方法人特別税制度を創設し、都市から地方への財政移転による対応を行った。これは、都道府県の地方税である法人事業税の一部を国税である地方法人特別税とした上で、それを地方法人特別譲与税としてすべての都道府県に譲与するものである。この税制改正によって、一部の富裕な都道府県の法人税収が、すべての都道府県に薄く広く配分されることになる。三〇〇〇億円の減収となった東京都をはじめ、愛知県（四〇〇億円）や大阪府（二〇〇億円）といった相対的に富裕な都道府県から、より財政の厳しい都道府県に財政移転が行われた。

財政危機によって地方財政全体での歳出・歳入の総額が増えない一方で、経済の拡大による増収が見込めるのが大都市に偏ると、大都市と農村部がゼロサム・ゲーム的な状況に陥るのである。それを大都市から農村部への再分配的な方法で解決しようとしても大都市部の自治体からは強い批判を受ける。都市からすれば、国に対して財政移転を求める地方の財政規律の緩さが問題であり、経済活動の活発な大都市であるほど、その問題は深刻に捉えられる。

このように、現行の制度のもとでは、財政危機のなかで財政的な地方分権が進むことで、都市部と農村部の利害対立が顕在化しやすい状況が生まれているのである。

第Ⅳ章　改革の時代――転換期に現れた橋下徹

1　遅れてきた改革派

「相乗り」と「無党派」

「自民党システム」が動揺を始めた一九九〇年代後半以降、地方政治を特徴づけたのは、いわゆる「相乗り」「無党派」という国政の政党間競争とは異なるかたちで政党との関係を結んだ知事や市長たちである。

「相乗り」とは、国政で対立している複数の政党から支持を受けて当選した知事や市長であり、対照的に「無党派」とは既存の国政政党と距離を置き、その支持を受けないで当選した知事や市長である。次ページの図4－1からわかるように、都道府県レベルで見ると「相乗り」知事は一九八〇年代から増加を始めて一九九九年に全体の六割を超えるまでとなり、「無党派」知事も特に二〇〇〇年以降急速に増加している。

図4-1　**知事の党派性**（1960～2005年）

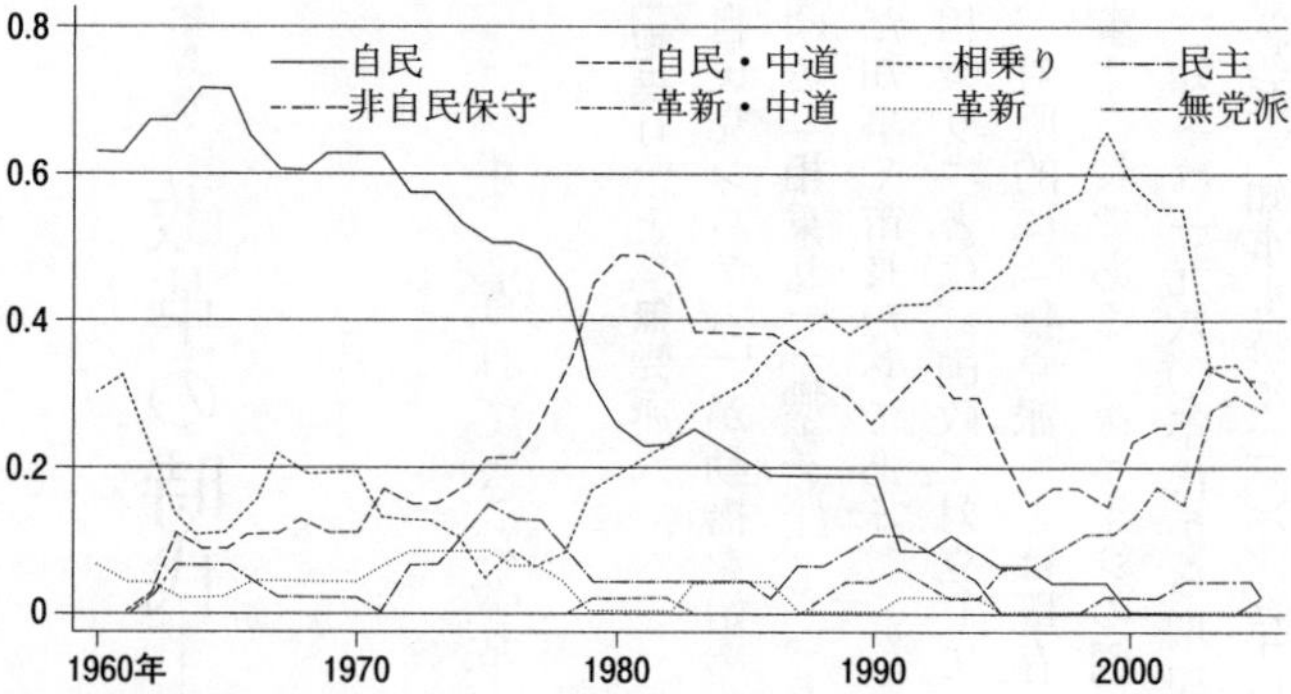

註：縦軸は都道府県全体に占めるそれぞれの類型の知事の割合

「相乗り」は、一九八〇年代以降革新勢力が弱くなるなか、国政選挙や地方議会選挙での対立は別のものとして、知事選挙・市長選挙では協調し、地方議会の与党として実質的な利益を獲得しようとするものであった。典型的には中央官僚の出身者を超党派の候補として擁立し、地元の総意ということで国に対して事業の要求を行うといった行動をとるのである。[1]

他方で「無党派」は、国政選挙や地方議会選挙では対立しつつも知事選挙・市長選挙で「相乗り」を行うような既存政党に対する批判として出現した。以前から政党による明確な支持を受けずに当選する知事・市長は存在したが、それは自民党の分裂などによって結果的に「無党派」を標榜するケースが多かった。候補者が、既存政党への批判を含めて積極的に「無党派」を強調するようになるのは、特に一九九五年の統一地方選挙で、青島幸男《あおしまゆきお》東京都知事、横山ノック（山田勇）大阪府知事、北川正恭《きたがわまさやす》三重県知事などが現れてからである。

一九九〇年代後半から増加したこのような「無党派」の特徴のひとつは、自治体の現状維持にとらわれずに大胆な行政改革を行うことを強調したところである。ちょうど本格化した地方分権改革の流れに乗って、国の方針に逆らっても地方の自主性を主張し、無駄が多いとされる大規模な公共事業を中止したり、高額と批判される公務員の人件費の削減を進めたりするなどの改革を行っていく。彼らはしがらみを持たない地方議会や行政との対立関係を鮮明にすることで、しばしば自らを「改革派」と位置づけ、有権者からの支持を得ようとした。

「納税者の論理」による行政改革

知事や市長たちの改革で重要な理論的支柱となったのは、税金を無駄なく有効に使うことを目的とする「納税者の論理」を前面に押し出した新しい公共管理（NPM：New Public Management）の手法であった。初期の典型的な事例は、三重県の北川知事による「行政評価」の導入が挙げられる。これは、外部者を交えた評価によって事業を見直し、その非効率性を是正して費用を節約することで、納税者へ利益をもたらそうとするものだった。NPMに基づく改革が進むにつれて、特に多額の費用がかかる大規模な公共事業が、非効率であるとして見直しの対象となった。

このような改革は、多くの自治体にも波及していく。人件費の高い公務員が行っていた事業を民間委託して、事業にかかる費用を節減することは、どこの自治体でも一般的に行われるようになっていく。さらに二〇〇〇年代以降は、自治体が公的に行ってきた保育所などの事業を民営化したり、新たに導入された指定管理者制度や地方独立行政法人制度、ＰＦＩ(Private Finance Initiative)制度などの活用が進められた。自治体が抱える公的部門の非効率性――それは地方議員や公務員の既得権益として認識される――を改善し、納税者の利益を追求することが重要だと考えられてきたのである。

改革派を標榜する知事や市長たちの実行力の源は、「納税者の論理」に対する有権者の支持であった。無駄とされる事業を維持するために、有権者の納める税金が有効に使われていないという感覚は、改革を目指す知事や市長が地方議員や公務員と対立するときの重要な論拠とされる。特に、地方議会で政党の支持基盤を持たない「無党派」は、選挙を通じて有権者の支持を確認することで、議会に対して自らの正統性を誇示した。[2] いわば有権者の支持によって議会を取り囲む状態を創り出し、改革を実現しようとしたのである。

また、改革を行う知事や市長は、批判の矛先を、現状維持志向が強い地方議員や公務員だけでなく、自分たちに十分な権限を与えない国にも向けた。国が権限を握って離さないために、改革が不十分になるというのである。彼らの集まる全国知事会や全国市長会は、国に対して地方分権を要求する場となった。特に全国知事会は、地方税・地方交付税・国庫支出金の三位一体の改革に際して、国と交渉を行う「国と地方の協議の場」で前面に立ち、国庫支出金の見直しについての地方案を取りまとめた。

三位一体改革が終わり、初期の「改革派」が姿を消した二〇〇七年以降、知事や市長による改革への動きは停滞する。それは、彼らが実行してきた手法が他の地方自治体や国の方針へと波及することで一般的なものとなり、特別な「改革派」のいない自治体でも、NPMに基づいた行政改革が進んできたからである。さらには、行政改革が一定程度進んできたことで、現在の制度のもとでのさらなる効率化が次第に困難となっていったことも大きい。行政改革は、制度の岩盤に突き当たってきたのである。

大阪府の転落

このような地方政治の変化は、大阪にとっても無縁ではない。一九七〇年代に黒田了一による革新府政が実現し、保守勢力と革新勢力が激しく対立していた大阪でも、次第に国政とは異なる地方政治の枠組みが築かれていった。

一九七九年に黒田了一を破って大阪府知事に当選した岸昌《きしさかえ》は、もともと自治省出身の官僚であり、黒田知事の時代に大阪府副知事を務めた経験を持っていた。共産党以外の各政党の「相乗り」で知事となり、当初は安定的な議会運営のもとで黒田知事時代の膨張した財政を緊縮する方針がとられた。[3]

その後、岸は自民党・社会党・公明党・民社党の支持のもとで三選を重ねる。バブル経済

図4-2　**大阪府の府税収入などの推移**

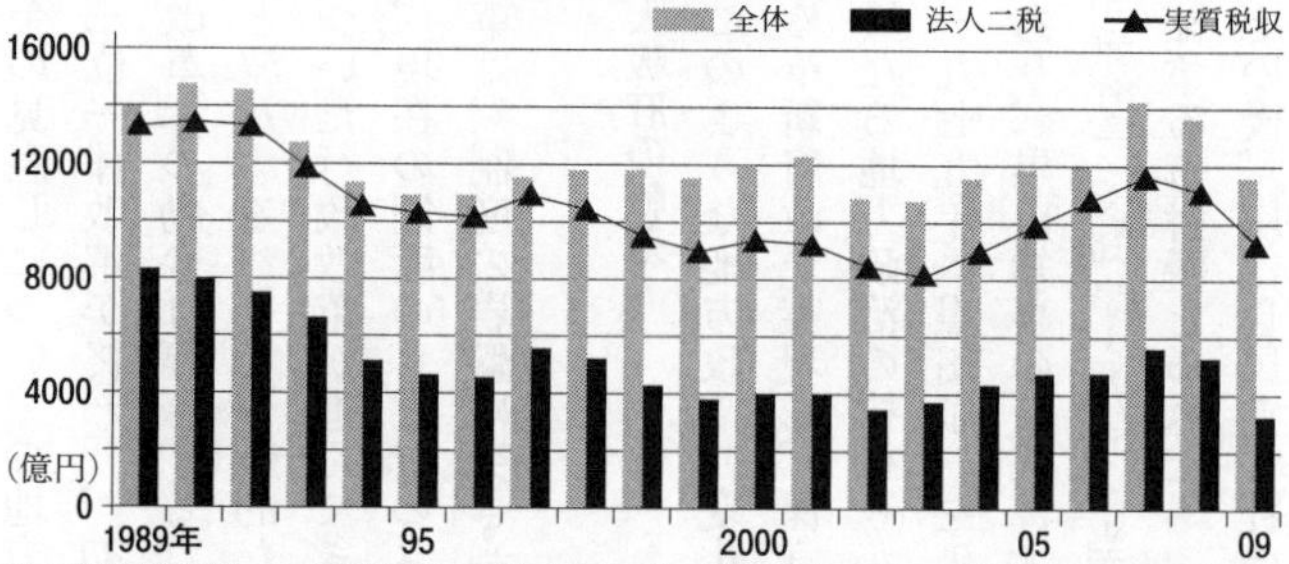

註：「実質税収」は（府税収入＋地方譲与税＋清算金収入）－（税関連の市町村交付金，清算金支出，還付金等）を意味する

に向かう時期であり、「大阪の復権」をスローガンとして関西空港や関西文化学術研究都市の建設など開発関連の支出を増大させ、黒田知事期と比べて福祉や教育よりも公共事業が優先される傾向にあった。[4]

岸の引退後、一九九一年には、厚生省から大阪府に出向したまま長く在籍し副知事にまでなっていた中川和雄《なかがわかずお》が、同じように「相乗り」で共産党の候補を破って知事に就任した。当時の予算を見ると、中川も岸と同様に公共事業を大きく増やしているが、次第に迫る高齢化の波を受けて、民生関係の費用も大きく増えている。

この中川知事の時代、図4-2に示すように、バブル崩壊によって法人税収が大きく減少していくにもかかわらず事業規模が維持されていたために、地方債発行が急増して黒田知事時代の一九七〇年代後半を超えるピークとなり、一九九三年には一九八四年以来の地方交付税の交付団体へと転落した。中川は、財政改革への意欲を示したが、後援会幹部のヤミ献金事件が追及されることになり、二期目の知事選挙の直前で立候補を断念する。

無党派知事横山ノック

そのようななかで、一九九五年四月の選挙で知事となったのが、参議院議員であった横山ノック（山田勇）である。横山は政党に頼らない「無党派」として、「相乗り」の支援を受ける科学技術庁事務次官を務めた平野拓也《ひらのたくや》に大勝した。その出身から「お笑い百万票」などと揶揄《やゆ》された横山は、議会でも賛成派がほとんど存在しない苦しい運営を強いられ、就任当初は副知事の選任でも議会からの同意を得ることができないほどだった。

その間、一九九五年八月の木津信用組合の破綻に始まる地域金融危機、九六年に表面化した泉佐野コスモポリスの経営破綻など第三セクターの破綻処理、府庁内の裏金問題発覚などの困難な政治課題が続き、府の財政状況も悪化の一途をたどった。改革が不可避となるなかで、横山は大阪府の交付団体化に危機感を抱く自治省からの出向官僚を総務部長・財政課長といった枢要ポストに異例のかたちで配置して、自治省の全面的なバックアップを得て大胆な行財政改革が企画された。

一九九八年に策定された大阪府の「財政再建プログラム（案）」は、次ページの表4-1のように、大阪府で毎年五〇〇〇億～六〇〇〇億円の財源不足が発生することを見込んで、一九九八年度から一〇年間で、府立高校入学金の引き上げや老人医療費の削減など、他県水

表4-1　**大阪府の財政収支の見通し**（単位：億円）

項目＼年	1999	2000	01	02	03	04	05	06	07	08
財源不足	4950	5400	5900	6250	6050	5550	5250	5150	5150	4800
国の支援	2650	2750	2800	2950	2950	2950	2950	2950	2950	2950
府の行革	775	1255	1495	1820	1745	1635	1665	1695	1725	1775
人件費削減	205	410	515	525	560	590	620	650	680	705
個別事業見直し	225	490	525	535	545	545	545	550	550	560
シーリング	225	225	225	225	225	225	225	225	225	225
主要事業見直し	10	30	120	395	275	10	10	5	5	5
歳入確保	110	100	110	140	140	265	265	265	265	280
財政健全化債	500	500	500	500	500	0	0	0	0	0
減債基金借り入れ	1025	895	1105	980	855	965	635	505	475	75
減債基金借入累計額	1025	1920	3025	4005	4860	5825	6460	6965	7440	7515

準に合わせた教育・福祉関係の助成の見直しや、市町村向けの施設整備補助金の削減、さらに府職員の二年間の昇給停止、七〇〇〇人の人員削減を進めることとされた。[6]ただし、それでも財源不足に完全に対応することができず、一部は将来の地方債返済の財源となる「減債基金」からの借入が必要とされている。

この改革のポイントは、全部局にまたがる事業の見直しであるにもかかわらず、議会多数派や事業部局の合意を得ずに進められた点である。[7]通常、事業の見直しは議会や事業部局と調整して合意を得たものを議会に提出する。しかしこのプログラムはそのような調整を先送りにしつつ、他方で逼迫する財源の捻出については、支援を頼む自治省と緊密に連携をとって進められた。プログラムを議会に提出してからは、府議や市町村長、職員団体などから激しい反対が起こったが、タレントであった横山が「無党派」の知事として、テレビ出演などの広報活動を通じて有権者へのアピールを行い、反対意見を抑えて全庁的な合意が取りまとめられた。

「財政再建プログラム（案）」を事実上のマニフェストとして再選に臨んだ横山に対して、反対した自民党も対立候補を立てることができず、一九九九年に横山知事は次点以下に圧倒的な大差をつけて再選を果たした。しかし、横山は選挙の最中の強制わいせつ罪で一〇ヵ月後に起訴され、知事を辞職した。直後の選挙では自民党・公明党・民主党に支持された太田《おおた》房江《ふさえ》が、日本初の女性知事となった。[8]

「財政再建プログラム（案）」は太田知事に引き継がれたが、日本全体の深刻な不況期であった二〇〇〇年代初頭は実質収支の赤字も大きくなった。その後大阪府の財政状況は、二〇〇二年からの景気回復によって多少好転する。しかし、財源不足による減債基金からの借入も続いており、太田が退任する直前の二〇〇七年末には、大阪府が減債基金の枯渇を恐れて事実上の「赤字隠し」を行ったという強い批判を受けていた。[9]

大阪市政の安定と継続

大阪市では、市域拡張のために奮闘した中馬馨が一九七一年の三選直後に死去すると、中馬のもとで八年間助役を務めていた大島靖が、社会党・公明党・民社党の推薦で共産党の候補に勝利した。初当選時には自民党は自主投票だったが、その後の選挙では自民党も「相乗り」に加わり、大島は四選を果たす。一九八七年に大島を引き継いだ西尾正也もやはり「相乗り」で、衆議院議員を務めた中馬弘毅《ちゅうまこうき》（中馬馨の長男）に圧勝して二期を務めた。

第Ⅱ章で触れた戦前から終戦直後の大阪市長たちと同様に、一九七〇年代以降の大阪市長たちは相互にかなり身近な関係にあり、密接に協力して仕事を進めてきた経験を持つ。大島は急死した中馬に後継指名を受けたわけではないが、戦前の加々美武夫（在任一九三五～三六）、坂間棟治（在任一九三六～四五）、中井光次（在任一九四五～四六）と同様に、内務省（戦後は労働省）の官僚から大阪市助役を長く務めたという経験を持つ。

西尾正也も若い時期から中馬の近くで働いた経験を持ち、前任者の大島からは直接助役・後継市長として指名を受けた。そして引退にあたっては、大阪市立大学経済学部から助役としてスカウトした磯村隆文を後継者として指名している。[10]磯村もまた、大阪市立大学医学部から大阪市に入り、助役を務めた關淳一《せきじゅんいち》（關一の孫）を後継とした。

助役経験者が市長を引き継ぐことができれば、市政の安定性と継続性は確保されやすい。それは、池上四郎・關一以来の戦前の大阪市長が東京市長などと比べてリーダーシップを発揮できた理由でもある。しかし、市長公選制のもとでは選挙が必要であり、いくら市長がカリスマ的な権威を持っていても、後継者となる助役経験者が同じような権威を持っているわけではなく、市政の安定性と継続性は、選挙のたびに脅かされる。

そこで重要になるのが、確実に選挙で勝利できるようなしくみであり、具体的には市長がその支持基盤を後継者に引き継ぐことである。大阪市で市長の支持基盤として機能を果たしたのは、共産党を除いてすべてが市長与党となった市議会の各会派と、大阪市労働組合連合会（市労連）傘下の労働組合であった。

阿部昌樹が指摘するように、問題はこれらの重要な支持基盤をどのように引き継ぐことができるかである。よりよい候補者が他に存在するかもしれない状況で、スムーズに引き継ぎを行う方策は、支持基盤を構成している人々に具体的な便益を提供することである。目的は大阪市政の安定と継続という公的なものであっても、市長の支持基盤を強固にするしくみは、市議会議員とそれにつながる利害関係者や市の職員団体をはじめとした労働組合に、さまざまな便益が供与される温床となった。[11]

チェック機能の弱体化

市政の安定と継続は、市長のもとで大阪市の専門官僚制が高い自律性を保ち、長期的展望に基づいて事業を実施することを可能にした。しかしそれは、市長を継続的に支持する市議会を中心とした市政における多元的なチェック機能が麻痺《まひ》することをともなう。[12]第Ⅲ章で述べた大阪湾開発のように、他の行政機関と調整がなされないままに、大阪市のみに通じる論理で大規模な公共事業が実施され、見直しのきっかけを持たないままに破綻していくのは、その代償とも言える。

チェック機能が弱いことで、大阪市の内部には、市議会議員や労働組合に対する便益の供与、さまざまな運動団体やOBの処遇などで是正すべき問題が蓄積されていく。巨大な行政機構である大阪市では、日常的な問題は助役が「前例主義」で処理しており、後継者として選ばれた市長が改革を訴えても、その実効性は疑わしい。[13]そして、市労連傘下の労働組合に対する便益の供与が、社会的に認められない程度に拡大し、顕在化した結果が、關淳一市長の時代に発覚した職員厚遇問題である。

この問題は、二〇〇四年八月、大阪市が職員互助組合に毎年約三〇億円の公金を支出するという過剰な補助が、他の自治体と比べて際立って多額であるという指摘から始まった。[14]それを端緒に、条例に基づかない互助組合が大阪市の補塡《ほてん》を受けて職員にヤミ年金・ヤミ退職金を支払っていたことや、妥当性の疑われる超過勤務手当や特殊勤務手当の支給などが、強い批判を受けた。[15]さらに、大阪市職員によって構成される職員労働組合も、市職員を実質的な専従者に充てるなどの厚遇を受けてきたことが明らかになり、批判の対象とされた。

關は、それまで大阪市と関係のなかった弁護士の大平光代《おおひらみつよ》を助役に招聘するなど、就任当初から改革への意欲を示していた。職員厚遇問題の発覚を受けて、二〇〇五年四月には市政改革本部を設置し、当時行政評価の研究・実践者としてさまざまな自治体の改革を手がけていた上山信一《うえやましんいち》をはじめ外部有識者を迎えて市政運営の改革を図る。九月には、五年間新規採用を原則的に凍結し、約四万七〇〇〇人いる市職員を五年で最大六〇〇〇人削減することを軸とした「市政改革マニフェスト」を発表する。

改革への信任を得るために、關は一〇月にいったん辞職し、出直し選挙を行って勝利する。まさに、選挙を通じて有権者の支持を確認し、市議会その他の関係者に対して自らの正統性を誇示し、改革を実現しようとしたのである。そして、再選後の關は、職員数の大幅削減や給与の削減、あるいは市営バス事業やごみ収集事業など非効率が批判された事業の改革を積極的に進めようとした[16]。

橋下徹の登場

このように大阪府・大阪市とともに、常態化していく「相乗り」への強い批判と、人件費の削減を中心とした改革が行われている。大阪で伝統的に最も重要視されてきた都市計画、都市をどのように創り上げていくかというテーマは後景に退き、財政難のなかで効率化を図るという「納税者の論理」が前面に押し出されていたのである。

「納税者の論理」は、二〇一一年一一月に大阪府知事から大阪市長となった橋下徹の一般的なイメージと合うところがある。しかし、橋下は初めての知事選挙のときには、「相乗り」の続く府政の改革を目指す「無党派」としてではなく、国政での自民党と民主党の二大政党を軸とした対立構図のなかで擁立された候補者であった。橋下は、安定した「相乗り」が揺らぎ、それまで「相乗り」を形成してきた政党同士が対立を始めるという、大阪の地方政治の転換期に登場したのである。

選挙制度改革を受けて二大政党化が進むなかで、二〇〇三年に自由党と合併した民主党は国政選挙で勢力を伸ばすとともに、地方選挙でも自民党との対立を鮮明にしていた。[17]特に二〇〇六年五月以降、民主党は知事選挙や政令指定都市の市長選挙での政党相乗りを原則禁止とし、しかもそれ以降の三つの政令指定都市（福岡・北九州・札幌）で勝利していた。

二〇〇七年秋の大阪市長選挙は、自民党と公明党が現職の關淳一を支持したのに対して、民主党は毎日放送のアナウンサーだった平松邦夫《ひらまつくにお》を擁立した。従来、市長候補を一致して支持してきた市議会の政党が割れたのである。助役を経て市長を経験した關に対して、平松と民主党はその助役経験を批判するが、平松の主たる支援組織は職員厚遇問題で批判を受けた市労連という非常にねじれたものであり、国政政党の対立のもとで両陣営が改革を掲げる構図であった。

同時期、大阪府知事の太田房江は、二〇〇八年の初頭に予定されていた知事選挙での三選に意欲を見せていた。しかし、太田が再選を果たした府知事選挙のときに、自民党に所属する一部の大阪府議が、党本部が推薦を出す太田への対立候補として、元参議院議員の江本孟紀《えもとたけのり》を擁立した経緯があり、議会で多数を占める自民党との関係は、必ずしも良好でなかった。[18]二〇〇七年一〇月には、知事を補佐する特別秘書が、政治資金パーティーに関与したことをめぐって自民党との対立が表面化していた。[19]

太田は、一〇月二九日に、『朝日新聞』のインタビューに答えて三選に向けて立候補する意向を表明する。[20] ところがその直後の一一月、太田が大阪府と公共事業の随意契約を結ぶような企業の経営者団体の会合で多額の講演料を受け取っていた上に、親族宅を政治団体の事務所としていたなど、「政治とカネ」の問題を抱えていたことが表面化する。しかも、同時期に行われた大阪市長選挙では、自民党・公明党の支持を受ける關淳一の陣営から推薦依頼があったにもかかわらず、特定候補の応援は難しいという対応をとっていた。[21] 太田は、国政における二大政党の対立を意識し、「相乗り」を意識すればどちらかに与《くみ》することは得策ではないと判断したのである。

一一月一八日の大阪市長選挙で、民主党が擁立した平松邦夫が当選すると、太田がその選挙事務所でともに万歳し、笑顔で握手する姿が報道される。太田としては、行政のパートナーとなる新しい大阪市長であれば、誰でも祝福するという立場だった。だが、この行動は当然に自民党府議団の強い怒りを買うことになる。

太田は関係修復のため、前回も推薦を出し、もともと自らを招聘した自民党本部を頼りに党の幹部を訪問する。しかし、一一月二九日には民主党府議団が独自候補を擁立することを決定し、その翌日には「相乗り」の実働部隊として大きな役割を担う公明党府議団や連合大阪も推薦しない方針を固める。[22] 最終的に一二月一日に自民党府議団も太田の推薦を見送ったことで、三選は絶望的な状況となった。本人や経済界はそれでも意欲を示したが、結局太田は三日に立候補断念を表明した。

大阪府知事に当選し喜ぶ橋下徹，2008年１月27日

自民党本部はそれでも民主党との「相乗り」を模索した。しかし、自民党府議団を中心に、タレント活動で知名度の高かった弁護士の橋下徹の擁立が進められる。太田が立候補を断念した一二月三日、橋下は、彼を自民党の大阪府議団につないだ堺屋太一《さかいやたいち》とともに、自民党の古賀誠《こがまこと》選挙対策委員長を訪問して推薦依頼を行った。[23] 新聞の出馬報道を受けて、六日に一度は「二万パーセントない」と辞退を表明するが、その一週間後の一一日には自民党の推薦を受けて立候補することを表明する。[24]

それに対する民主党は、当初府議団の間で「相乗り」を肯定する姿勢も示された。[25] しかし鳩山由紀夫《はとやまゆきお》幹事長が候補者調整を行うべきでないと主張し、[26] 大阪府連会長の平野博文《ひらのひろふみ》衆議院議員を中心に大阪大学教授の熊谷貞俊《くまがいさだとし》を擁立する。こうして、大阪市長選挙と同様に、自民党と民主党の政党間対立の構図で大阪府知事選挙が行われることになったのである。

2 「橋下改革」――論点と対立構図の推移

圧勝からの改革

自民党に支援された橋下徹は、二〇〇八年一月二七日の選挙で一八〇万票を獲得し、熊谷貞俊に八〇万票以上の差をつけて圧勝する。橋下は、二〇〇七年末に発覚した大阪府の減債基金をめぐる「赤字隠し」を受けて、選挙期間中から「大阪府は破産会社」であるとして財政改革を叫んでいた。知事に就任した直後には「財政非常事態宣言」を出して、八三の府有施設の民営化・売却について、「中之島図書館と中央図書館以外は全て不要」との考えを府幹部に伝えるなど、[27]財政改革への強い意欲を示していた。

橋下が就任するまでの大阪府の財政は、次ページの図4－3に示されるように、基金からの多額の借入が継続しているものの、二〇〇〇年代前半の危機的な状況から改善の方向にはあった。しかし、この借入をやめ、かつ将来の償還に備えるため、これまで借り入れ続けてきた減債基金を逆に復元しようとすれば、きわめて厳しい歳出削減が要請される。

橋下は、「収入の範囲内で予算を組む」ために、横山知事時代に行政改革を経験し、のちに総務部長として橋下府政の中核を担う小西禎一《こにしただかず》をトップとして、部局を超えて集められた

図4－3　**一般会計の累積財政収支と基金借入額の推移**

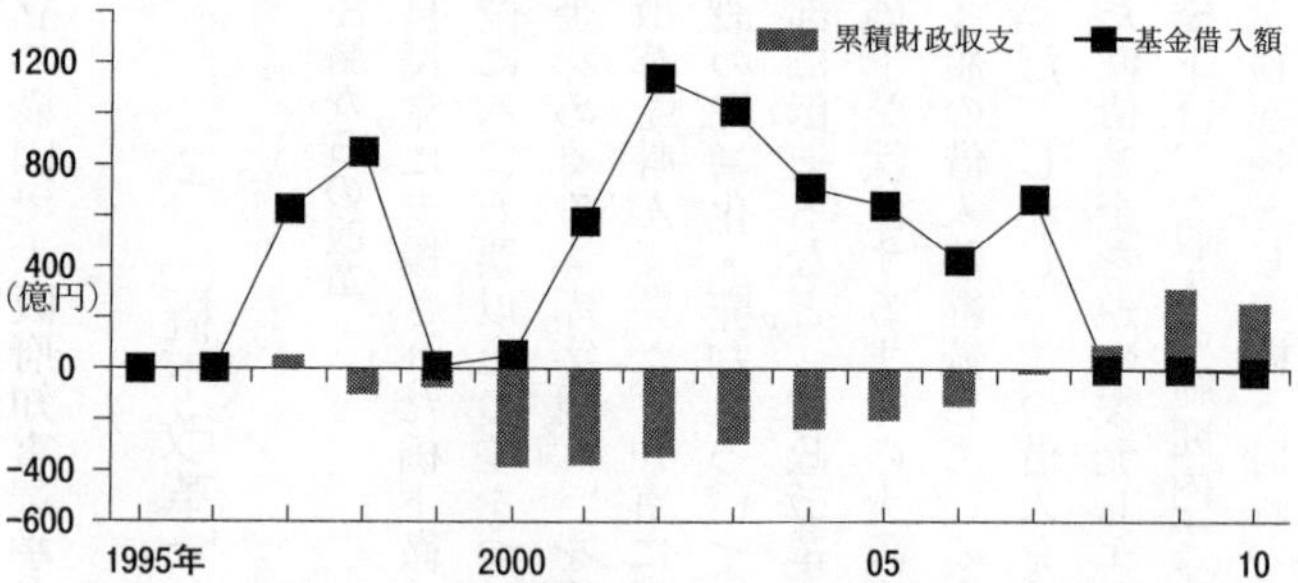

註：2010年度の累積財政収支は決算見込み．なお減債基金からの借入は，2001年度からであり，それ以前は公共施設等整備基金など特定目的基金からの借入である

二一人の改革プロジェクトチームを結成した。改革プロジェクトチームは、二〇一一年度までの財政見通しを試算し、「収入の範囲内で予算を組む」、すなわち減債基金からの借入をやめて将来の償還に備えるためには、二〇〇八年度に一一〇〇億円、その後も二〇一六年度までで総額六五〇〇億円の歳出削減が必要であると発表した。

あらかじめ用意されていた二〇〇八年度予算は凍結されて、七月までに最小限必要な経費を計上する暫定予算とされた。橋下と改革プロジェクトチームは、一一〇〇億円の歳出削減を目指して、職員退職金のカットを含む約一〇%の人件費削減で最大四〇〇億を捻出することをはじめ、施設の整理、市町村への補助金削減など大胆な内容を盛り込んだ「財政再建プログラム試案」を四月一一日に提出した。

削減の検討対象として、三三〇億円にものぼる私学助成や医療費の助成など、「聖域」とされがちな社会的に不利な人々に対する社会保障や教育の分野が含まれていたために、この改革案は強い反発を招いた。たとえば、直後の四月一七日に行われた府下市町村長との懇談会では、すでに二〇〇八年度予算編成を終えた市町村長たちから橋下に対して激しい批判が集まり、橋下が涙を見せる場面もあったとされる。

試案の正式な決定では、改革プロジェクトチームと事業部局の公開討論を経て橋下が裁断を下すという方式が取られた。テレビカメラや記者を入れて全面的に議論を公開するなどして、歳出削減の正当性を直接有権者にアピールしようとしたのである。そして、六月五日には「大阪維新プログラム案（財政再建プログラム案）」がまとめられ、二〇〇八年度で一一〇〇億円の歳出削減が決まった。二〇〇九年度以降、リーマン・ショックの影響で特に法人税の減少は深刻だが（図4－2）、財政収支は黒字化している。さまざまな批判はあるが、就任直後からの財政再建策が、財政収支の改善に貢献したことは否定できないだろう。

財政改革と並んで橋下が力を入れたのは、教育改革であった。二〇〇八年度に小学六年生・中学三年生を対象に行われた全国学力調査テストで、都道府県別で大阪府の成績が全国でも最下位近くとなっていた。これを受けて橋下は、その結果を市町村別に公表すると宣言し、市町村間の競争促進を目指して学力の向上を図るとした。反対する文部科学省・教育委員会を「文科省はバカ」「クソ教育委員会」といった過激な言動で非難し、競争を忌避するとして教員を批判した。

その後橋下は、結果の公表・非公表と市町村への教育予算の関連を匂《にお》わせる発言をしながら[28]、府の教育委員会を通じて市町村教育委員会に公表を要請する。あくまでも自主的な公表というかたちをとることで、府下四三市町村のうち三五市町村で学力テストの結果が開示されることになった。

これらの改革の背景には、有権者の強い支持がある。就任一年後・二年後に行われた『読売新聞』の調査によれば、橋下に対する大阪府民の支持率は、継続的に八〇％を超えている[29]。橋下は、もともと自民党に支持された知事でありながらも、「無党派」の知事や市長たちと同様に、有権者の支持を背景として改革を進めたのである。収益を生み出さない費用は削減し、競争によって収益を高めようとする「納税者の論理」の徹底ぶりは、一九九〇年代以降の地方自治体での改革のなかでも特筆すべきものだったと言えるだろう。

国への働きかけ

橋下は、公務員や教員に批判を向ける一方で、従来の「改革派」と同様に、自分たちに十分な権限を与えない国に対して批判の矛先を向ける。

まず問題としたのは、激しく競合する大阪国際（伊丹）空港、関西国際空港、神戸空港という三つの空港のあり方である。もともと伊丹空港は、騒音問題などをめぐって、関西国際空港開港後に廃止される予定であったが、地元の要望などで存続が決まり、都心に位置する利便性の高さから、関西国際空港の経営に脅威となっていると指摘されていた。

関西国際空港は、一兆円を超える有利子負債を抱え、地元負担を要請される大阪府にとっても重要な問題であった。二〇〇八年七月三一日、橋下は関西国際空港の活性化のために、競合関係にある伊丹空港の廃止を検討する議論を始める意向を示した。それに対して、国土交通大臣の冬柴鉄三《ふゆしばてつぞう》が、直後に「素人」の発言として批判するなど反対の姿勢を見せ、また、地元の兵庫県や伊丹市なども伊丹空港の存続を主張した。

橋下の主張は、拠点空港である関西国際空港へのアクセスを向上させ、将来的な伊丹空港の廃港を視野に入れた機能の集約を図るものであった。現実的な可能性は別として、伊丹空港を廃港にして跡地を売却し、その収益を用いて関西国際空港を大阪の都心部とリニア新幹線でつなぎ、活性化するという主張はその典型とも言える。

二〇〇九年九月から関西経済界と地元自治体の協議が行われ、一二月には三空港を一元管理するという提案が出される。しかし、この合意にあたっては、伊丹廃港が明記されなかったために、提案を受け入れたものの橋下は激しく反発する。そして、結局四月に国土交通省が発表した関西国際空港の経営改善案は、伊丹空港を株式会社化した上で経営統合するという橋下の主張に近いものだった。

兵庫県などの反発を受けつつも、二〇一二年七月に実際に経営統合が行われたのは、〇九年の総選挙直後に就任した前原誠司《まえはらせいじ》国土交通大臣をはじめとした民主党政権が、有権者の強い支持を得る橋下に配慮したことが大きいと考えられる。懸案であった伊丹廃港についても、二〇一二年五月に発表された国土交通省の基本方針で、「廃港も含め、将来の在り方を今後検討する」と明記されることになった。

また、橋下がしばしば国を批判してきたのが地方財政のあり方である。二〇〇九年三月には、国が明細を示さないままに地方自治体に負担を求める直轄事業負担金制度について、「ぼったくりバーみたいな請求書」と評して注目された。特に、前述の関西国際空港の整備と関連して、空港の将来像が示されないままに空港連絡橋関連の負担金を支払うことを拒み、他の知事たちと連携して制度の見直しを主張した。この橋下の問題提起をきっかけとした制度の見直しは、政権交代後の民主党による直轄事業負担金制度の一部見直しに結実する。[30]

さらに、民主党政権発足後に設立された地域主権戦略会議のメンバーとなった橋下は、既存の集権的な地方財政システムに対して強い批判を行い、地方交付税制度を抜本的に改革して国と地方の役割を明確に分離すべきであると主張していた。[31] この主張は、会議において実質的に議論されることはほとんどなかったが、原口一博《はらぐちかずひろ》総務大臣をはじめとする民主党の主要閣僚から賛同が寄せられていた。

橋下の国に対する姿勢は、それまでの「改革派」と同様に、国の権限・財源を自治体へと移譲することを求めるものだった。とりわけ特徴的なのは、大都市としての大阪の発展にとって重要な空港問題で激しい主張を繰り返し、結果的に主張に近いかたちでの合意を勝ちえたところだろう。政権交代という日本政治の大きな変動を挟んで、有権者からの強い支持を得る橋下の存在は既存の国政政党に意識され、国政での意思決定にも一定の影響力を持っていたのである。

水道事業統合問題

橋下は、従来の「改革派」とは異なる新しい試みも進めていく。それは、単に大阪府というひとつの自治体だけの問題ではなく、大阪で一元的なリーダーシップが欠如するために、複数の似たような事業が行われる非効率の解決を目指すものだった。そのような非効率は、典型的に府市が同じような事業を重ねていれば「二重行政」という言葉で批判される。その二重行政の解消を目指す最初の対象となったのが、水道事業の統合である。

就任直後の二〇〇八年二月二〇日、早くも橋下は二重行政の解消に向けて、住宅供給公社、信用保証協会とともに水道事業の統合を平松邦夫大阪市長に提案し、協議を始めたことを明らかにした[32]。水道事業の二重行政とは、大阪市が市内向けの水道を管理し、大阪府が大阪市を除いた府下市町村向けの水道を供給している状態をいう[33]。ともに淀川から取水して配水する事業であり、しかも一部の府と市の浄水場がきわめて近い位置にあることで、二重行政の象徴として認識されていた[34]。

それぞれの前任者である太田知事と關市長も二重行政解消の意向を表明していたが、統合協議までにも至らなかった。しかし、橋下と平松は四月八日にも水道事業で意見交換会を開き、最終的に統合する方向で一致する。[35] そして、六月二〇日の二回目の意見交換会では、大阪府の水道事業を大阪市が継承するかたちで将来の統合につなげたいという提案が行われ、その案を軸に議論が行われることで一致する。[36]

だが、一致したかに見えたこの統合形態こそが、それ以降の問題となる。市側が提案した、府の水道事業を市が継承する方法に対して、府側はあらためて府内の市町村の水道事業を一体的に運用する一部事務組合方式の水道事業団の設立を主張する。府内全域の水道事業が、市の意思によって決定されることに対して、府や大阪市以外の府下市町村が反発したのである。両者の提案を検証するために、「府市水道事業統合検証委員会」が九月以降開催されたものの、その場では府と市がことごとくぶつかり合うのみで、妥協が探られるわけではなかった。[37]

二〇〇九年一月にまとめられた検証委員会の報告も、両案に対する賛否が併記されるのみで、決め手とはならない。事態を打開するために、市側から、府が大阪市を水道事業の指定管理者に指定して事業権を付与する案が提案され、三月の段階でこの案について知事と市長の合意に至る。[38] そして、当初の目標としていた七月までに統合に関する結論を得ることはできなかったものの、九月にはこの案で府市が正式に合意する。

しかし、交渉の途中で、もともと相対的に高かった府の水道料金が引き下げられたことで、供給を受ける府下市町村にとって統合のメリットが少なくなった。そして、大阪市議会で水道料金の基礎が決められるというデメリットが強調されるようになり、府下市町村からは、統合に反対する声が強まることになる。[39]

結局、二〇一〇年一月に、大阪市以外の府下四二市町村が一部事務組合を設立する「企業団方式」によって府営水道が継承されることになった。府と市の水道事業の統合は事実上白紙となり、住民に身近なサービスである水道事業を広域自治体である大阪府ではなく基礎自治体である市町村が担うという権限移譲の側面が強調されることになった。

これまで見てきたように、水道事業については、府と市が直接的に対立するというよりも、大阪府と橋下知事が府下市町村の利害を重視することで決裂したと言える。しかし、水道事業の連携が不調に終わったことは、府市の連携によって「二重行政」を解消しようという試みが難しいことを、あらためて示すことになった。

WTC庁舎移転問題

水道事業とともに、府市連携の試金石となったのは、WTCビルの問題であった。一九九五年に完成したWTCビルは、周辺の経済的需要を喚起することが期待されたものの、大阪港へのアクセスの不便さやバブル崩壊後の経済的不振が原因で周辺の開発が進まず、オフィスへの入居も進まなかった。[40]開業時から入居率は三三％程度で、しかもそれから数年以内に大規模なテナントが続々と撤退した。[41]大阪市は、オフィスを埋めるために、水道局や建設局、環境局といった現業部門のほか、第三セクターや関連会社を多数入居させ、その賃料で赤字を穴埋めする。二〇〇二年度末で入居率は九三％だったが、七三％は大阪市関連であり[42]、大阪市の「第二庁舎」というのが実態であった。

長引く不況のなかで需要を喚起することは困難であり、完成からわずか八年後の二〇〇三年にはWTCビルを運営する第三セクターが事実上倒産状態に陥る。WTCビルは、アジア太平洋トレードセンター（ATC）、湊町開発センター（MDC）とともに、再建を視野に入れた特定調停を裁判所に申請し、金融機関に対して債務免除を求める。法的整理による清算を行わず、第三セクターとしての事業を継続しようとしたのである[43]。

二〇〇四年に特定調停が成立し、金融機関による一三七億円の債権放棄が行われたことと引き換えに、大阪市が六四五億円に上る残債権の損失補償を約束した。さらに、大阪市が貸してきた元金を事実上棒引きした上に、特定調停の後も入居賃料や補助金の支払いによる追加負担が続くことになるなど、大阪市にとっては厳しい選択となった[44]。その上で、四〇年間という長期での再建を目指して、民間人社長を迎えて再スタートをきった。

二〇〇八年八月五日、橋下知事は、老朽化した大阪府庁舎からWTCビルへ庁舎を移転することを大阪市に正式に提案する。庁舎移転が課題となっていた大阪府では、職員を収容するために大規模なビルを必要とする。他方で大阪市は、債務超過に陥って再建が厳しい状態にあるWTCビルという巨大ビルを所有している。府と市が合意して、大阪府がこのビルを買い取ることができれば、新たに費用をかけて庁舎を建設するという「二重行政」を防ぐとともに、苦境にあるWTCビルを、本来の目的とは異なるにしても有効に活用することができるというのである。

当初、WTCビルの資産価値の評価について、大阪府と大阪市の合意は難航した。しかし折り合いがついて庁舎移転が二〇〇九年三月の府議会に提案される。庁舎移転を審議する総務常任委員会では賛成多数で可決されたが、知事選挙で橋下を支えた自民党内でも、会派としては賛成の方針を決めていたが、性急な採決への抵抗やWTCビルの耐震基準への不安から大量の造反者が出た。その結果、本会議では庁舎移転に必要な三分の二の賛成どころか過半数を得ることもできなかった。その間、移転が浮上した影響でWTCビルでは新たなテナントの募集ができずに経営悪化に拍車がかかった。そして、府議会における採決後の三月二六日に、会社更生法の適用を申請して、再度破綻することになった。

府議会自民党の分裂

大阪府と大阪市の間での合意が取れなかった水道事業とは異なり、WTCビルへの庁舎移転案は、大阪府議会のなかで合意を得ることができなかったために挫折した。その副産物として、大阪府と大阪市の関係をめぐって府議会自民党の分裂が起きる。四九名の自民党府議のうち、当選一回・二回の若手議員を中心として庁舎移転に賛成した六人が、四月二四日に

「自民党・維新の会」と称する新会派を結成したのである。

呼びかけ人となったのはのちに大阪府知事となる松井《まつい》一郎《いちろう》（当時当選二回）である。彼らは、知事が提案して三月府議会で否決された府庁移転案をめぐって、大量の造反者の原因になった無記名投票での採決を認めた現執行部の対応を批判していた。

府議会で庁舎移転が否決されたものの、関西経済界の後押しもあって、七月には橋下は府議会への再挑戦を主張し、再度否決された場合の出直し選挙にまで言及する。[45]それだけではなく、議会での多数を獲得するために、自分を支持した自民党を含めた既存の政党とあえて対決することを選択する。

そのターニングポイントとなったのは、九月二七日の堺市長選挙である。この選挙で、「相乗り」の支持を受けた現職の木原敬介《きはらけいすけ》に対して、橋下が支持した大阪府の元政策企画部長である竹山修身《たけやまおさみ》が大勝した。これによって選挙を意識する大阪府議会の反応を変えたのである。[46]

選挙結果を受けた一〇月の大阪府議会では、出席議員の三分の二の賛成が必要となる庁舎移転条例の採決を先送りして、過半数の賛成で可決するＷＴＣビル購入を盛り込んだ補正予算案のみを採決する議論が浮上する。橋下は当初両条例の分離について否定的な意向を示したが、府議会の側では庁舎移転と購入を分けて、前者については否決し、後者については可決するという判断を下した。

この問題にからんで、さらに自民党から府議が流出する。庁舎移転は否決して、WTCビルの購入に賛成するという調整は、府議会における政党間の交渉として行われた。この調整に対する反発を理由として、自民党大阪府連の幹事長経験もある浅田均《あさだひとし》（当時当選三回）を中心とした五人の議員が、一〇月二八日に「自由民主党・ローカルパーティー」を結成して府議会の自民党会派から離脱したのである。彼らは、先行する「自民党・維新の会」と合流せず、自民党系の三つの会派が並立する状態が生まれることになった。

大阪府と大阪市の再編構想

水道事業、WTCビルへの庁舎移転という注目を集めたテーマで大阪府と大阪市の連携がうまくいかないなかで、次に橋下が模索したのは、大阪府と大阪市の統合を目指す「大阪都構想」だった。橋下は、二〇一〇年に入ってから、国際的に競争力のある広域行政を目指すとして、大阪府と大阪市の再編を口にし始める[47]。

本書で見てきた大阪の来歴を踏まえれば、高度経済成長が終焉して成長のフロンティアが消失していくなかで、大阪府と大阪市の関係を整理して、リーダーシップの欠如を解消する考え方は不思議なものではないだろう。

実際、橋下の「大阪都構想」以前にも、二〇〇〇年代に入ってからいくつかの構想が提案されてきた。大阪府の側からは、二〇〇〇年一〇月の府議会答弁で太田房江知事が同じ「大阪（新）都構想」を打ち出している。また、大阪市の磯村隆文市長はそれに対して「スーパー指定都市構想」を発表していた。

前者は、行政法学者であり地方分権改革を主導したひとりであった成田頼明《なりたよりあき》を会長とする、大阪府地方自治研究会で検討が行われた。二〇〇三年六月に発表された中間まとめでは、府・市の統合型あるいは新たな広域連合型の二案が提案され、いずれの案でも、現行の大阪市域をいくつかに分割した上で、広域行政と基礎自治体の機能を分けることが求められていた。しかし、二〇〇四年一一月の最終報告では、反発の大きかった大阪市の分割は盛り込まれず、大阪市も含めた府下市町村が参加する広域連合「大阪新都機構」の設置が提案された。

他方、後者は、大阪市域内の事務権限をすべて市に一元化し、市域内の地方税をすべて市税とする、第Ⅰ章で取り上げた特別市と同様の発想に立つものであった。やはり残存区域の問題が出ることが予想されるために、「スーパー指定都市」の設置とともに、大阪府と隣接府県や国の機関を統合した「関西州」を設置することが訴えられている。大阪市の市域拡張こそ明示的に議論されていないが、府県合併と大都市制度をセットで議論するのは一九六〇年代後半の議論とほぼ同型であると言える。

「大阪都構想」

橋下の「大阪都構想」は、府と市を統合した新たな統治機構である「都」の設置を提案するものである。現行の大阪市域はいくつかの「特別区」に分割され、「都」が担う広域行政と「特別区」が担う基礎自治体の機能を分ける。これは、太田知事のときの大阪府地方自治研究会の中間とりまとめにおける府・市の統合型の案に近い。

その上で、橋下知事の「大阪都構想」の特徴を挙げるとすれば、さらに次の二点が考えられる。

ひとつは、その領域の設定である。当初の「大阪都構想」では、大阪市をいくつかの自治体に分割するというだけではなく、大阪市とともに堺市をはじめとする隣接一〇市を二〇の特別区へと再編するとしていた[48]（次ページ図4-4）。隣接一〇市を市のまま残すのではなくて、特別区へと再編する構想は、東京都制の成立を思い起こさせる。

一九三二年に当時の東京市が周辺の五郡八二町村を合併して「大東京」を実現させた上で、一九四三年の東京都制で「大東京」に属する区は、内部組織である行政区から、議会を持つ法人区へと再編された。二〇一〇年の大阪市は大阪府の人口の三割程度であるが、そこに隣接一〇市を加えると約六四％に達する。また、一九六〇年代に中馬市長が目論《もくろ》んだ市域拡張も、やはり隣接一〇市の合併であった。

もうひとつは、「アジアの拠点都市に足る都市インフラ（道路、空港、鉄道、港湾など）を整備する」[49]ことが謳われていることである。広域行政を担う「都」が、国際的な都市間競争に勝利するという観点から戦略的に都市インフラの整備を行うというのである。言うまでも

図4-4　**大阪維新の会による特別区区割り案**

なく、これには大阪におけるリーダーシップの欠如を解決する狙いがある。

　このときのポイントは、広域自治体である「都」と、基礎自治体である「特別区」の役割分担である。第Ⅲ章でも述べたとおり、これまでは基礎自治体である「市」が、それぞれに都市計画を進めてきた。そのために、大阪全体の一元的なリーダーシップは欠如し、それに起因する非効率が批判された。逆に、「府」が強いリーダーシップを発揮して都市計画を進めようとすれば、それは「市」の都市計画決定権限と対立する可能性がある。しかし、東京都と同様に、基礎自治体を「市」ではなく「特別区」として、その財源・権限を限定した上で、「都」が「特別区」の領域で都市計画を行うことができれば、実質的には大阪市の悲願でもあった市域拡張と近い効果が期待できる。

　広域自治体である「都」が、国際的な都市間競争を戦うために都市インフラの整備に強いリーダーシップを発揮すれば、新たな基礎自治体である「特別区」は、従来の「市」ほどには都市計画に関与できなくなると予想される。「大阪都構想」がしばしば府県集権主義であるとして批判されるのは、このように基礎自治体の権限を奪う可能性があるからである。[50]

　ただし、橋下自身が二〇一〇年夏に、特別区ではなくて大阪市を分割して「市」を設置する分市論を述べたりするなど、「大阪都構想」における特別区の位置づけは必ずしも明らかではない。この特別区をどのように位置づけるかが「大阪都構想」のポイントになるが、この点は第Ⅴ章であらためて詳述する。

不確定的な部分は残しながらも、橋下が掲げた「大阪都構想」は、これまでの大都市制度に関する議論の延長線上にありつつ、基本的に大都市大阪のリーダーシップの欠如を解決することを目指すものであったと評価できる。[51] また、多くの批判者も、その集権性を批判することで、そのように受け止めてきたと考えられるだろう。そして、橋下は、この「大阪都構想」を掲げて自らを支持する地方議員とその候補者を糾合し、既存の国政政党や大阪市との対立を明確にしていくのである。

3 「大阪維新の会」結成――地方政党という戦略

新党結成と府市議会議員の参加

橋下の「大阪都構想」は、自民党のさらなる分裂を引き起こす。「大阪都構想」を軸として、二〇一一年四月に予定される統一地方選挙で大阪府議会と大阪市議会で過半数を目指して新党を結成する動きが起こったのである。

二〇一〇年四月一日、WTCビルの問題で自民党を先に離れたふたつの会派が中心となり、その直前の三月二五日に「ひとつの大阪」と称する会派を結成して自民党から離れた三人の自民党府議を加えて、新たな政治グループ「大阪維新の会」を立ち上げることが発表された。実際に立ち上げられた「大阪維新の会」には、一四人に加えて新たに自民党系の五人と民主党系の一人、さらに諸派二人を加えた二二人が参加し、この時点で自民党（三〇）、民主党・無所属ネット（二三）、公明党（二三）に次ぐ勢力となっていた。

四月に結成された大阪維新の会は、その後も勢力を拡大していく。正式に政治団体として届出を行った四月一九日には、民主党系の会派から一人が合流し、その時点で公明党と並ぶ第二会派となった。また、大阪市議会・堺市議会からも大阪維新の会に合流を表明する議員が現れ、四月一九日の時点でそれぞれ一人、五人が参加している。さらに、五月上旬までに三人の大阪府議と一人の堺市議が合流した。

「大阪都構想」で、再編の対象とされた大阪市からの参加は当初市議一人のみであり、大阪府議会と比べたときの議員の温度差は大きかった。その状況を変えることになったのが、五月二三日に行われた大阪市議会の補欠選挙である。この選挙は、福島区から選出されていた共産党の市議が、七月に予定されている参議院議員通常選挙に立候補するために行われることになったものである。

この補欠選挙で、大阪維新の会は会社役員の女性を公認候補者として擁立した。それに対して、市議が転出した共産党のほか、自民党・民主党もそれぞれ公認候補を立てて臨んだ。橋下は応援のために連日選挙区に入り、大阪維新の会の候補は次点の共産党候補に約三六〇〇票差をつける八四九一票を獲得する。この選挙で、自民党候補は四二九六票、民主党候補は三三二五票にとどまった。

単に選挙に大勝したというだけではなく、通常の補欠選挙と比較すると非常に高い四〇％という投票率を記録したことで、大阪府・大阪市の政治に対する有権者の関心の高まりが注目されることになった。そして、橋下が率いる大阪維新の会が、多くの有権者を動員して既存政党の候補者に大差で勝利したことは、大阪市議に対する強烈なプレッシャーを与えることになる。

市議補欠選挙で大勝した大阪維新の会は、七月一一日に参議院議員通常選挙と同日で予定された生野区での大阪市議会の補欠選挙の告示日前後までは「門戸を開く」ことを表明し、民主党や自民党の地方議員に対して合流を呼びかけた[52]。

その後「門戸を開く」大阪維新の会への、自民党を中心とした地方議員の政党移動が続く。五月二六日には自民党から新たに一人が移り、大阪府議会における大阪維新の会の勢力は自民党と並ぶ二六人となった。その後さらに議員を増やして、七月に入るまでには二七人で唯一の最大会派となった。また、五月の補欠選挙の結果を見た大阪市議会では、市議が続々と自民党から大阪維新の会へと移動し、六月末までに一一人となっていた。

七月一一日の選挙では、大阪維新の会が参議院議員通常選挙で自民党候補を支援する代わりに、自民党は生野区の補欠選挙に候補者を擁立しなかった。そもそも補欠選挙は、生野区選出の市議の参議院議員通常選挙への立候補にともなうものであった。それにもかかわらず、その市議自身が後継候補を立てず、大阪維新の候補者への投票を呼びかけていた。結局、補欠選挙で大阪維新の会の候補者は、次点の民主党候補者にダブルスコアの票で勝利し、勢いを見せつけることになった。

対立構図の確定──既存政党と大阪市長

連続する補欠選挙で圧勝した大阪維新の会が、国政ではどの政党を支持するかは、既存の政党にとって重要な問題となった。特に、自民党にとっては、地方政治レベルでの対立と国政レベルでの協力がねじれるかたちとなり、大阪維新の会に対する一貫した態度を取ることができなくなっていた。

国政レベルでは、国政選挙を控える国会議員から大阪維新の会に対して宥和《ゆうわ》的な意見が出される。他方で、地方政治レベルでは大きな脅威であり、対決すべき相手であった。参議院議員通常選挙が終わり、次の選挙として二〇一一年春の統一地方選挙という目標が現実味を帯びてくると、地方政治レベルの対立軸が前面に現れるようになる。

自民党は、地方議員からの強い要求によって、九月一二日の大阪府連幹部会・役員会合同会議で、自民党籍を残しながら大阪維新の会に参加している「二重党籍」の府議ら四〇人に対し、自民党を離党するよう勧告することを決めた。この時点でも、二五人の府議と一〇人の大阪市議、五人の堺市議は自民党を離党しておらず、あくまで会派を離れただけだった。この勧告に対して、大阪維新の会の側も九月一五日に統一地方選挙の第一次公認候補を発表して全面的に対決する姿勢を見せる。勧告を受けた地方議員たちが、自民党に対して離党届を提出し、政党間の対立構図が確定した。

他方、大阪維新の会の旗揚げから生野区での補欠選挙に至る過程で、大阪維新の会と大阪市長の平松邦夫の対立も明確になっていく。水道事業やWTCビルの問題が議論された当初の橋下と平松は良好な関係を築いていたが、橋下が「大阪都構想」を掲げると、平松市長はその狙いが大阪市の分割にあるとしてその構想を強く批判し始める。生野区の補欠選挙では、平松自身がかつて民主党の支持を得て当選したこともあり、積極的に民主党候補を支援し、大阪維新の会の批判を行っていた。

橋下の側も、そのような平松を強く批判する。両者は九月九日に公開の意見交換会を行うが、主張はまったくの平行線をたどり、一致点が見出されることはなかった。これ以降、両者が歩み寄る機会はなく、橋下と大阪維新の会に対する平松と民主党というかたちでの対立の構図も確定していった。

統一地方選挙の戦略

七月の参議院通常選挙と生野区の市議補欠選挙が終わってから、二〇一一年春の統一地方選挙までは、選挙の予定はなく、各政党ももっぱら有権者に対して自らの政策をアピールしていた。なかでも特に目立つ動きを見せていたのが橋下に率いられた大阪維新の会であった。

大阪維新の会は、統一地方選挙の第一次公認が決定した九月一五日以降も、精力的に候補者の選定を進め、一一月二三日に第二次公認を、一二月二七日に第三次公認を決定する。もともと多くの議員を擁する大阪府議会については順調に候補者の選定が進んだが、大阪市議会・堺市議会では目標とする過半数を超える十分な候補者が集まったわけではない。最終的に大阪市議会では定数八六に対して四四人の候補者をそろえたが、堺市議会では定数五二に対して一五人の擁立にとどまった。

さらに二〇一一年一月二四日には統一地方選挙に向けたマニフェストを発表する。その柱となる「大阪都構想」については、大阪府と大阪・堺の両政令指定都市を解体し、広域自治体の「都」と基礎自治体の「特別区」に再編すると明記した。そして、府議選と両市議選で過半数を得られれば、各議会での議決をもとに国に法律の制定を求めるとしていた。

このマニフェストに代表される大阪維新の会の主張を有権者に浸透させるため、知名度の高い橋下がマスメディアでの活発なアピールを行っていた。さらに、八月末から毎週のように「タウンミーティング」を行い、特に一一月以降は毎週末に二〜三ヵ所で開催され、地方選挙としては異例の組織的な動きであった。

それに対して、自民党や民主党などの既存政党は、伝統的な選挙戦略に終始した。すなわち、各議員や候補者が自らの後援会組織などを固めることで、議員個人がそれぞれに当選を狙う戦略である。もちろん、大阪維新の会のマニフェストに対抗して、民主党・自民党ともにマニフェストを発表したが、それを政党として組織的に浸透させようとする試みは、大阪維新の会と比べるとほとんど行われなかった。

大阪維新の会の戦略は、「大阪都構想」を争点として有権者に「大阪維新の会か、それ以外か」の選択を迫るものであり、対抗する政党の候補者たちは、より個別的な論点を有権者に対して訴えようとしていた。複数の大手新聞社が一月末に行った調査では、有権者が「大阪都構想」を重要な争点と考えているとは限らないにしても、その構想には一定の賛意を示す傾向が観察され[53]、大阪維新の会の戦略はある程度成功していたと評価できる。

大阪維新の会の圧勝

二〇一一年四月一〇日の統一地方選挙は、大阪維新の会の企図通りに、「大阪維新の会か、それ以外か」を選択する選挙になった。三月一一日に発生した東日本大震災の影響で、大阪府が府庁移転を考えたWTCビルが激しく揺れて一時的に使用が困難となり、将来の関西地方における大地震での防災面に不安が生じたことも議論された。しかし、東日本大震災後の自粛ムードで選挙活動が全般的に低調になり、防災が主要な争点となることはなかった[54]。

大阪府議会選挙では、六二の選挙区のうち、大阪維新の会は五九の選挙区で計六〇人の候補者を擁立した。擁立しなかったのは、みんなの党との選挙協力があった大阪市福島区と、

表4－2　**大阪府議会・大阪市議会・堺市議会の定数ごと選挙区数**

選挙区定数	大阪府議会				大阪市議会				堺市議会			
	選挙区数	定員	維新候補	維新当選	選挙区数	定員	維新候補	維新当選	選挙区数	定員	維新候補	維新当選
1	33	33	31	28	0	0	0	0	0	0	0	0
2	21	42	21	21	6	12	8	6	0	0	0	0
3	3	9	2	2	8	24	14	9	1	3	1	1
4	1	4	1	1	2	8	4	3	0	0	0	0
5	3	15	3	3	6	30	12	11	1	5	2	1
6	1	6	2	2	2	12	6	4	0	0	0	0
7以上	0	0	0	0	0	0	0	0	5	44	12	11
合計	62	109	60	57	24	86	44	33	7	52	15	13

寝屋川市・藤井寺《ふじいでら》市である。唯一、二人を公認した選挙区は現職（西野《にしの》弘一《こういち》・青野《あおの》剛暁《よしあき》）が二人いた東大阪市選挙区のみであった。また、泉大津《いずみおおつ》市・泉北郡と大阪狭山《おおさかさやま》市では、無投票で大阪維新の会の候補者が当選となった。

無投票を除き、大阪維新の会が参加して選挙が行われた五七選挙区で、大阪維新の会が敗れたのは都島区・西淀川区・旭区という三つの一人区のみである。反対に言えば公認候補者を擁立した複数区ではすべて候補者が当選し、福島区・藤井寺市を除く三一の一人区のうち二八の選挙区で候補者が当選するという圧倒的な勝利であった。

他方、大阪市議会選挙では、候補者四四人のうち三三人が当選したものの過半数には至らなかった。過半数を取るためには、たとえば定数三の選挙区で二人、定数五の選挙区で三人を当選させる必要があり、実際に大阪維新の会はそれを狙った候補者擁立を行った。北区や鶴見区ではその目論見通り定数三のうち二人を当選させたものの、他の選挙区では必ずしも成功せず、西淀川区では二人が共倒れとなる結果となった。それでも、西淀川区以外の二三選挙区で最低一人は当選させ、さらに一〇の選挙区で二人当選を果たしたことは、近年の地方政治では特筆されるべき結果である。

戦挙区定数の大きい堺市で、大阪維新の会は、大阪市議会と比べても候補者を絞ったため、一五人の候補者のうち一三人を当選させることができた。定数三の選挙区で一人、定数五の選挙区で二人、定数七以上の選挙区で二人か三人の候補者を立てているので、大阪府議会・大阪市議会と比べても抑制的な候補者の擁立だった。大阪維新の会は、堺市全体で約三割の票を獲得したが、こうした候補者擁立戦略では、議席は全体の四分の一にとどまった。

統一地方選挙の結果は、有権者に「大阪維新の会か、それ以外か」という選択を迫る戦略が奏功したことを如実に示している。表4-2からわかるように、選挙区定数が小さい大阪府では大阪維新の会が過半数を獲得し、大阪市・堺市と選挙区定数が大きくなるごとに大量の議席獲得が難しくなっている。大阪維新の会が統一地方選挙に勝利した重要な要因は、橋下のタレント性を有効に活用して有権者へのアピールを行ったことだけでなく、地方選挙の選挙区定数という制度的な要因も存在していたのである。

ダブル選挙という手法

統一地方選挙が終わった直後の四月一三日、府庁内での記者会見で、橋下は早くも「今度は『大阪秋の陣』でもう一回、民意を問う。(府知事選と大阪市長選の)ダブル選で信を得られれば、市役所に詳細な制度設計を命じることができる」と述べている。[55] 二〇一二年二月五日までの任期の途中で辞職して、一一年一二月一八日の任期満了によって秋に予定されている大阪市長選挙と同じ日程で、大阪府知事選挙を実施しようというのである。「大阪都構想」実現のためには、大阪府議会・大阪市議会・堺市議会といった議会の同意だけではなく、関係する市長たちの合意も必要になる。大阪市の平松市長が「大阪都構想」に反対する以上、その実現は困難であった。平松の説得がうまくいかないなかで、自分たちと意見を同じくする人間を市長にするという手法が浮上するのである。

ダブル選挙の構想は、橋下によって四月の段階で表明されていたが、候補者はなかなか確定しなかった。橋下自身、七月末に市長選出馬について言及したものの、態度を明確にすることは避けていた。[56] また、平松の側も、ダブル選挙を見据えて一時は大阪府知事選挙への立候補に言及したこともある。[57] 府知事になれば、「大阪都構想」を止めることができるという発想だが、これが本気で検討されたのかどうかはわからない。

結局、九月一九日に平松は再選を目指して大阪市長選挙への立候補を表明する。それに対して大阪維新の会の側では、一〇月二一日の大阪府議会本会議終了後に、橋下が大阪府議会議長に辞表を提出し、二三日に橋下が市長選挙、幹事長の松井一郎が知事選挙に立候補することを決定した。

市長選挙は橋下と平松の対決という構図が固まったものの、松井以外の知事候補は共産党の梅田《うめだ》章二《しょうじ》が立候補を表明しているのみだった。民主党は元検事の郷原信郎《ごうはらのぶお》、自民党は参議院議員の丸山和也《まるやまかずや》などに立候補を要請したが、実現には至らなかった[58]。その原因としては、政党色が強くて政党を超えた「相乗り」候補として擁立できず、そうでなければ松井に惨敗することが予想されていたからである。

最終的に大阪維新の会に対抗する知事候補となったのは、池田市長の倉田薫《くらたかおる》である。倉田は、統一地方選挙で五選を果たした池田市長であり、府下市町村のリーダー的存在であった。府下市町村長の七割を超える支持を集めたとして、「市町村連合と府民の会」を結成して立候補を表明した倉田を、民主党と自民党はそれぞれの府連に所属する地方議員が中心となって支持した。その結果、ダブル選挙は大阪維新の会の橋下・松井と、民主党・自民党の地方議員を中心に支持を受けた平松・倉田という候補者連合の対決という構図となった。共産党は、府知事選挙で梅田を擁立したが、市長選挙からは撤退し、実質的に平松支援に回ると見られていた。

高投票率での勝利

二〇一一年一一月二七日に行われたダブル選挙で特筆すべきは、まずその投票率だった。大阪市長選挙の投票率は六〇・九二％で、前回の四三・六一％から大幅な上昇となった。政令指定都市における六割以上の投票率は異例であり、三月に愛知県知事・名古屋市長と名古

大阪府知事選・大阪市長選で勝利した松井一郎（中央右）と橋下徹（同左），2011年11月27日

図4－5　ダブル選挙各候補者の大阪市内選挙区別得票率

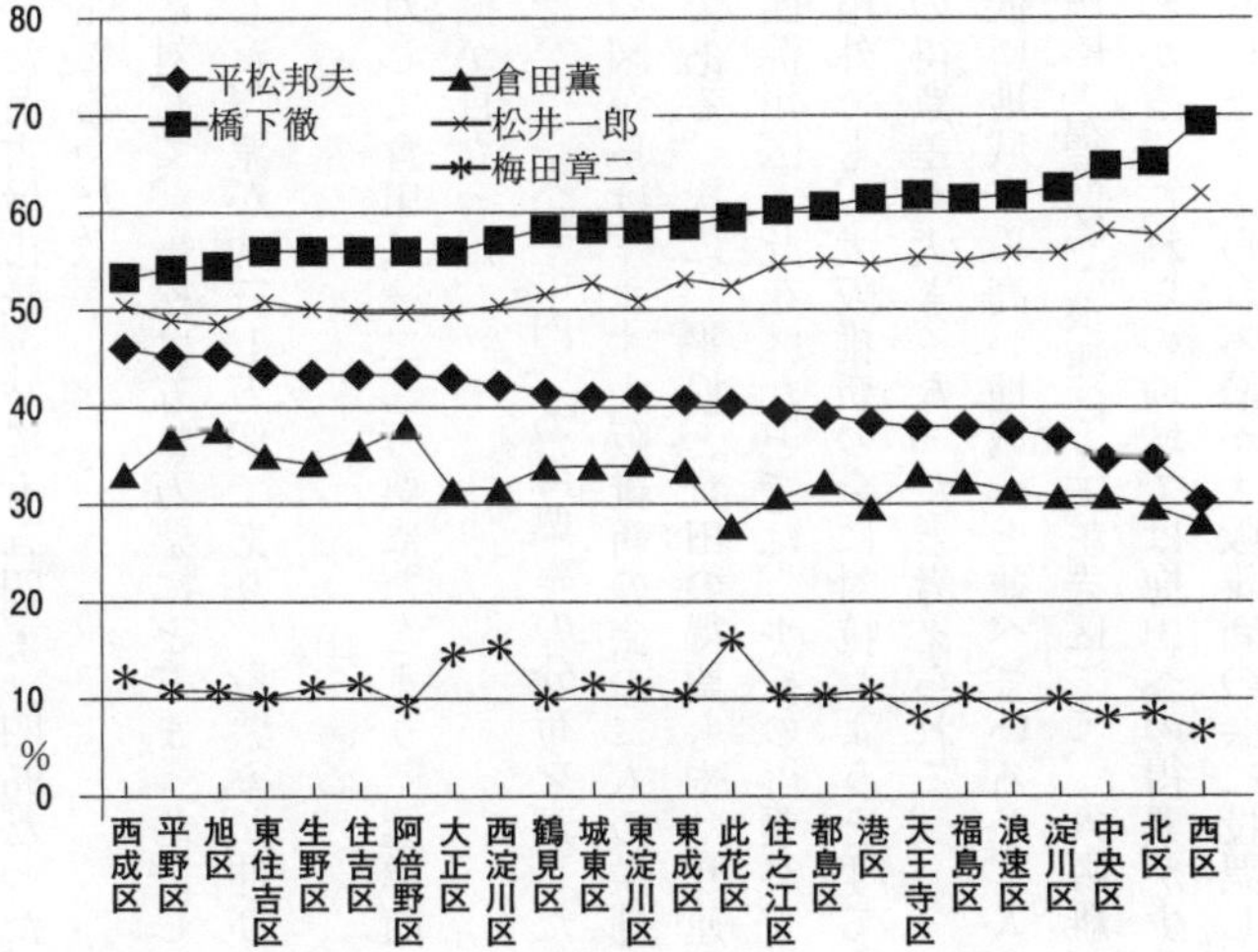

註：各候補者のそれぞれの選挙区での得票率

屋市議会リコールのトリプル選挙で盛り上がった名古屋市長選挙でも五四・一四%だった。なお、大阪府知事選挙の投票率は五二・八八%であった。

大阪市長選挙は、七五万票を獲得した橋下に対して、平松は五二万票にとどまった。しかし平松自身が二〇〇七年大阪市長選挙で獲得した得票が約三七万票であり、投票率が伸びて平松への支持も大きかったことがわかる。

大阪府知事選挙では、二〇〇万票の松井に対して倉田は一二〇万票にとどまり、選挙前には平松より健闘するとも予想された倉田の不振が目立った。

大阪市長選挙と大阪府知事選挙の主要候補者の、大阪市内での得票率の分布を表した図4-5は、その要因を明確に示している。この図からは、まず大阪維新の会の二人の候補の得票がほぼ完全に連動していることが明らかである。次に、平松と倉田の得票もやはり連動しているが、共産党の得票率が高い大正区・西淀川区・此花区などでは、平松の得票が、倉田でなく梅田に流れているのがわかる。大阪市外でも、大阪維新の会に対抗しようとする倉田と梅田の得票が割れたことで、松井と倉田の得票差が大きくなったと考えられる。

さらにこの図は大阪市内で橋下の得票率の低い地域から高い地域へと並べているが、人口の都心回帰が進む都心六区（北区・中央区・西区・福島区・浪速区・天王寺区）で、大阪維新の会のふたりが高い得票率を獲得したことがわかる。これらの地域では梅田への得票が少ないことからも、都心部に居住し比較的所得が高いと考えられる層が大阪維新の会に投票したことが推測される。[59]

ローカル・ポリティクスの〝全国化〟

自民党と民主党という国政政党の対立軸を背景に、自民党から支持を受けて知事に当選した橋下は、知事に就任してからは現状維持に対する有権者の批判を強調してその支持を拡大することに成功した。しかし、そのような手法は橋下に限らず、一九九〇年代以降の「改革派」とされる知事や市長が用いてきた手法でもある。[60] 橋下とそれら「改革派」の違いは、本人の個性は別にしても、ふたつの点に注目すべきだろう。

ひとつは、地方議会との関係である。改革を試みた知事や市長の多くは、地方議会を批判しても、地方議会での積極的な多数派形成はそれほど試みていない。彼らが支持を動員する主要な手段は、橋下自身も庁舎移転問題のときに言及した「出直し選挙」であり、有権者の支持で議会を包囲することが重要とされた。しかし橋下は、地方議会での自民党分裂を誘い、大阪維新の会を通じて多数派形成に成功した。

その成功は、橋下の試みであったからというだけではなく、国政で自民党長期政権が揺らいでいたことが大きい。国政で自民党と肩を並べる民主党が現れ、二〇〇九年の政権交代に至る過程で、地方でも自民党とは異なる保守系の地方政党が現れるようになった。また政権交代後には、地方政治レベルの対立から都道府県議会で自民党が分裂する例も見られている。[61]

大都市である大阪は、農村地域と比較して、もともと国政の自民党を通じた利益誘導が積極的に行われず、自民党の基盤は弱かった。しかも、自民党長期政権が揺らぐなかで、「系列関係」とも言われる国会議員と地方議員の選挙を通じた結合は弱くなり、地方議員が国会議員に対して自律的な行動を取ることになったのである。そこでは、都市部の有権者を惹きつけて自らを当選に近づけてくれる、橋下という存在は強い求心力を持つ。

もうひとつには、橋下が「大阪都構想」という長く続く大都市特有の問題を中核として、「大阪維新の会か、それ以外か」という選択肢を有権者に突きつけたことである。大都市で「二重行政」のような非効率を生み出すリーダーシップの欠如を解決し、大阪が独自の権限と財源を得て国際的な都市間競争を勝ち抜くという問題意識は、都市の有権者に魅力的であったと考えられる。

これは既存の国政政党を通じた政治への回路を持っていない、都市における「無党派」の有権者にとって特に重要な選択肢となった。「それ以外」とされた国政政党は、第Ⅱ章で述べたように、それぞれの支持基盤である労働組合や地域団体をはじめとする利益団体への還元を志向しても、都市全体の利益を掲げる主張はほとんど見られなかった。

それに対して橋下と大阪維新の会は、特定の利益団体によらずに大阪という大都市全体を問題化したのである。外に向かっては世界的な都市間競争への再参入をアピールし、内に向かっては利益団体への個別的な還元を否定して、財政再建に象徴される全体的な利益を説く。

それが、とりわけ都市居住者の支持を集めたのは、「ダブル選挙」での大阪維新の会が、都心回帰の進む都心六区で高い支持を得たことでも傍証されるだろう。

これらふたつの要因は、相まって日本政治全体にも影響を与えている。「自民党システム」のもと、中央へのパイプが重要であれば、知事選挙や市長選挙をめぐる地方政治内部の亀裂は表面化しにくかった。しかし、自民党長期政権が動揺し、地方政治の前提が変われば、地方議員たちの行動も変わる。当選のために、自民党としてまとまっているよりも、知事や市長との関係を強くすることが重要だと考えれば、知事や市長への態度をめぐって自民党が分裂したり、大阪維新の会のように知事や市長に近づく地方政党が現れたりすることは十分に起こりうる。

ただし、これまでは、そのような動きはあくまでも自治体の内部で完結したものであった。各地方自治体特有の政治的な対立に沿って、自民党の分裂や地方政党の出現が観察されてきた。それに対して、大阪維新の会のように都市全体を問題にする動きは、必ずしも大阪という一地域に限らない、日本全国の都市的な地域で支持を集める可能性がある。それは、自治体の内部で完結していたローカル・ポリティクスが全国化することを意味する。

実際に、橋下と大阪維新の会は、石原慎太郎《いしはらしんたろう》東京都知事のほか、大村秀章《おおむらひであき》愛知県知事や河村《かわむら》たかし名古屋市長とその地方政党「減税日本」との連携を模索している。東京や名古屋など人口稠密な地域の都市民を代表する政策を打ち出すことで、国政での新たな対立軸が構築される可能性がある。第V章ではこの点を踏まえながら、日本における大都市のゆくえについて考えていく。

第V章

大都市のゆくえ――ふたつの論理の相克

1　制度改革の条件

市長対議会

第I章では、戦前からの議論を概観し、大都市をめぐる三つの対立軸を析出した。それは、大都市自治体における市長と地方議会の対立であり、東京とその他の大都市という対立であり、大都市と全国（あるいは農村）という対立であった。まずそれらの対立軸が、現在に至るまでどのように推移してきたかを考えることで、現在の大都市制度をめぐる問題の位置づけについて確認しよう。

戦前の市長と議会の関係では、議会が市長を選ぶために、構造的に議会が優位に立ちやすかった。しかし第I章でも見たように、一九一一年（明治四四）の市制改正で市長のリーダーシップを発揮する環境が整備されると、大阪市の池上四郎や關一のように、都市計画事業や水道・鉄道に代表される市営事業など都市の経営を精力的に進めて求心力を増し、長期にわたってリーダーシップを発揮する市長も現れた。他方、たとえば東京市の市長はリーダーシップを発揮できず、議会の混乱にともなって在任期間の短い市長が続いていた。市制改正は、大阪市のように強い市長を生み出す制度的な基盤となったが、必ずしも議会の市長に対する影響力を失わせるものではなかった。

戦後、市長が有権者による直接公選になると、市長に対する議会の制度的な影響力は弱まる。市長は、有権者が自らを直接選出したという正統性を背景に議会に臨むことが可能になる。そして、自治体からひとりだけ、小選挙区制の選挙で選出される独任制の市長は、選挙で広範な支持を得るため、特定の団体ではなく都市全体の利益を考えた政策を打ち出す傾向があった[1]。

しかし、国政で自民党長期政権が確立すると、議会による非公式な影響力、すなわち選挙における支援を背景とした影響力が市長に対する制約となる。自民党に所属する地方議員は、利益誘導をテコに国会議員と強い関係を築きながら強固な地盤のもとで当選を重ね、市長選挙に欠かせない存在になる。そうなれば、市長はその意向を無視できず、地方議員が強い関心を持つ私権の制限は非常に困難になるのである。

自民党長期政権が動揺すると、そのような地方議会の非公式な影響力は衰える。それに対して、地方分権改革のなかでその権限を強め、「改革派」として有権者の支持を集めることができる知事や市長は、議会における多数派の形成に影響力を持ち始める。橋下徹と大阪維新の会は、そのような事例のひとつである。そして、「納税者の論理」を受けた公共管理（NPM）に基づく大胆な行財政改革や、戦略的な都市インフラの整備など大阪という都市圏全体で都市計画を発想する「大阪都構想」のように、都市全体の利益と関連した政策を打ち出していくのである。

大都市の位置づけ

次に、東京とその他の大都市という対立軸である。戦前の「大東京」形成と東京都制の施行から、東京は他の大都市と異なる特殊な自治体としての地位を与えられ、首都としての一極集中を進めてきた。他方で、その他の大都市はたしかに「政令指定都市」として他の市町村よりも相対的に多くの権限を移譲されたが、主要な財源は府県に奪われ、都市インフラの整備には国からの補助金を必要とした。結果として、世界的に見てもかなり巨大な東京都市圏が形成され、その他の大都市は相対的な地位を低下させていった。

この趨勢は簡単には変わらない。しかし、集権的な「自民党システム」の動揺は、都市から農村への利益誘導を行うシステムだけではなく、東京を唯一の特権的な都市と位置づけるシステムの動揺でもある。さらなる地方分権化の進展とは、資源配分の実質的な意思決定が東京以外の地方で行われることを志向するものになるだろう。そのときに、東京以外の大都市の役割が大きくなるのは明らかである。

最後に、大都市と全国（農村）の対立である。国際的な都市間競争や、農業・工業からサービス業への構造転換によって、経済成長のエンジンとしての大都市への配慮が大きくなってきている。農村部へと配分される補助金や地方交付税が非効率であるとして強い批判を受け、「都市再生」のためにより多くの資源を配分すべきであるという主張は強い。

政治的にも、大都市とその有権者の主張は受け入れやすくなりつつある。国政レベルでは、選挙制度改革によって農村部の過剰な代表が大幅に是正され、「一票の格差」の改善をいま以上に進めるのであれば、さらに都市部からの代表が増えることはあっても減ることは考えにくいだろう。

このように整理すれば、国政と地方政治を通じて、大都市という存在が争点として強調される環境が整っていることがわかる。続いて、二〇一〇年代における大都市という争点の特徴を理解するために、ふたつの視点を導入したい。それは一九七〇年代に同じように都市の利益を強調しようとした革新自治体との比較と、さまざまなかたちで批判を浴びている「政党」の再編成という視点である。これらの視点から現在の問題を見ることによって、大都市を争点化することが、これからどのようなハードルを迎えることになるのかが明らかになるはずである。

革新自治体との比較

第Ⅱ章でも述べたように、一九六〇年代後半から「革新自治体」の潮流は全国に広がり、一九七一年には東京都と大阪府というふたつの巨大自治体の知事選挙に勝利したほか、東京も含めれば戦前の六大都市の市長をすべて影響下に置くことになった。

二〇一〇年代に入って、東京都、大阪府・大阪市、愛知県・名古屋市といった知事・市長が、既存の国政政党を強く批判する勢力によって占められているが、一九七〇年代の革新自治体と比べるとまだその数は少ない。それほどに、かつての革新勢力は多くの知事選挙・市長選挙で勝利を収めていたのである。

当時の革新自治体は、小選挙区制で選出される知事選挙・市長選挙に勝利して、公害問題をはじめとした都市問題の解決という都市全体の利益に関わるテーマに取り組んだ。だからこそ、都市を中心として多くの有権者の支持を得ることができた。しかし、中選挙区制で選出される国政選挙と地方議会では、自民党に対抗する勢力とはなりえなかった。

それは、中選挙区制のもとで社会党・公明党・民社党・共産党といった当時の国政野党がお互いに激しく競争し、対立的であったのに対して、自民党は中選挙区制で派閥間の競争を保ちつつ、政権党として強い求心力を保持していたからである。自民党に対抗する野党は、社会党を中心として、社会党・公明党・民社党で連合を組むか、社会党と共産党が共闘するかで分裂し、一致できなかった。そのために、大都市自治体の市長選挙を制した革新自治体の勢いは、国政にまで及ばなかった。

だが、現在の地方政党のような国政政党を強く批判する勢力は、革新自治体とは異なった文脈に置かれている。それは、言うまでもなく「自民党システム」の動揺である。知事選挙や市長選挙での候補者と自民党のつながりは、もはや有権者の第一の関心事項ではない。大阪維新の会のダブル選挙と同じように、有権者に二者択一を迫る状況を創りだすことができれば、地方議会選挙でも一定の議席を獲得できる。大阪府や愛知県以外でも、政令指定都市を抱えて定数が小さい選挙区の多い府県では、このような動きは現実的にありうるだろう。

さらに、衆議院総選挙が小選挙区制で行われるようになり、知事選挙や市長選挙と同様の二者択一を有権者に迫ることも難しいことではなくなった。特に人口が密集しているために多くの議席が配分されている大都市で、そのような戦略が成功すれば、国会でも一定の存在感を発揮できる議席を獲得することもありうるだろう。

都市の政党というポジション

都市部で支持の拡大を狙う戦略は選挙制度改革後に結成された民主党の、当初の方法論でもあった。民主党は、二〇〇〇年の総選挙では八〇の選挙区で勝利したが、そのうちかなりの数は東京圏・名古屋圏・大阪圏といった大都市圏の選挙区である。その他の地域でも人口が集中した県庁所在市の選挙区で勝利する「一区現象」と呼ばれる現象が注目されていた。

だがその後、民主党は全国政党として大都市以外にも支持を広げようとして、都市の政党としての性格を次第に弱めていった。

都市に基盤を置く地方政党が成功を収めるかどうかは、今後の地方分権の進展と大きく関わっている。なぜなら、地方分権の進展によって地方政党が許容されやすくなるからである。中央集権的な制度のもと、国政での政党の選択こそが有権者にとって重要であれば、有権者は国政で議席を獲得しやすい政党を選ぼうとする。そのために、全国的な支持の広がりが見込めない地方政党は、そもそも選択されにくい。

それに対して、地方分権が進展すれば、有権者にとって地方政治での政党の選択が重要になる。その結果、国政には議席がなくても、都市の有権者にアピールする地方政党が、支持を受けやすくなる。そのような地方政党のなかには、国政に進出してさらなる地方分権や都市の利益の実現を目指すものも出現するだろう。

地方政党の伸長は、日本のような小選挙区制でも十分にありうる。日本ではしばしば「小選挙区制は二大政党制を招く」と主張されているが、それは経験的に正しいとは言えない。たしかに選挙区だけを見ると候補者が二人に収斂《しゅうれん》する傾向はあるが、それがすぐに国政での二大政党化を含意するわけではない。実際、小選挙区制を採用している国についての比較研究からは、国政での権力集中の度合いが政党の数に影響を及ぼしており、地方分権が進展している国では、地域ごとの政治的な対立軸に応じて国政での政党が多いことが具体的にも示されている。[2]

二〇一〇年代の状況を、革新自治体との比較で考えると、次のような指摘ができる。まず、革新自治体の最盛期には、中央集権の度合いが高く、有権者が基本的に国政の政党を中心とした選択を行っていた。そして国政での野党は中選挙区制のもとで分裂的にならざるをえず、革新自治体から国政への連関がうまく進まなかった。

それに対して現在は、地方分権の度合いが高まりつつあるなかで有権者が地域ごとにさまざまな選択をしつつある。さらに小選挙区制のもとで都市全体の利益を訴える政党が伸長しやすい環境が整い、以前よりも地方から国政への連関がうまくいく可能性が高くなっていると言えるのである。

政党再編成の可能性

政党の再編成という視点からはどのような議論ができるだろうか。「自民党システム」が動揺してから、二〇〇〇年代に入って既存の国政政党は、有権者との強いつながりを構築することに成功していない。有権者が政党に何らかの政策の実現を期待し、政党がその期待に応えることで、有権者が支持を深めるというフィードバックが働いていないのである。それは政党の側で、たとえば郵政民営化や消費税増税といった大きなトピックでも、政策志向が議員ごとにバラバラで、そもそも有権者が政党に統一的な意思を期待することができないからである。

政党は、政党として統一的な意思を形成するよりも、選挙で各議員の当選を図るために、選挙区の状況に応じて議員に多様な政策志向を持つことを許容している。国会議員に対するアンケート調査の結果から、連続して民主党と自民党の対決がある選挙区で、どのような考え方を持つ議員同士が競争しているかを分析した大川千寿は、民主党・自民党という政党の違いよりも、選挙区が都市的な地域にあるか農村的な地域にあるかという違いが議員の政策志向に違いをもたらす傾向があることを指摘している[3]。

特に自民党が郵政民営化など経済改革の公約を掲げた二〇〇五年の総選挙は、都市的な地域で経済改革を求める候補者同士が競争していたという。遠く離れた選挙区にいる同じ政党の候補者よりも、近くの競争相手のほうが似たような政策志向を持ちやすく、都市的な地域と農村的な地域で求める政策の内容が異なっているのである。

「自民党システム」は、都市の利益を擁護する主張が政党というまとまりをもって統一的に行われることを抑制し、政治的な力の弱い大都市を、いわば「搾取」してきた。そのような状況を変化させて、大都市にとって有利な制度が実現するためには、国政で都市の利害を結集するように政党が再編成される必要がある。

大阪維新の会のように、都市全体を問題にするような勢力が、限定された一地域ではなく全国の都市的な地域で支持を集めることができるとすれば、都市と農村という対立軸で政党が再編成されることもありうる。そして、そのような明確な対立軸なしには、これまでに蓄積されてきた強固な「現状維持」を変更し、都市を全国一律のくびきから解き放つことは難しいだろう。

ふたつのハードル——参議院と東京都政

そのような政党の再編成を考える上で重要な阻害要因として、二点がある。まずひとつは参議院の存在である。「不要論」もしばしば出される参議院だが、少なくとも政党の再編成を阻害するという役割は十分に果たしている。原因は、特殊な選挙区の構成である。

図5-1からわかるように、参議院通常選挙では人口が多く政令指定都市を抱えている都道府県が基本的に二人区以上となり、その他の県が一人区となっている。衆議院総選挙で二大政党制が進むなかで、参議院でも二大政党化の力が働いて、二人区以上は基本的に二大政党と公明党が分け合うことになり、焦点は一人区となる。

衆議院で多数を占める政党は、強い参議院を抑えるため、参議院通常選挙でも自らの政党への支持を訴える必要がある。そこで重要になるのは、選挙の帰趨《きすう》を決める農村的な県の一人区であり、そこでは都市の利益に資するような主張をしても支持は広がらない。どの政党も選挙に勝つために、農村を擁護する主張、とりわけ都市から農村への財政移転を維持する主張をせざるをえなくなり、結果として都市と農村という対立軸は表面に出てこなくなる。

図5－1　**参議院通常選挙における選挙区**（2010年）

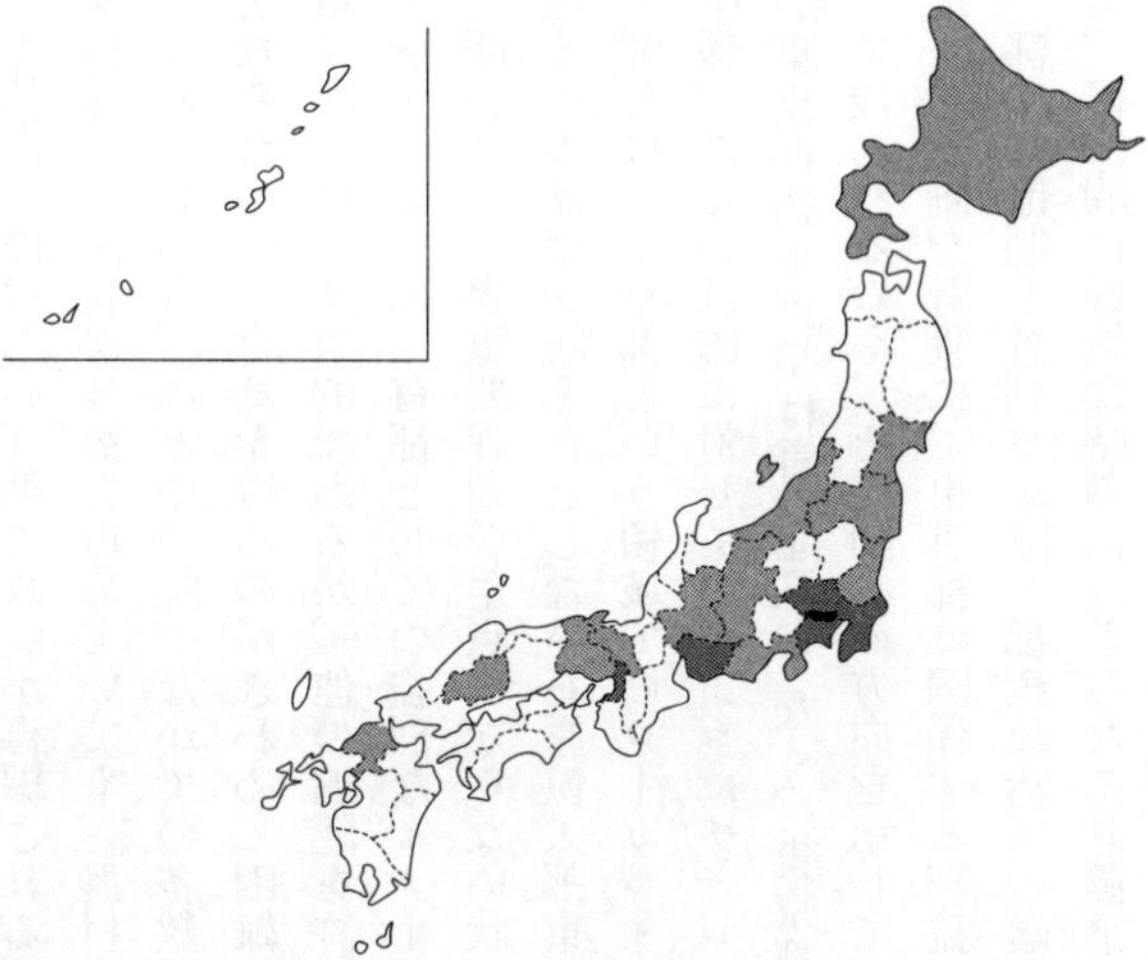

■ 5人区　東京都
■ 3人区　大阪府・神奈川県・愛知県・埼玉県・千葉県
■ 2人区　北海道・兵庫県・福岡県・静岡県・茨城県・広島県
京都府・新潟県・宮城県・長野県・岐阜県・福島県
□ 1人区　その他の県

このような参議院の選挙が、衆議院総選挙とは独立して異なる時期に行われるために、両院を通じて都市と農村という軸で政党が再編されることも難しくなる。また、衆議院で都市の利益を擁護する議員が多数を占めていても、農村志向の強い参議院の反対に遭うことになりがちとなる。しかも、ひとつの院のなかでの多数派と少数派の対立ではなく、議院単位での対立となるために、合意を得るのがきわめて困難となる。

次に重要なのは、逆説的であるが、他の追随を許さない大都市、東京都の政治である。御厨貴が指摘するように、首都としての強烈なイメージを持つ東京都政は、国政に埋没して本来都政で問われるべき重要課題が争点にならない状況が続いている。[4] もともと衆議院議員であり、国政への欲望を隠そうとしない石原慎太郎東京都知事に典型的に見られるように、東京都政の関心は、東京都という領域でのローカル・ポリティクスではなく、しばしば国と東京都の関係、あるいは国に対してどのようにチャレンジするか、という点に置かれる。象徴性の高い東京都知事選挙は言うまでもなく、東京都議会選挙がしばしば「国政選挙の前哨《ぜんしょう》戦《せん》」として扱われるのも、その関心の方向を示している。[5]

膨大な財源余剰を背景に、東京都は関係する利益集団への安定的な分配を行うことが可能であり、都庁官僚制と各利益集団と都政政治家の緩やかで沈滞的な協調関係が作られやすい。[6] その上で、経済的に好調な時期にはさらなる財源余剰を用いて、成果の問われにくい「世界都市との競合」のように、金井利之がシニカルに述べる「政策的遊興」が行われがちとなる。

そのような特性を持つ東京都では、他の大都市でも見られる自治体内部でのポリティクスが発生することはきわめて稀であり、だからこそ対立の相手として国が前面に現れるのである。

東京都は、現行の制度のもとでも、特権的な「東京」であり続けることができる。大都市制度を争点化して大きな改革を行わなくても、東京都は十分に余裕を持った運営が可能であるし、改革によってその特権性が奪われるとすれば、むしろそのほうが危機感を持つ問題であろう。人口が最も集中し、それゆえに最大の議席が存在する東京都で、特権的な「東京」を維持することが優先され、より一般的な都市の利益を重視するような政治勢力が出現しにくいことが、政党の再編成を阻んでしまうのである。

2　大都市制度の設計――争点とその対応

都市への配慮は可能か

今後、たとえば大阪維新の会が国政で一定の地位を得るなどして、大都市への配慮が現実の争点となったとき、実際にどのような制度が可能になるだろうか。

まずは、経済成長による増収や、増税によって地方財政の総額を増やし、増えた部分を農村部よりも都市部に配分するという考え方がある。公害問題を中心とした都市問題が政治的な課題となり、自民党政権が危機に瀕《ひん》した一九七〇年代、経済成長による増収分が都市へと配分されたのは、都市への配慮のひとつのかたちである。高度経済成長が終焉した現代では、増税で得られた増収分を都市へと配分することが考えられる。

次にありうる選択肢は、現行の地方財政の総額を維持しながら、都市部への配分を増やすという考え方である。その裏側には、農村部への配分を減らすことがセットとなる。それまで農村部へ支出されていた補助金を都市部へ付け替える、という直接的な主張よりも、国庫支出金（とりわけ国庫負担金）を削減して地方税の税源移譲を要求することや、地方交付税のきめ細やかな財源保障を批判して「簡素化」を要求することが、実質として農村部への配分を減らし都市部への配分を増やす典型的な主張であると言えるだろう。

だが、このようなかたちで都市部と農村部の資源配分を変更すれば、三位一体改革の後と同様の「格差」批判に直面する。しかも、第Ⅲ章で見たように、好況になるほどこの「格差」は顕在化しやすい。このような「格差」批判に対する反応として、近年議論されてきたのは、むしろ都市部から農村部へのさらなる財政移転であった。

その代表的な例は、二〇〇八年に導入された地方法人特別税制度である。これは、都道府県の地方税である法人事業税の一部を国税である地方法人特別税とした上で、それを地方法人特別譲与税としてすべての都道府県に譲与することで、都道府県間の財政力を平準化しようとするものだった。このような税制は、大都市から生み出される税を財政力の弱い地方へと再配分する機能を持つ。

さらに、三位一体改革後、特に地方自治を担当する総務省を中心に主張されたのは、地方法人税と消費税の「税源交換」であった。これは、次ページの図5－2にあるように、偏在性の激しい現行の地方法人税の一部を国税の法人税へと移す代わりに、消費税の多くの部分を地方消費税として地方に移譲するというものである。このような考え方は、二〇一二年に閣議決定された社会保障・税一体改革大綱でも示されているし[7]、地方での過度の法人課税が企業の競争力を弱め、その流出を招くことを懸念する財政学者からも提出されている[8]。

地方法人税は、都市に偏在するだけでなく、景気の変動の影響を強く受けて、変化がきわめて激しい。それに対して、地方消費税は、納められた税を「小売年間販売額」や「サービス業対個人事業収入額」、「人口」「従業員数」など消費に関連した指標によって都道府県単位で清算するために偏在性が少なく、また消費に立脚しているために安定性が高い。ふたつの税を交換することで、偏在性の少ない安定的な地方税体系を確立することが重要だというのである。

「格差」問題を回避して、地方財政制度のなかで都市への配慮を進めようとすれば、地方消費税の増額を中心に、地方財政の総額を増やそうとするアプローチが有力となる。二〇一二年に進められている社会保障と税の一体改革では、社会保障支出に使途を明確化し、消費税率の引き上げ分の一部が地方消費税として地方に配分されることになっている。単純に地方消費税の増額のみが行われれば、偏在性が少ないといえども、図5－2で示されるように、

図5－2　**地方税の人口1人あたり税収額の指数**

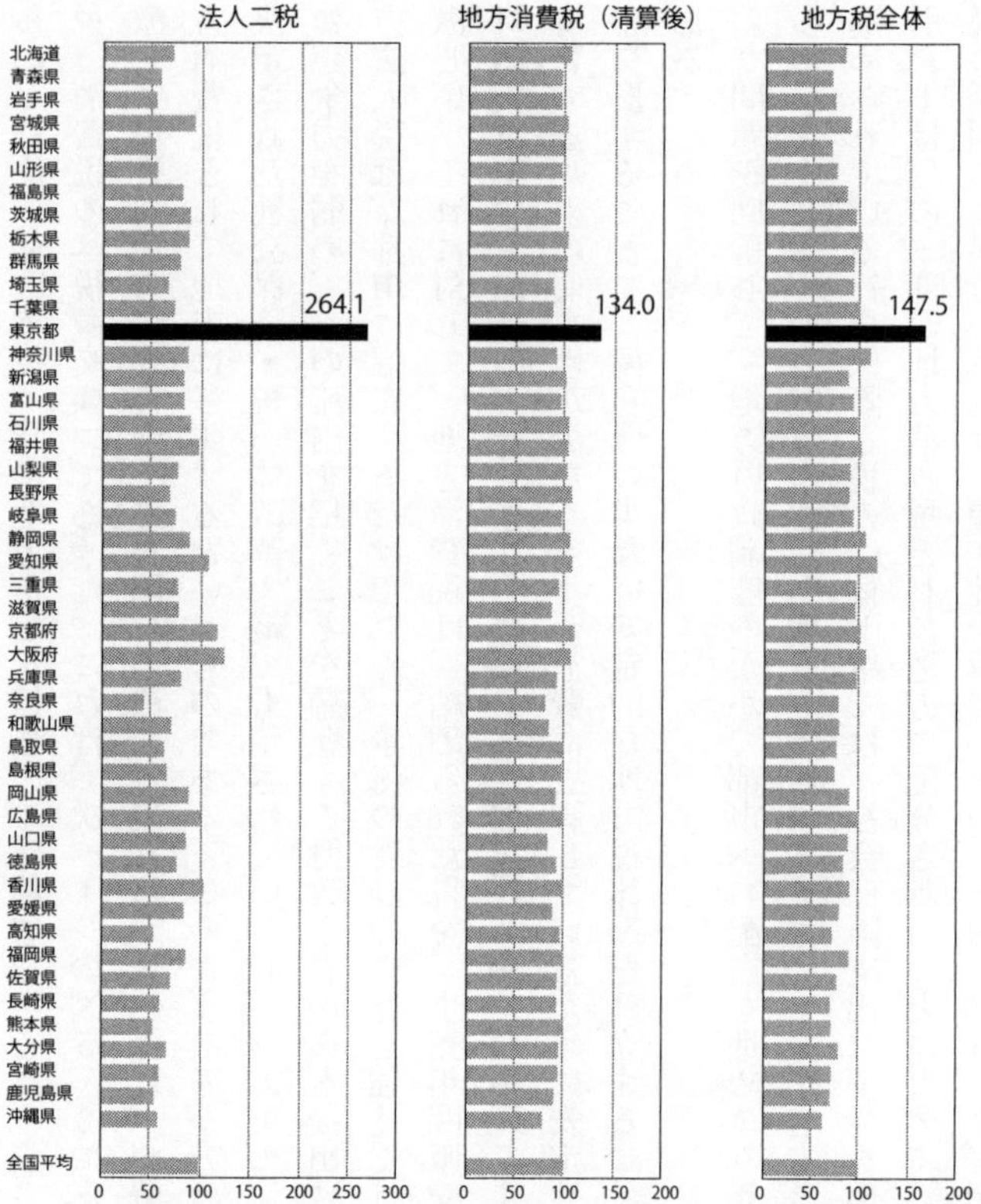

最大／最小：6.1倍　09決算　4.8兆円　（11地財計画 4.4兆円）

最大／最小：1.7倍　09決算　2.4兆円　（11地財計画 2.6兆円）

最大／最小：2.7倍　09決算　35.4兆円　（11地財計画 35.0兆円）

註：2009年度決算，全国平均を100とした場合

東京都をはじめ大都市を抱える都道府県では一人あたりの税額が大きくなる。実際、この改革による増税で、大消費地を抱えかつ地方交付税の不交付団体でもある東京都は、大きく増収することが予想されている。

現行制度下の限界

このように現行制度を前提に地方消費税の増額を要求する主張は、大都市への配慮として問題が残る。その理由は、次の二点である。

まずひとつは、社会保障支出が年々伸びて、国の財政状況がきわめて厳しいなかで、単純に地方消費税の増額のみが行われるのが難しいことである。消費増税のためにいくつもの内閣が倒れ、選挙で批判される政治的コストを払うのに、そのようなコストを払わない地方自治体が利益を得るのを、国政の政治家は「ただ乗り」とみなすだろう。

そこで、地方消費税の増額への代償として、すでに述べた「税源交換」が有力な選択肢となる。この選択肢には、安定的で偏在性の小さい地方消費税を、地方法人税に代えて基幹的な地方税にするという理屈もともなってくる。仮に「税源交換」が実現すれば、現在の制度でも地方法人税は大都市ではなく府県に帰属する税ではあるが、法人税が現行以上に国税とされることは、財源面での大都市の特殊性を失うことにつながる。

次に、やや技術的だが、現行の地方消費税が都道府県単位で清算が行われた上で配分されることである。人口が集積する大都市は、最終的な消費地として重要だが、その税収は都道府県税となる。そのうち半分が都道府県の税収となり、残りが地方消費税交付金として、府県内の市町村に人口と従業者数で按分《あんぶん》される。

そのため、大阪市のように集積がある中心地であっても、人々の多くが郊外のベッドタウンに住んでいるような大都市では、地方消費税を移譲したことによるメリットは受けづらい。大都市で行われた「消費」による税が、結局は大都市以外のところに流れていくことになるのである。もちろん、「都」という単位で地方消費税を受け取ることができる東京都はその例外である。

以上のように、現行の地方財政制度を前提としながら大都市への配慮を行うのは容易ではない。国政の政治家や農村地域からの強い反発が予想される上、法人税・消費税という有力な税目が都道府県税とされているという制度的な制約が存在するからである。

都市の自律——府県と政令指定都市の統合

全国的な地方財政制度のもとで大都市への配慮が困難であるとき、検討すべきは、いくつかの大都市に対して、全国的な地方財政制度とは異なる取り扱いを行うことであろう。

戦前から議論されていた特別市という構想は、まさにその典型である。特別市となる大都市は、他の地域であれば府県に属するような税源を持ち、都市計画事業を中心とした独自の事業を行うことが提案されてきた。府県の下にある普通の市町村とはまったく異なる制度を、大都市のみに特例的に適用しようというのである。

このような発想は、現代の文脈にどのように位置づけられるか。ひとつには、「大阪都構想」に見られるように、現在の府県と政令指定都市を統合することである。これによって、府県税とされてきた法人税などが大都市の主要な財源となり、大都市の行政需要に対応した事業を行うことができる。

もちろん、このような統合を行えば、局地的に都市‐農村の問題が出現する。大阪について言えば、これまで、大阪市で発生した法人税の多くが大阪府税とされてきたことで、好況期に大阪府は富裕となり、その結果として大阪市外に多くの投資を行ってきた。第Ⅲ章で述べた千里ニュータウンや泉北ニュータウン、あるいはその後の成功と言えない開発も含めて、大阪府の投資は大阪市外への比重が大きく、実質的に府内で都心から周辺への財政移転が行われてきた（次ページ図5‐3）。

この統合は、大阪市内における固定資産税・住民税を中心とした市税と、大阪府の法人税を中心とした府税の使い道を一元化することでもある。仮に新たな広域自治体（大阪都）の特別区とされる範囲を、当初の「大阪都構想」が目論んでいたように隣接一〇市まで含めることができれば、それらの地域の市税を含めた一元化ということも考えられる。それによって、不足する都心への投資を拡充し、国際的な都市間競争に参加する大都市として、都市計

図5-3　**大阪府・大阪市の主な開発事業**

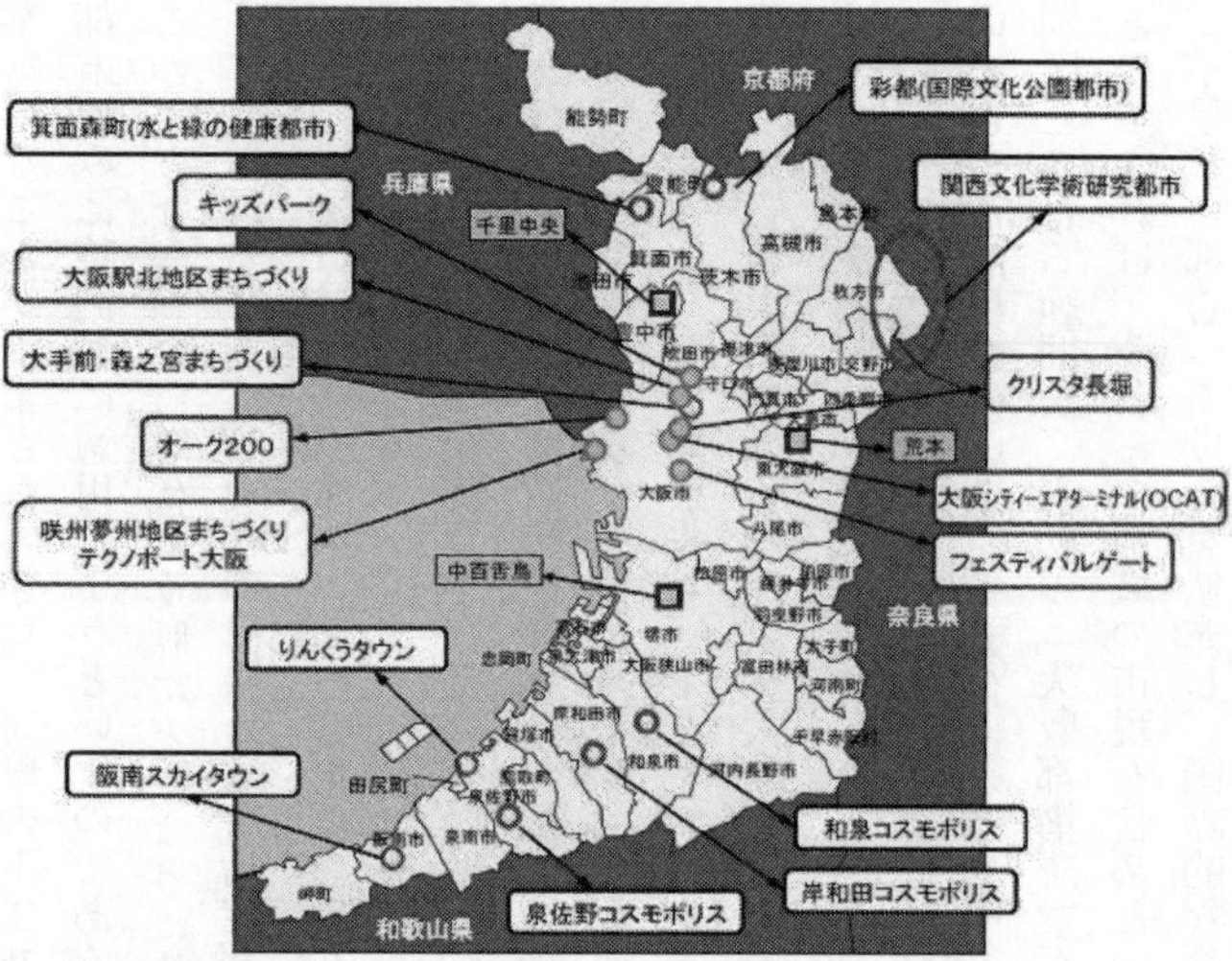

註：府の開発事業は○，市の開発事業は●

画を中心とした事業を進めるという考え方はありうる。

　これは、全国レベルで農村から都市へと配分の比重を変えるのではなく、大阪府という府県のなかで周辺から都心へと配分を変えることを意味する。そして、大阪の都心を発展させることが周辺部に利益をもたらす（トリクルダウン）という判断があれば、このような統合が支持を受けても不思議はない。

地域限定の分権改革

　こうした府県と政令指定都市の統合とは別の考え方もある。それは、地域を限定した、補助の廃止による税源移譲である。小泉政権期の三位一体改革のように、全国レベルで補助金の削減による税源移譲が行われれば、当然ながら税源に乏しい農村部が大きな打撃を受け、実質的に都市部への配分が大きくなる。それに対して、大都市地域に限定して補助を廃止し、その分を地方税の移譲で埋め合わせれば、大都市ではその税源をより豊かなものにして補助金の減少分を埋めようとすることができる。さらに、補助金とセットになっている国からの義務付け・枠付けを解除すれば、都市の自由な創意を活かす余地も大きくなる。

特に補助を廃止する対象として議論されるべきは、保育や教育のような政策分野である。これらについては、国民に全国一律のサービス水準を保証するために、さまざまな規制が定められており、公的サービスが中心である地域では、全国一律の規制は依然重要である。しかし、大都市では、実質的に全国一律の水準を超えて多様なサービスが実施されている。保育であれば乳幼児医療費無料化や保育内容の拡充であるし、教育であれば私立学校の充実や「学校選択制」の導入などが挙げられるだろう。

大都市で保育や教育に対する国からの補助の廃止が論点となるのは、これらが、条件の不利な子どもに対する所得再分配としてではなく、将来の稼得《かとく》能力を高める投資として認識されるからである。保育や教育が、子どものための投資として理解され、それに関わる公共支出には地域の価値を高める効果を持つ。だからこそ、国からの補助や規制がなくても、自らの財源で手厚いサービスを行うことが期待され、それができない都市は人々に選ばれなくなるのである。

以前であれば、都市交通や住宅開発という政策分野が都市での重要な投資であった。戦前の特別市運動は、これらの政策を自律的に進めるため、都市計画事業の地方分権を要求していた。現代の都市での投資は、都市交通や住宅開発だけでなく、都市に集まる人々の能力を開発し、都市を活性化するものである。そのような政策分野で補助を廃止し、税源移譲を要求することは、特別市運動以来の大都市の特性を反映したものであると言える。

府県と政令指定都市の統合についても、また大都市に限定した補助の廃止と税源移譲についても、問題は、特定の地域に対して特別な扱いを認めるかである。これまで日本では、実質的に特別な扱いとなっている首都東京を除いて、都市に特別な扱いを認めてこなかった。政令指定都市制度など、行政的な権限の移譲については部分的に差異を認めても、それ以外はきわめて画一的な地方制度の枠のなかで扱われてきたのである。

特定の地域に対して特別な扱いを認めることは、全国一律の規制からの大きな転換となる。自律性を増すことになる都市が、国に対して正面から戦闘的な姿勢をあらわにすることも多くなるだろうし、都市の利益を追求することが、全国的な観点から望ましくないという場面もあるだろう。しかし、都市が政治力を増すなか、なお農村部への配慮を持続するとすれば、争点となるのは都市に対してどの程度の自律性を付与するかという点である。

大きすぎる大都市

大都市制度の設計のなかでは、都市への配慮とともに、大都市の巨大さゆえの争点も存在する。大都市が一体として発展することが望ましい一方で、巨大に過ぎれば、住民の意思が市政に伝わりにくいという問題を抱える。大阪市はその典型であり、長らく「小さすぎる」という問題が議論されてきた一方で、「大きすぎる」という問題が存在してきた。

二〇一〇年に橋下徹知事が提起した「大阪都構想」では、二六〇万人の人口を抱える大阪市を「大きすぎる」とする批判も行われている。市長や市議が、基礎自治体としての民意を代表することが困難であるから、大阪市を分割してより小さい規模で住民に近い代表を設定するべきだというのである。

「大阪都構想」で検討されたのは、次のふたつの方法である。ひとつは、東京都のように、住民により近い自治体である特別区を設ける方法である。そしてもうひとつが二〇一〇年の夏頃に一時的に言及された「分市論」であり、大阪市をいくつかの市に分割するものである。「分市論」は、すぐに撤回されたために正確な構想はわからないが、その効果として考えられるのは、大阪市の政令指定都市としての権限が新たな大阪府に移ることで、大阪府が政令指定都市を持たない普通の県と同じような自治体になるということである。

「分市論」が撤回され、特別区設置の主張が続いていることは、大阪維新の会が「大阪都構想」で何を重要と考えているかを反映するはずである。そこで、大阪維新の会が「分市論」を撤回した理由を確認すると、以下の三つが挙げられている。[10]

一　「分市」間に生じる財政力格差を調整するためには（黒字をどう分けるか）新たな財政調整制度が必要になる

二　分市では、新たな市ができるだけで、市の役割はすでに法定されていることから、広域と基礎で新たな役割分担を決めることができない

三　分市では資産と負債（公債残）の分割、継承が困難

大都市制度に関しては、一と二が重要である。

一は、第Ⅲ章で議論したあいりん地区を抱える西成区のように、極端に経済状態の悪い地域が存在するため、大阪市を分割すると極端に財政力の弱い自治体ができることを意味している。これまでは、大阪市という市域で貧困対策が行われることで、事実上、豊かな都心部から貧しい地域への財政移転が行われてきた。しかし、大阪市を分割すれば、財政力の格差が表面化する。自治体ごとの財政力を調整する制度には、国からの補助金や地方交付税という制度があるが、これだけでは対応できないほどに、財政力の弱さが深刻なものになるのである。

特別区を設置すれば、東京都の都区財政調整制度と同様に、都心の特別区における超過財源を、財政力の弱い周辺特別区に再分配する構造を残すことができる。[11] つまり、財政力の極

端に弱い特別区の問題を、あくまでも大都市の内部的な問題として処理することができるのである。橋下知事の意向で設置された大阪府自治制度研究会は、一〇回にわたって非常に緻《ち》密《みつ》な議論を繰り広げていたが、その議論と報告書の「大阪都構想」の制度設計とされるべき部分では、かなりの時間をかけて新たな広域自治体（大阪都）と特別区の財政調整問題についての検討が行われていた。

二については、大阪市を分割して新たな市が生まれると、大阪府と新たな市の関係は、既存の府県と市の関係を定めた法律に拘束される。分市よりも特別区のほうが望ましいとすれば、それは現在の府県が持っている権限では足りない部分があり、基礎自治体である市の権限の一部を新たな広域自治体（大阪都）が持つ必要があることを意味する。

単純に、より多くの権限を基礎自治体に移譲したいから特別区にするということはない。なぜなら、分市によって作られる市を一般市ではなく特例市や中核市にすればより多くの権限が移譲されるし、それでも足りなければ、現在の大阪府も行っているように、地方自治法によって認められている「条例による事務処理の特例」を行えばよいだけだからである。[12]

権限配分のポイントになるのは、都市計画に関する権限である。現在の府県と市の関係を定めた法律に従えば、分市で生まれる新たな市は、それぞれが都市計画に関する権限を持つ。すると、大都市の財政資源を集中して都市インフラを戦略的に整備するどころか、意図とは反対に都市計画に関する権限が分散してしまう。リーダーシップを強めることを狙うのであれば、分市ではなく、特別区を設置することで、都市計画に関する権限を大都市の自治体に一元化することが重要になるのである。

ただし、前述の大阪府自治制度研究会の報告書は、この点について必ずしも明確な答えを出していない。新たな広域自治体（大阪都）の役割は、「大都市としての戦略性、一体性、統一性が不可欠なものに重点化」するとしており、都市計画や産業・雇用政策、広域インフラ整備などが挙げられているが、具体的な権限の内容が報告書に書き込まれているわけではない。新たな広域自治体（大阪都）は、「大都市」としての位置づけが与えられているものの、その具体的な事務の内容については、確定していないのである。

このように、大きすぎる大都市では、その内部における財政力の格差や、どのような権限を大都市として一元化するのかが重要な争点となる。「大阪都構想」では、財政調整制度の具体的な検討は行われているものの、大都市としての事務の明確な定義付け、言い換えれば、基礎自治体とされる特別区からどんな権限を吸い上げるのか、という点については不明確であり、今後の政治的な交渉に委ねられることになる。

3　都市をめぐるふたつの論理

企業体としての大都市

戦前以来、大都市は自ら事業を行い、人口や資源を集積させることで、経済的利益を生み出してきた。大都市は、自治体であるとともに、ひとつの複合的な企業体としての性格を持っていたと言える。

第I章でも述べたように、たとえば關一は、交通事業や水道事業などの市営事業から収益を生み出し、その収益を市営事業や都市計画事業を含めた都市基盤整備に再投資していくことを重視していた。都市計画によって郊外に良質な住宅を供給し、都心との交通ネットワークを構築することで、さらなる人口や資源の集積を図り、大都市としての発展を目指したのである。

もちろん、このような発展が際限なく続くわけではない。限界を確定する要因のひとつは、民間企業との競争である。特に交通事業は、市電を中心とした市営交通が独占的に収益を上げることができたため、大阪市の財政を潤してきたが、次第に民間事業者が鉄道事業やバス事業に参入し、市営交通の独占は維持できなくなった。その結果、ドル箱であるはずの都心部では民間事業との競争によって収益が抑えられる。他方で、民間事業者が参入しない不採算路線では、市民に移動手段を提供するという公共性の観点から市営交通の撤退は難しくなり、市の財政を圧迫する。

市営事業からの収益は、民間企業の参入によって小さくなったが、大阪市は戦後も人口や資源の集積によって大都市としての発展を目指してきた。大都市の収益たる税収は、大部分を国税として徴収されてはいたが、国からの補助金を用いながら発展のための投資が続けられてきた。第Ⅲ章で述べたように、その主体は大阪市というよりは大阪府であったが、郊外地域に広大な住宅開発を行い、都心と鉄道で結ぶことによって人口の集積を図っていった。高度経済成長を経て始まった、人口流入の減少あるいは流出の超過は、大都市の発展を阻害した。人口の成長を見込んで整備されたインフラは採算が取れず、非効率を生み出す。しかし、一度構築されたものは簡単に撤去することができないし、始めた事業を止めるのも容易ではない。そして、鉄道事業などでは、収益を見込んで始めた事業が、逆に不採算部門として赤字を垂れ流すことになる。

それでも、再び大都市として収益を上げるために、先行的な開発事業が続けられる。費用が高すぎて民間企業が参入できない地域を開発し、そこに新たな市場を生み出すために長期的な視野から資金供給を行う。[13] 先行的な開発によって需要が拡大し、収益を上げることができれば、大都市としての発展を継続することができる。大阪港のウォーターフロント開発などの大規模開発は、まさにこのような論理によって推し進められてきた。[14] しかしこれらは、残念ながら失敗を積み重ねたと言わざるをえない。大阪府・大阪市を含めてさまざまな自治体がそれぞれに開発事業を進めた結果、似たような事業が重複し、非効率を生み出したからである。

フロンティアは残っているか

「大阪都構想」は、府と市を統合して、すでに豊富に存在するストックを組み替えることで、大都市としての大阪が発展していくことを目指すという[15]。これまでの開発事業の失敗を踏まえた上で、ストックを保有するそれぞれの自治体にその提供を求める。過剰とも言えるストックを有効に活用して、さらなる投資を抑えながら都市としての収益を上げようというのである。

さらに、橋下徹と大阪維新の会がしばしば強調するように、大阪府や大阪市に民間企業の手法を取り入れて効率化することが議論される。特に批判の矢面に立つのは、私鉄と比べて給与水準が高い交通事業をはじめとした市営事業である。大都市が成長を図る企業体であるとすれば、効率性は重要な評価基準であるはずだが、これまで必ずしも適切に評価されてこなかった。高すぎる給与は、大都市が収益を上げることを阻害する要因であり、民間企業に準拠した給与水準への引き下げが主張される。「大阪都構想」とそれに付随する一連の提案は、企業体としての大都市をより動かしやすいものにする改革だと言える。リーダーシップが欠如したことで、過剰なまでに膨らんだ資産を整理し、民間企業の手法を取り入れた効率化を行う。さらには、必要な都市インフラを戦略的に整備して人口や資源を集積し、国際的な都市間競争に耐える大都市としての成長を続けることを目指すのである。その意味では、「大阪都構想」を支えるのは、戦前から続く、都市全体の利益を目指して専門的な能力を発揮する「都市官僚制の論理」である。

このような提案への批判として、現在の大都市大阪にどの程度の成長のフロンティアが残されているのかを考えなくてはいけない。言い換えるならば、これから先も大阪が人口や資源を集積させていく大都市であるべきかという点が問われる。特に今後、人を集めすぎた大都市の高齢化が、その他の地域における高齢化よりも深刻なものになり、きわめて厳しい財政状況を迎えることも見込まれている。[16]

現在の大都市が、これから先も人口や資源を集積させ続けるかどうかは自明ではない。そして、実はこのような懸念は、「大阪都構想」のなかにも組み込まれている。それが強調されれば、企業体としての大都市という性格とは異なる大都市制度が実現する可能性もある。

もうひとつの「大阪都構想」

「大阪都構想」のなかで、大都市の企業体としての性格を弱める可能性を持つのは、まず特別区の扱いである。二〇一一年一一月のダブル選挙を前にして、橋下知事はしばしば特別区に対して「中核市並み」の権限を与えることを主張していたが、そのように特別区の権限を大きくすることは、大都市の企業体としての性格を弱めることにもつながる。

大阪市や堺市を分割して、新たな特別区に区長や区議会という権力を作り出せば、その限定された地域で、自らを選出する住民の意向を第一義的に考えるのは当然である。新たな広域自治体（大阪都）が、戦略的な都市インフラの整備を行おうとしても、住民に近い特別区が反対する可能性は否定できない。たとえば道路や鉄道といったインフラは、広域的なネットワークという観点から重要だとしても、それが間近に存在する人間にとっては単に騒音などの発生源である。特別区が強くなれば、身近な利益を強調することはあっても、逆に都市全体のことは考えにくくなる。

また、財政力の格差は特別区の間での分断をもたらす。財政力の強い特別区の住民は、自分たちの地域の税収を自分たちの地域で使うことを望むだろう。たとえば、他の地域での再分配のために財源を拠出するよりも、自分たちの地域に完結する公共投資や減税のために使うべきであるという議論は避けられない。そして、基礎自治体を重視する発想は、このような態度を正当化しがちになる。結局、基礎自治体としての特別区への権限や財源を大きく配分することは、企業体としての大都市の手をきつく縛るのである。

特別区だけではなく、「大阪都構想」に関連してしばしば言及される、非効率な運営を行っている公営事業を民営化するという手法も同様の性格を持つ[17]。民間企業の手法を導入するだけではなく、自治体が持つ資産を売却して民間に委ねれば、民間企業はまずは購入した資産を用いて収益を最大化しようとする。たしかに民営化で競争が生まれ、民営化された企業が事業収入の範囲で営業できれば、税金による負担も減り、住民にとっても望ましいだろう。

しかし、民間企業にとって重要なのは、あくまでも所有する資産を効率的に活用して利益を出すことである。大都市のさらなる発展が見込めなければ、民間企業による事業の拡大は進まない。収益が見込めなければ既存のサービスを停止するし、過度にリスクをとって新たな事業を進めることはない。そして民間企業である以上、大都市の自治体が企業の方針を変えるように命令することはできない[18]。

たとえば、大阪市の市営交通を民営化すれば、効率化のために不採算路線の切り捨てが行われるかもしれないが、高いリスクをとって新たなネットワークを構築することは期待しがたい。もちろん、大阪市が民営化された企業に負担を強要することはできない。

「都市官僚制の論理」と「納税者の論理」

特別区の重視や事業の民営化に共通する発想は、従来の大都市が行ってきた事業を細分化し、それぞれの効率化を求めるものである。そこでは、赤字が忌避され、前提として事業のなかでの支出と収入の一致が強調される。

特別区で考えると、豊かな地域では自分たちの負担で、すなわち地域の税収入で必要なサービスを賄うことができるかもしれないが、貧しい地域でそれは難しい。そして、赤字が避けられない貧しい地域での運営には非効率という批判がつきまとう。また、民営化された企業では、収益の上がる事業では競争によって料金の値下げも行われるかもしれないが、赤字を出さないために、不採算事業については廃止するか、料金の値上げをするという選択が求められる。もちろん、リスクの高い先行投資を行うことはほとんど考えられないだろう。

企業体としての大都市は、内部に赤字部門をプールしながら——悪く言えば「どんぶり勘定」で——事実上の再分配を行い、リスクを許容して先行的・広域的な投資を行ってきた。それが成功して大都市が拡張しているうちはよいが、失敗が重なり批判が強まれば、事業ごとに黒字を求め、効率化を重視する「納税者の論理」が浮上する。高度経済成長期以降、リーダーシップの欠如もあって、大都市は失敗を続けてきた。不信を叩《たた》きこまれてきた有権者は、効率化を求める「納税者の論理」にきわめて鋭敏に反応するのである。

このように「大阪都構想」は、ふたつの論理を内包している。ひとつは、大都市としての成長を追求する「都市官僚制の論理」であり、もうひとつは特別区への分権や民営化によって事業ごとの効率性を求める「納税者の論理」である。

「都市官僚制の論理」は、重商主義の都市における変奏、あるいは公共の福祉の観点から集権的に都市を作り替える「革新」の発想に近い。すなわち、政治家の強力なリーダーシップのもと、民間企業の手法を用いて大都市の事務を効率化し、都市インフラを整備して大都市の経済的な発展を導くことが強調される。大都市に居住することが住民にとってのメリットとなり、大都市に人を吸い寄せようとする。そして、周辺部に対しては、大都市からのトリクルダウンへの期待と引き換えに協力を求める。

「納税者の論理」は、政府の社会に対する介入を否定する自由主義、あるいは一九八〇年代以降先進国で支配的な新自由主義の発想として理解できる。特別区への分権や事業の民営化によって、大都市が一元的に行っていた事業を細分化し、支出と収入のバランスを強調する。厳しい効率化や廃止の圧力にさらされて、細分化された事業主体が不採算事業を抱える体力も限定されるだろう。効率化は非難されがちだが、人口の持続的な増加が見込めないなかでは、採算を重視し、リスクの大きい大規模開発などにブレーキをかける小規模な権力を用意する意義を否定することは難しい。

ふたつの論理のトレードオフ

ここで明らかにしたふたつの論理は、それぞれ大都市に対する異なる社会的要請に基づくものである。[19]世界の大都市と伍していく「大阪」を実現するために、強いリーダーシップが必要であるという要請からは、そのために必要な権限・財源を求める「都市官僚制の論理」が浮上する。他方、高度経済成長の終焉によって財政資源が制約されるなかで、大都市が経済に働きかけて成長を続けることが信じられない人々には、「納税者の論理」を強調する提案が有力な選択肢になるだろう。

問題は、現在の「大阪都構想」が、ふたつの論理をいずれも強調し、それが両立することを暗黙の前提としていることである。大阪維新の会による「強い広域自治体」と「優しい基礎自治体」で大阪府域を再編し、大阪を再生するという主張はその典型である。[20]また、二〇一〇年に橋下知事のもと組織された大阪府自治制度研究会で、都区財政調整の議論に焦点が当てられたのは、それが大都市の発展のため一定の財源を確保しつつ特別区のために財源を保障する、ふたつの論理の結節点としての機能が期待されたからだろう。

そのような両立は決して簡単ではない。仮に大都市に大量の人口が流入し、多額の税収を見込むことができる高度経済成長期のような時代であれば、大都市としての発展に必要な投資と、より小さい事業主体での採算が両立したかもしれない。しかし、現在そのような成長を期待するのは難しく、両者が限りのある財源をめぐって紛争を起こすことが予想される。さらに、具体的な都市インフラを整備する局面では、大都市の発展と身近な地域の自治が衝突することは想像に難くない。

財源が制約されている現代では、ふたつの論理は一方を追求すれば他方を犠牲にせざるをえない、トレードオフ(二律背反)の関係になりがちである。そのため、大都市のあり方を考える上では、集権化を進める「都市官僚制の論理」と、分権的な傾向を持つ「納税者の論理」をどのような手続きで、いかにバランスさせるかが焦点となる。しかし、「大阪都構想」をめぐる政治過程では、ふたつの論理のバランスが問われることはなく、ふたつの論理をともに強調する「大阪都構想」か、いずれも強調しない現状維持かの選択が中心となってきた。

「大阪都構想」が浮き彫りにするもの

このような選択の背景には、日本の地方政治を規定する政治制度がある。日本の地方自治体における二元代表制とそれぞれの代表を選出する選挙制度のもとでは、自治体でひとりだけ選ばれる知事や市長が全体の利益を代表し、地方議会を構成する議員はより特殊な利益団体や地域団体の利害を背負う傾向にあった。大都市でも同じように市長が都市全体の利益を追求し、議員はより個別的な利益を追求してきたのはこれまでに議論してきたとおりである。一九九〇年代以降、個別的な利益の積み重ねによって現状維持的になる地方議会と、自治体の集合的な利益という観点から「改革」を行う知事や市長が対峙《たいじ》するという構図が顕在化した。議会では、仮に同じ政策的志向を持つ議員であっても、同じ選挙区（都道府県・政令指定都市であれば選挙区、市町村であれば自治体で一選挙区）のもとで選ばれた議員同士は、有権者の支持をめぐって競争を行うライバルであり、異なる選挙区（都道府県・政令指定都市）から選出される議員は利益誘導をめぐるライバルであった。そのために、自治体の集合的な利益を追求する政策的志向を複数の議員が共有することは難しかった。

反対に知事や市長には、自治体の集合的な利益が投影されやすい。革新自治体の時代は公害の防止という公共の福祉のために企業の私権を制限することが要請されたし、「改革派」が注目を浴びた時代には、効率性を追求する「納税者の論理」が強調された。いずれも現状維持的な議会には期待できない、自治体の集合的な利益を追求するものである。そこで期待されたのが、議会との関係が薄い革新勢力や「無党派」の知事や市長だったのである。「大阪都構想」は、大阪を特別な大都市として再定義して戦略的に都市インフラを整備するという部分も、無駄な投資を極力控えて効率化を志向するという部分も、いずれも議会には期待できない自治体の集合的な利益を主張するものとなっている。橋下徹と大阪維新の会が、有権者につきつけた「大阪維新の会か、それ以外か」という選択肢は、その方向性は問わずに大阪という都市全体の利益を追求するか否かという選択でもあったのである。実際に、ダブル選挙直後に行われた野田遊の調査が示すように、橋下への投票者は「大阪都と特別区の間の一体性」と「大阪都に対する特別区の自治」をともに重要視し、他方で現職であった平松邦夫への投票者はどちらも重要とは評価していない[21]。

このように「大阪都構想」が方向性の異なるふたつの論理を内包しながら進められれば、今後どちらの論理が強調されるかが明確でないという危うさがある。しかし、それは単純に橋下と大阪維新の会の選挙戦略のみに帰せられるべき問題ではない。現在の政治制度のもとでは、市長の側には理念を鮮明にして自らへの支持を減らすような動機づけはないし、個別的な利益に囚《とら》われがちな地方議員が、何らかの理念によってまとまることもない。「大阪都構想」は、単に大都市制度をどのように設計するか、という問題だけではなく、これからの大都市のあり方をどのように議論していくか、という論点をも浮き彫りにする。この点を踏まえて、終章では本書の議論をまとめながら、残された論点について議論する。

終章　「大阪」の選択に向けて

潮恵之輔（内務省地方局長）「河内摂津の平野は豊かに実っておるじゃありませんか、一望千里、五穀豊穣、ここは都市じゃありませんよ」
關一（大阪市長）「都市計画というものはたんぼのうちにやらなければだめだ、都市行政というものは発展する周辺の先行施策を持つことが最も必要なんだ」[1]

「大阪都構想」を支えた状況変化

本書では、「大阪」という大都市の歴史をたどりながら、二〇一〇年に橋下徹が提起した「大阪都構想」、そして橋下と大阪維新の会が多くの支持を得ることが可能となった状況について考察してきた。

都市計画を軸として発展しようとしてきた「大阪」は、明治期以来、他の都市とは異なる大都市として特別な扱いを求め続けてきた。しかしその期待は、戦前・戦後の特別市運動、一九六〇年代の市域拡張とたびたび挫折し、とりわけ七〇年代以降は深刻なリーダーシップの欠如が問題となっていた。現在の「大阪」の病弊として議論される、経済成長の鈍化と中心部からの人口流出による財源不足、権限と財源の分散による非効率、古くからの都市問題の象徴である住宅問題や二〇〇〇年代以降再び焦点が当たってきた貧困問題など、最近の問題に見えても、実のところ同型の問題が繰り返されているに過ぎない。

「大阪都構想」もまた、橋下徹という稀有《けう》な政治的企業家の存在を抜きにして語ることができないとしても、以前と同型の解決策であることに変わりはない。端的に言えば、大都市の領域を拡張して権限と財源を集中し、中心部への投資を促進することで経済成長を狙う、ということである。これは、大都市を国のなかで自律性の高い企業体のような組織として運営しようとする「都市官僚制の論理」と親和性が高い。とはいえ、「大阪都構想」には、これまでと大きく異なる点がふたつ存在する。そして、それこそが橋下と大阪維新の会に対する有権者の支持を大きなものにしてきたと考えられる。

ひとつは、日本政治の変化である。第二次世界大戦に至るまでに整備されてきた中央集権的な政治体制は、戦後の自民党長期政権にも引き継がれており、大都市が要求する特別な扱いを常に阻んできた。また、国政選挙の農村偏重と、大都市部の特殊な選挙制度とが相まって、大都市の政治的な位置づけを低いものとしてきた。しかし、一九九〇年代以降の制度変化は、人口が集中する大都市の政治的な価値を高め、国にとってもその要求を無視することが難しくなっている。これまで「搾取」されてきた都市の有権者が、彼らを代弁する政治勢力に期待しやすい環境が作り出されているのである。

次に、財源の制約が強まるなかであらわになった「納税者の論理」の存在がある。一九九〇年代以降、地方自治体の知事や市長が、行政の無駄を削減し、効率的な運営を目指すことを主張し、さらなる地方分権や民営化が強調された。橋下と大阪維新の会は、「大阪都構想」で単に大都市への集権を強調するだけでなく、有権者が持つ「納税者の論理」に訴えかけることで、その支持をより強固なものにしたと考えられる。

都市における政党政治の創出を

このような本書の議論は、大都市をめぐる次のふたつの論点を提起する。「都市官僚制の論理」と「納税者の論理」をどのような手続きで、いかにバランスさせるか。まずは、どのような手続きによりバランスを達成するかという問題である。すなわち、自治体としての意思決定、いわばガバナンスをどのように考えるべきかという論点である。次に、ふたつの論理のうち、どちらの論理を強調するべきかという論点である。

まず前者の論点から検討していこう。二元代表制のもと、個別性の高い利害に基づいた主張を行う地方議員に対して、知事や市長はふたつの戦略を持つ。まず、戦後の大阪市長たちが積み重ねてきたように、地方議員たちを取り込んで、市政の安定性と継続性を確保しようとする戦略である。次に、地方議員が強調するような個別的な利害と衝突しながらも、自治体全体の集合的な利益を強調することで有権者の支持を獲得しようとする戦略である。自民党長期政権の崩壊や財政資源の制約のために、前者の戦略が困難になるなかで、大都市を中心に多くの知事や市長が後者の戦略を取ろうとしている。

自治体としての意思決定が問題となるのは、知事や市長が、多様な自治体全体の集合的な利益を一元的に代表してしまうときである。本書では、橋下の「大阪都構想」が、「都市官僚制の論理」と「納税者の論理」を内包していることを述べた。このふたつの論理に限ってみても、時と場合に応じてそれが使い分けられることがある。たとえば、保育事業や文化事業は、「都市官僚制の論理」から言えば、将来人を呼び込む資産として赤字でも許容される部分があるかもしれないが、「納税者の論理」に従えば、その時点で赤字の事業は効率化への努力が足りないとして見直しの対象となるようなことがある。橋下の市長就任後に話題となった文楽への補助の議論はその典型を示している。

もちろん、同じ事業について、異なる評価はありうる。しかし、同じ知事や市長が時と場合によって異なる評価を行えば、それは単に一貫性の欠如として批判されるだけでなく、有権者から見れば政治に対してどのような期待を持ってよいのかが不明確になる。個別性の高い利害に関わる地方議員たちを取り込んで市政の安定性と継続性を確保する戦略を放棄することは、同時に知事や市長を一貫した立場に縛り付けるものが失われることを意味するのである。

大都市の将来についての議論を深めるためには、個別的な利害を離れて、地方議員が自治体全体の利益を志向し、その内容によって政党を構成するような制度的な仕掛けが必要になるだろう。具体的には、多くの先進国で採用されているような、地方議会での比例代表制の導入が考えられる。比例代表制の導入で、有権者に対しては個人ではなく政党への投票を促し、地方自治体の政党には組織としての規律を求める。議員個人を特定の集団の個別的な利害に縛り付けるのではなく、政党という組織として、自治体全体の集合的な利益について一貫した立場を取るように促す選挙制度が必要である。

もちろん、自治体のリーダーである知事や市長と、議会との関係も再考されなくてはならない。やや極端な提案ではあるが、議会が自治体のリーダーを指名する、国と同様の間接民主主義的な制度は検討に値する。またもし現行の二元代表制を維持するとしても、知事・市長の候補と政党との関わりを深めるなどして、知事や市長という個人に立脚した恣《し》意《い》的な決定が行われにくくするしくみが必要だろう。

いずれにしても、その目指すところは明確である。それは、都市官僚制を率いる知事・市長が一元的に自治体の公共性を引き受けるのではなく、地方議会での多元的な政党間の競争が公共性を引き受ける都市の政党政治を創出することである。[2] そのために、利益誘導や個人のカリスマに頼らずに、有権者の期待に根ざした政党を育成するしくみが、都市のガバナンスを考える上で重要となるのである。

国家と大都市

続いて第二の論点に移る。「都市官僚制の論理」と「納税者の論理」のどちらの論理を強調するべきかという論点である。とはいえ、この論点を現代の「大阪」に絞って、大都市として集積を続けるべきなのかどうかを検討することは、本書の射程を超えている。それこそ、すでに述べた手続きに則《のっと》って議論されるべきことだろう。それでも、「大阪」に限らず大都市として共通して考えるべき点はある。それは、国との関係のなかで大都市のふたつの論理をどのように理解するべきか、ということである。

政治・経済の中心である首都について考えるのは、比較的容易である。国と首都の間で独特の緊張関係を抱えながらも、[3] 多くの国で首都に対しては特別の大都市制度が用意され、集められた資源を集権的に活用する体制がある。つまり、通常の基礎自治体としての権限・財源に加えて、広域自治体の権限・財源の一部あるいは全部が移譲され、大都市の内部に特別区のような都市内分権のしくみを備えている。

首都が重要なのは、単純に人口や資源が集中する大都市だからというだけではない。本書でも「東京」について議論してきたように、首都は大都市であることに加えて、国を代表し、国に強く基礎づけられる側面を持つからである。それゆえに、他の大都市と比べて優先的に資源が配分される傾向がある。現代の都市国家であるシンガポールはその極端な例であるが、他でも特に開発独裁体制を敷いている発展途上国では、国の威信を投影する首都に人口や資源が集中しやすい。そして、日本における「東京」をはるかに超えて一極集中が進んでいる。[4]

全国のなかで大都市をどのように位置づけるべきか、という論点は、「大阪」のような首都ではない大都市ではより複雑な様相を呈する。それは、国から自律的な「都市官僚制の論理」に支えられる特別な大都市を設定することが、国家単位での統合を難しくするところがあるからである。

州単位での統合を重視する連邦制国家であれば、それぞれの州が自らの大都市を発展させることを目指して、州ごとに独自の大都市制度を設定することもできる。州単位での統合が重視されるのであれば、連邦制国家の中心である首都に権限や財源が集中するよりも、州に強い権限を集中させ、州内の求心力を持つ大都市を中心に繁栄を目指そうとするのは自然な考え方なのである。極端なケースでは、ドイツのように、ベルリン、ハンブルクといった大都市自治体を、連邦を構成するひとつの州として扱う「都市州」という制度もある。[5]

しかし、連邦制国家ではなく、ひとつの国としての統合を重視するのであれば、首都以外の特別な大都市という権力機構を設定することに慎重な議論が提出されても不思議はない。むしろ、「納税者の論理」に乗るかたちで、中央集権化を図る国が大都市を分割し、その弱体化を図ることもある。

この点について、ウェストミンスター議会に権力が集中する政治制度を持ち、しばしば日本の政治改革でモデルとされるイギリスの経験は示唆的である。イギリスでは、市場メカニズムを重視する新自由主義的な理念のもとで改革を進めたサッチャー政権のもと、一九八六年に、地方自治体における行政サービスの効率化と説明責任の強化を目的として、当時の大都市圏に限定された広域自治体であった、大ロンドン議会（Greater London Coun-cil）と六つの大都市圏議会（Metropolitan County Council）を解体した。広域自治体が持っていた権限や財源は、警察や消防などの他の組織や、大都市の基礎自治体へと分割して移譲された。

このような制度改革は、本書で議論したように、大都市が内部に赤字を許容してでも発展を追求するような姿勢を非効率なものとみなす「納税者の論理」が強調されたことの帰結である。集権的に市場志向の改革を進めようとしていたサッチャー政権にとって、国政で対立する労働党への支持が強い大都市は、首都の自治体であっても改革を阻害する存在であった。大都市という中間的な権力をなくすことで、国への求心力を高め、市場志向の改革を貫徹しようとしたのである。

その後、ブレアの率いる労働党政権によって、二〇〇〇年に大ロンドン庁（Greater London Authority）という特別の自治体が、再度首都に設置された。さらに二〇一一年には、第二の都市であり、「煙の都」として大阪になぞらえられたこともあるマンチェスターに、「グレーター・マンチェスター合同行政機構」（Greater Manchester Combined Authority）が設置され、重要な経済開発、地域再開発、交通施策の調整を実施している。国から大都市に権限移譲を行うことで、大都市の自律的な発展を促そうというのである。これらは、「納税者の論理」に傾きすぎたバランスが、再度「都市官僚制の論理」を強調する方向に戻りつつあることを示唆している。

イギリスの経験からもわかるように、大都市は大都市だけで独自に存在するわけではない。大都市のなかで、「都市官僚制の論理」と「納税者の論理」のバランスを考えるにあたっては、国家単位での統合との関係を整理しなくてはならない。だからこそ、第V章で議論したように、大都市制度の導入にあたっては、国政での政党の再編成というステップが重要な意味を持つのである。

政治的な寓話との訣別

二〇一二年に入って、国会で制定された「大阪都構想」の法律（大都市地域特別区設置法）は、二〇〇万人という人口要件を満たした政令指定都市あるいはその周辺自治体を、住民投票の上で特別区に再編にできるとするものになっていた[6]。しかし、大都市制度の中核的な問題である権限・財源の配分については、総務大臣と知事・市長が事前に協議をすることが定められているのみで、具体的な方向性が明示されているわけではない。

法律の形式としては、一部の大都市を特別な存在とすることを拒み、論理的には全国どこでも導入可能な特別区を強調した制度になっている。そのため国家的な統合を重視する観点からは、「納税者の論理」と相まって、特別区への分権を強調し、大都市への権限・財源の集中を削《そ》ぐ方向へと力が働くことも十分に考えられる。

「大阪都構想」は、日本のなかで東京以外の大都市を特別なものとして認めるか、言い換えれば、大都市が国家を超えるような自律性を獲得すべきか否か、という非常に大きな選択を提示しうるものである。その選択は、なし崩しに行われるべきではなく、意義や効果を明確に意識した社会的な合意として行われるべきである。

そのような合意を目指す議論では、日本という国が、ひとつの巨大な都市――言うまでもなく東京である――の後背地であり続けることが望ましいのか、あるいはそれが持続可能なのかが問われることになる。集約した資源をより効率的に活用しようとすれば、もともと集積の進んだ首都は投資の対象となりやすいし、その効率性を絶対的な根拠として、さらなる一極集中が進んでいくことは容易に予想できる。それがひとつの国のあり方だとしても、「大阪都構想」は、それに対する地方からの異議申立てになりうる。

ただし、国会での意思決定を通じてある地域を特別なものと認めることは容易なことではない。それは国が自らの権力を弱めることにつながるからである。二〇一二年九月に発足した橋下率いる国政政党が「日本維新の会」という名称を採用し、「維新八策」と呼ばれる文書のなかで「大阪都構想」が数ある政策のひとつに並べられていることは、この困難を象徴している。社会的合意を目指して幅広い支持を得るためには、大都市のような限られた地域の利害を訴えるだけでは不十分とみなされてしまうのである。

国家と大阪のような大都市の関係が変化していくとしても、それは両者の緊張関係をはらんだ漸進的なものになるだろう。それでもすでに国会で法律が制定されたことで、もはや「大阪都構想」は単なる政治的な寓話《ぐうわ》ではなくなった。法律の制定はひとつの重要なステップであるが、これだけで何かが変わるわけではない。われわれは、制度を変えればすべてがうまくいくという寓話からは離れて、議論のための手続きを整備しながら、国家と大都市の関係についての社会的合意を積み上げていくしかないのである。

あとがき

本書では、「大阪都構想」とそれに至る大阪の都市としてのあり方の議論を軸としながら、日本を代表する大都市である大阪の歴史をたどってきた。あらためて振り返れば、議論されているポイントは基本的に大きく変わることがなく、新奇に見える「大阪都構想」も、以前からの議論の延長線上に位置づけられることがわかる。しかし「大阪都構想」という提案が、以前からの議論の焼き直しであり、したがって価値がないというような批判につながるべきではない。

「大阪」という大都市圏をめぐって、大阪府と大阪市というふたつの自治体が併存することで生じる問題に対して、潜在的な解決策として存在してきた「大阪都構想」が、有権者の強い支持を受ける橋下徹知事の出現をきっかけに再び日の目を見ることになった。「大阪都構想」が全国的に注目される争点になったのは、もちろん橋下の問題設定能力によるところは大きいが、背景にそれまでの議論の蓄積があったことも重要である。反実仮想に意味はないが、仮に彼がはじめから大阪市長になっていれば、現在とは異なるかたちで特別市構想が復活していたかもしれない。

実はこのようなケースは、大都市制度に限ったものではない。長年の懸案を、有権者の支持を得て解決することが期待される政治家が現れれば、各々の観点からの解決策を蓄積してきた関係者たち——大阪府・大阪市の内部はもちろん、中央官僚や学識経験者と呼ばれる人々も含まれる——は、それぞれの提案を喜んで持ち込む。政治家の側から見ても、よいアイディアを採用すればさらなる支持の拡大につながるというメリットは大きい。

問題は、個々の解決策の提案が良心的・合理的であったとしても、全体としては統合された体系的なものになりづらいところにある。本書の議論で言えば、「都市官僚制の論理」と「納税者の論理」が相克するように、ある局面では妥当とされた提案の背景にある論理が、別の場面では否定されることも起こりうる。そのような状況では、有権者が政治に対して抱く期待を体系化することは困難である。

本書の最後に提示したような政党政治の創出という主張は、有権者が判断しやすい「政党」という単位でこの体系化を進めるべきだというものに他ならない。現在の日本におけるさまざまな政治制度、とりわけ地方の政治制度は、政党政治を生み出しにくいものになっているのは事実である。しかし、求められるのは、一気にすべてを解決しようとする単一の政治勢力ではなく、有権者の期待をそれぞれ適切に方向づけ、それをもとに合意を目指す複数の政党の存在ではないだろうか。迂遠《うえん》ではあるが、そのような政党政治が成立する条件を整備していくことが、漸進的に社会問題を解決し、ひいては政治不信を緩和していく道を開くように思われる。

*

筆者を含めた比較的若い世代の社会科学の研究者にとって、新書を書くという仕事はありがたくもなかなか気が進む仕事ではないと思われる。新書を書く時間があれば、査読付きの雑誌、とりわけ英文誌に投稿し、研究者コミュニティに貢献する研究業績を積むべきという考え方は強いし、筆者自身も常々そのように考えてきた。英語が苦手で英文の研究業績もないのに、新書というメディアで執筆するというのは、本書が完成した今でも忸怩《じくじ》たる思いに囚われるときがある。

他方で、社会的に関心の高まる大阪の大都市制度という問題について、大阪市立大学という場で行政学を担当する人間として、研究者コミュニティに限定されない、広く社会に向けた発信を行う必要があると考えるようになった。本書執筆のお話をいただくなかで、社会科学の研究として何らかの価値がある新しい発見はないとしても、これまでに蓄積されてきた実証研究に基づいて、現代の重要な問題についての包括的なストーリーを展開する仕事をしてみたいという気持ちも強くなり、何とか完成にこぎつけることができた。

本書を執筆できたのは、政治学を中心とした膨大な実証研究の蓄積が存在していたことに加えて、大都市という問題を理解するストーリーの手がかりがあったからである。本書の書名のもとになっている『東京―首都は国家を超えるか』をはじめとした御厨貴先生のご著作は、本書を執筆する際の重要な準拠点であった。「東京」と同じように「大阪」を考えることはできないが、御厨先生が提示されてきた理解のモデルがあったからこそ本書の執筆が可能になったところが大きい。

また、「世界都市」のような大きな枠組みで、都市の政治をダイナミックに捉える加茂利男先生のご研究も、本書を執筆する上での重要な指針であった。本書執筆の過程で、加茂先生の以前の著作をあらためて読み、本書と似たような枠組みをすでに二〇年前に提示されていたことに驚くとともに、本書の議論が大きく間違っていないのではないかという自信を持つこともできた。両先生ともに、ご一緒する研究会では温かいご指導とともに、常に励ましをいただいていることに、感謝を申し上げたい。

完成した原稿について、阿部昌樹先生と曽我謙悟先生というお二人の尊敬する研究者から、当初の原稿で提示していた議論の視野を広げる有益なコメントをいただいたことにも感謝申し上げたい。あらためて考えると、本書の議論は、結局のところお二人がすでに論じられたようなことをなぞるだけのものだったかもしれないとも思うが、逆に少しでもお二人に対して刺激を与えるようなものとなっていれば、それほど嬉《うれ》しいことはない。

その他にも、本書の執筆にあたってはさまざまな方々から励ましを受けた。すべての方々のお名前を挙げることは叶わないが、普段から公私にわたってお世話になっている、建林正彦先生、北村亘先生、待鳥聡史先生、徳久恭子先生には、特にお礼を申し上げたい。また、東京大学社会科学研究所のプロジェクトセミナーで、本書のアイディアについて報告の機会をいただいたことは、本書全体を見直すきっかけとなった。司会を務めていただいた宇野重規先生をはじめ、参加された皆様にお礼を申し上げたい。

＊

私の勤務する大阪市立大学は、本書で扱った大都市の再編成の最前線にある大学である。さまざまな変化のなかにあることは、率直に言って不便を感じることは少なくないが、所属する法学部の研究を尊ぶ姿勢は何よりも貴重な財産であり、まさに渦中のテーマを扱う本書の執筆を後押ししてくれたと感じている。また、本書の執筆にあたっては、大阪に関連する多くの貴重な資料を所蔵する大阪市立大学学術情報総合センター、とりわけ法学部資料室と都市研究センターのスタッフの方々に大変にお世話になったことに感謝申し上げたい。

二〇一一年度の大阪市立大学法学部の砂原ゼミでは「大阪の政治と行政」をテーマとして扱い、友人で大学院生である小川啓太氏と一七人のゼミ生とともに勉強してきた。ゼミにお招きしてきたゲストスピーカーの皆様にはこの場を借りてお礼を申し上げたい。また、ゼミ生の論文指導では、むしろ私のほうが学ぶところが多く、本書のさまざまな部分にその議論が反映されている。本書は私にとってのゼミの成果を発表するものであり、今度はゼミ生の厳しい評価を受けたいと思う。

本書をご担当いただいた中央公論新社の白戸直人氏は、熱心に執筆を勧めてくださった。予定よりも遅くなった原稿が、修正依頼の青ペンで埋め尽くされて戻ってきたのを見たときは、率直に言って気が滅入ったが、的確なコメントが本書をきわめて大きく改善してくれたことに感謝申し上げたい。修正過程で著者の気づかないことまで緻密にご指摘いただいた校閲担当の方々のお仕事にも感謝したい。また、研究者コミュニティとは違う世界で活躍されている方に感想を聞きたいという無理なお願いに快く応えて、内容を大きく改善するコメントをくださった根津修二氏にもお礼を申し上げたい。

最後に、家族に対しての感謝を伝えさせていただきたい。本書執筆中、休日であってもほとんどどこにも外出せずに執筆を続けていたことで、妻の瑞穂と長男の諒には本当に悪い夫であり父であったことを詫びたい。また、この間に祖父が亡くなり、執筆の最終盤で次男の大知が誕生した。生まれてきたばかりの子どもの世話と大学・学会などでの通常の業務に加えて本書の執筆を行うことは困難な状況にあったが、私の両親と妻の両親、そして弟夫婦の助力によって何とか完成にこぎつけることができた。家族への感謝を込めて筆を擱《お》きたい。

二〇一二年一〇月

砂原庸介

註記

第I章

1 旧五大都市のうち、名古屋市では一九六三年に愛知郡鳴海町を、六四年に知多郡大高町・有松町を編入しているほか、京都市では五七年に北桑田郡京北町(旧黒田村地域)、久世郡淀町を、五九年に乙訓郡久世村、大野原村を編入、神戸市では五八年に美嚢郡淡河村を編入している。その他の政令指定都市では、広島市(一九八〇年政令指定)では八五年に佐伯郡五日市町、二〇〇五年に佐伯郡湯来町を編入、福岡市(七二年政令指定)では七五年に早良郡早良町を編入している。また、千葉市は二〇〇三年に四街道市との法定合併協議会を設立したが、結局合併は行われなかった。

2 戸長は従来の庄屋・名主などの地域の有力者から選出される場合が多かった。なかには自由民権運動の指導者になることもあり、一八八四年に戸長も知事の任命による官選とされることになった。

3 「予選体制」の概念は、原田［一九九七］による。この議論に対する批判的な検討として、櫻井［二〇〇三］、佐賀［二〇〇七］。なお、櫻井によれば、東京では「予選体制」と近似する「公民団体」を中心とした選挙が行われていたという。

4 大阪市で「予選体制」が確立する以前には、資産家を中心とした有力者間の利害調整が必ずしも容易であったわけではない。予選のための団体が乱立すれば、有力者であっても共倒れすることはありうる。一八八九年の第七回府会選挙では、そのような帰結が観察されたという(山中［一九九五］、七一頁)。

5 山中［一九九五］、一八頁。

6 堀田［一九九四］。

7 山中［一九九五］一一五－一三二頁。大阪市会では、市会が市営水道用鉄管の納入をめぐって知事・書記官の責任を厳しく追及し、辞職を迫るものの、その進退について市会に権限がないために、責任追及が不発に終わるという事件があった(芝村［一九九八］、四四頁)。他にもたとえば東京市では、水道整備に関する疑獄事件で府知事と市長が兼任する市制特例のために責任を追及できない矛盾が問題視されていた(中嶋［二〇一〇］)。

8 山中［一九九五］。

9 持田［一九八四］。

10 持田［一九八四、一九八五］。

11 代表的には、芝村［一九九三、一九九八］をはじめとする、「都市専門官僚」について論じた芝村篤樹の一連の論考を参照のこと。

12 持田［一九八五］、七〇－七二頁。

13 たとえば東京市で市長が安定的にリーダーシップを発揮することができなかったのは、国会に議席を有する政党が国会と同様に市会でも激しく争っていたことが考えられる。

14 藤森［二〇〇四］、九八頁。

15 東京府知事の松田道之によって策定されたいわゆる中央市区画定計画がそれである。計画の内容とその変化については、藤森［二〇〇四］の詳細な分析を参照されたい。

16 市区改正計画の経緯とその内容については、藤森［二〇〇四］のほか御厨［一九八四］、中嶋［二〇一〇］を参照されたい。

17 もちろん、一八八八年に設立されることになった東京市会がまったくの無条件で市区改正を進めたわけではない。たとえば、一八九一年には東京市会の自由党を中心に、水道事業の実施による税負担の拡大を批判して、水道改良事業の中止が訴えられている(中嶋［二〇一〇］、二五五頁)。

18 当時助役・市長を務めた關一自身、税よりも税外収入において利益原則を貫徹し、収益主義を目的とする市営事業の存在が、大都市にとって発展上認められなければならないものであると主張していた（持田［一九八四］）。

19 原［一九九八］。

20 名武［二〇〇七］。

21 芝村［一九九八］、六二頁。

22 ヘインズ［二〇〇七］、二六三頁。

23 ここでいう公選とは、市長の選出は市会の間接選挙とするということである。もともとの市制では、市会が三人の候補を推薦し、内務大臣がそのなかからひとりを裁可するという方法であった。一九二六年に改正された市制では、普通選挙の導入とともに、内務大臣への推薦を廃止して、単に市会が選挙して市長を決めるという方法に改定された（『大都市制度史』一〇四頁）。さらに、新聞論調では市民の直接選挙を求める意見すら存在した（同書、一五九頁）。

24 石田［一九八七］、一一九―一二〇頁。「土地増価税」とは、都市における一般的地価の値上がりが都市計画事業の結果であるとして、増価分を税として吸収しようとするものであり、「間地税」は市街地のなかの遊休地に税をかけ市街化を促進させるとともに収入にしようとするものだった。これらの税は、地主層に対する負担強化であり、地主層の代表者が多い貴族院によって阻まれた。また、国庫補助については大蔵省の強い反対によって退けられることになった（『大都市制度史』一二〇頁）。

25 『大都市制度史』一五三頁。

26 御厨［一九九六］、六一頁。人口動態と郊外の形成についての詳細は、源川［二〇〇七］、七四―八〇頁。

27 持田［一九九三］、二〇八頁、源川［二〇〇七］、一一〇頁。

28 『大都市制度史』二〇四頁。

29 東京市政では、他の大都市より突出して疑獄が多く発生し、戦後の都議会汚職事件までそうした体質が続くことが指摘されている（源川［二〇〇七］、二五頁）。

30 ただし、この間の一九三七年までの時期について、社会民主主義政党の進出や女性の事実上の政治参加を評価して、戦前日本の「民主化の頂点」とする議論もある（坂野［二〇〇四］、源川［二〇〇七］、一四四―一四五頁）。

31 この間の経緯の詳細については、赤木［一九七七］、櫻井［二〇〇三］、源川［二〇〇七］などを参照。激しい党派対立を繰り広げる東京市会の政党勢力に対する批判が高まるなかで、腐敗を粛正し強いリーダーシップを求める動きが官選都長の実現の原動力となった。

32 『大都市制度史』三〇三頁。

33 『新修大阪市史』八巻、三三頁。

34 『大都市制度史』三一九頁。

35 九町村は巽村（現生野区）、矢田村・加美村（現東住吉区）、瓜破村・長吉村（現平野区）、茨田村（現鶴見区）、竜華町・大正村（現八尾市）、庄内町（現豊中市）である。このうち八尾市となった二町村がまもなく脱退した。

36 この合併によって、人口は二四九万人、面積は三二一平方キロになると予想された（『新修大阪市史』八巻、八四頁）。

37 一九四六年の第一次地方制度改革で設置された同名の調査会とは異なるものであり、自治庁の発足にあわせて再度設置されている。

38 持田［一九九三］、一九六―一九七頁。

39 当初の地方財政調整金構想では、財政調整の財源は間接課徴形態の地方税、すなわち国税の一部を財源として一般会計を経由せずに「交付金会計」に直入するものであった。これは地方団体が共有する独立財源という発想であり、現在まで続く、財政調整制度が内務省―自治省の考える「間接課徴形態の地方税」か財務省の考える国庫からの「交付金」かという見解の相違のはじまりでもある。最終的に導入された地方分与税制度では、当初の地方財政調整金構想と比較して、負担の均衡化という目的は弱まっていたとされる（持田［一九九三］、二三二頁）。なお、このときに義務教育費国庫負担金のように国の委任事務の経費について国が一定の財政負担を行うことが制度化された。

40 一九四〇年の改革では、七・七億円の国税増税と三・五億円の地方税減税を行い、国税増税分のうち約三億円を地方分与税として再配分するものであった。そのため、国税の純増は四・七億円、地方税の純減は〇・四億円と見積もられた（持田［一九九三］、二三三頁）。

41 映画、演劇、演芸、音楽などの入場料金に課せられた間接税である。

42 それ以前の一九五一年に市町村民税として法人税割が導入され、法人課税の一部が大都市に回ることになったものの、その額はそれほど大きくなく、また道府県民税の創設によって一部が道府県に回ることになった。

43 芝村［一九九八］、二八六頁。

44 石田［一九八七］、一八一頁。

45 芝村［一九九八］、二八九―二九一頁。ただし、これらの計画がその後どのように推移したかは明らかでないという。

46 一九二四年の都市計画に関するアムステルダム会議では、このような考え方のもとで、緑地帯で取り囲むことによって大都市の拡張を抑制するとともに、外側に衛星都市を配置するという大都市計画と、それを実現するために都市計画の上位に地方計画を置くという発想が提起されたという（石田［一九八七］、一八〇頁、芝村［一九九八］、二八八頁）。

47 芝村［一九九八］、二九八頁。

48 『新修大阪市史』八巻、九一頁。

49 石田［一九八七］、二二五―二二七頁。

50 その代わり、一九五〇年の首都建設法に象徴されるような、実質的な意味の乏しい、しかし都市を「国家目的」に照らして重要なものとして国に配慮を求める特別都市建設法がしばしば制定される。一九四九年の広島平和記念都市建設法および長崎国際文化都市建設法の制定をはじめとして、そこから三年間で一五の特別都市建設法が議員立法で制定された（石田［一九八七］、二四八―二五〇頁）。

51 石田頼房によれば、「所得倍増計画」以前にも、一九五四年の経済審議庁「総合開発の構想」、五六年の閣議決定「経済自立五ヵ年計画」があり、五七年の「新長期経済計画」でひとつのかたちにまとまることになったという。

52 全国総合開発計画に基づく拠点開発のための地方開発都市の指定において、「史上最大の陳情合戦」が繰り広げられてきたのは、政治学・行政学でも重要な分析対象となってきた（佐藤［一九六五］、大原・横山［一九六五］、井出［一九七二］、西尾［一九七九］、村松［一九八八］など）。全国総合開発計画に至る経緯とその変容については別所［二〇〇六］を参照のこと。

第II章

1 加藤［二〇〇二］、一三頁。

2 原田［一九九七］、加藤［二〇〇二］、一三―一四頁。

3 加藤［二〇〇二］、三二、六五―六六頁。

4 名護町のスラム・クリアランスの詳細については、加藤［二〇〇二］の他、佐賀［二〇〇七］二～四章を参照。

5 ただし、その集住の性格は、定住的な部分を含んでおり、単純に流入者の無秩序な集合とは言い切れない側面もあったという（佐賀［二〇〇七］、九三頁）。言うまでもなく、大阪における「貧民」の生活については、これまでにもさまざまな研究が存在している。代表的なものとして、津田［一九七二］、杉原・玉井［一九九六］、中川［一九八五］、原田［一九九七］など。

6 このような取り壊しが行われたのは、一八八六年に制定された大阪府の「長屋建築規則」の適用による。加藤［二〇〇二］、八二―八三頁によれば、「長屋建築規則」の適用によって、一八九一年三月段階で二四一〇戸九一二六人という多数の「貧民」を立ち退かせることになったという。

7 佐賀［二〇〇七］、一一二頁。

8 当時の釜ヶ崎は西成郡大字今宮に属する小字である。

9 芝村［一九九八］、六九―七三頁。

10 方面委員制度は、一般には本文のなかで触れたように、都市の貧民層に対する社会政策的な側面が強調されるが、佐賀［二〇〇七］が指摘するように、地域支配の一環としての性格を持ち、方面委員を務めることによって新たに頭角を現す有力者も出現するなど、地域秩序の再編を促すところがあった点は指摘しておく必要がある。

11 救護法は、貧困のため生活することができない六五歳以上の老衰者、一三歳以下の幼者、妊産婦、不具廃疾、傷痍その他精神、または身体の一時的な故障により業務の遂行が著しく困難な者を救護の対象とした。しかし、財政的な理由からその施行は一九三二年までずれ込むことになった。

12 佐賀［二〇〇七］、三九八－四〇〇頁。ただし、『新修大阪市史』は、米騒動以降、大阪市でも近代的な都市社会政策への志向が存在したものの、事業は戦争遂行のためのものに限られて十分に開花しなかったと評価している（『新修大阪市史』七巻、九〇頁）。

13 都市の「スラム」とその「クリアランス」の議論として、たとえば大正区内の沖縄移民の状況について追った水内［二〇〇一］などを参照。

14 一八八一年に創業された大阪鉄工所は、現在の日立造船の元となった会社である。その工場は桜島にあったが、現在は廃止されてユニバーサル・スタジオとなっている。

15 佐賀［二〇〇七］六章。

16 『新修大阪市史』七巻、二六七－二六九頁。

17 小田［一九八七］、一三－二二頁。

18 小田［一九八七］、三七－三九頁。建議書からは、煤煙が局所的で一時的な問題ではなく、大阪府民全体にとっての恒常的な社会問題であるという認識が読み取れるという。

19 『新修大阪市史』七巻、八二頁。

20 大阪府の煤煙防止令は、大阪府警察部から煤煙防止研究会と大阪商業会議所に諮問されたが、大阪商業会議所は慎重な審議の上これを否決し、知事が再考することとなった（小山［一九八八］、三〇－三一頁）。

21 工場の増加にともなって人口が集中することで、家庭から排出されるし尿や廃棄物も深刻な水質汚濁を引き起こした。また、交通量の増加は騒音や振動の発生源ともなっていた。

22 たとえば、芝村［一九八二］、七－九頁。大阪府については、府議会での議員と副知事のやり取りから、「府幹部の公害問題へのとりくみは、経済発展との調和どころか、産業経済優先主義であった」（小山［一九八八］、一一六－一一九頁）という評価もある。また、大阪市についても、市民の自主性に期待する点で大阪府と変わらない評価となっている。

23 黒田［一九九六ａ］、八三頁や原田［一九八五］にあるように、権限を持たない大阪市は公衆衛生的な観点からの行政指導を行うにとどまっていた。

24 ただし、此花区のように、圧倒的な生産高を占める六つの工場（住友金属、住友電気、住友化学、日立造船、汽車製造、大阪ガスの「西六社」）が存在する地域もあった（小田［一九八七］、一〇五－一一二頁）。

25 大阪市都市再開発局［一九八二］、一一頁。

26 大阪市都市再開発局［一九八二］、一三－一七頁での高津俊久の発言による。ただし、この発言では、条例制定年を間違えているなどやや曖昧な点があることは差し引かなくてはならない。また、取水制限については、一九六二年に制定された「建築物用地下水の採取の規制に関する法律」で大阪市全域が指定地域となり、厳しい規制が行われたことも重要である（大阪市都市再開発局［一九八二］、一六頁）。

27 芝村［一九八二］、二一－二二頁。

28 芝村［一九八二］では、公害課長であった和田孟子のリーダーシップが重要であったことが論じられている。

29 大阪市が大阪府から工場への立入権限をはじめ一二項目にわたる権限移譲を受けたのは一九六七年一月である（原田［一九八五］、七八頁）。なお、公害についての府県から大都市への権限移譲は、神戸市をはじめとして五大市に広がり、大阪でも府と市の公害対策についての共通の組織が設立されることになったという（黒田［一九九六ｂ］、一〇六－一一一頁。特に黒田書で引用されている、当時大阪府商工部公害課の長谷川利雄のコメントによる）。

30 中馬市長の一九六八年三月七日の市会における答弁では、その状況に対するいらだちが述べられている。

31 たとえば、中馬馨が市長に就任後、一九六三年一二月に大阪市の庶務担当課長に対して行った講話にその自負が強く現れている（中馬［一九七二］、四六－四七頁）。

32 ヘインズ［二〇〇七］、二七二頁。

33 關一は、その社会政策についての知見から、しばしば慈善的な市長として描かれるが、彼の時代に一九二七年に制定された不良住宅地区改良法に基づくスラム・クリアランスの試みが積極的に行われている（水内［二〇〇四］）。
34 黒田［一九九六b］、一一一－一一六頁。また、中馬は、中井が後継指名した和爾俊二郎助役を選挙で破った後の就任初登庁のあいさつで、まず都市問題の専門家としての中井の功績に触れ、その継承と完成が必要だと述べている（中馬［一九七二］）。
35 このような発想は、大阪市政の特色として「常に事業第一主義を採った」というような表現に現れていると思われる（『新修大阪市史』七巻、一二一頁）。
36 源川［二〇〇七］、五六頁。
37 たとえば、注31にもある講話のなかで、大阪市を東西に走る大規模な道路である築港深江線の建設において、当時の河野建設大臣を説得して大蔵省に働きかけている話や、第二阪神国道（国道43号線）の建設、さらには地下鉄建設のための起債許可が例外的に認められた話などが述べられている。
38 一九二九年に実施された大阪市会選挙における無産政党の議席占有率は一五％であり、同年の東京市会（七％）、神戸市会（七％）、京都市会（八％）などよりはるかに多い。また、大阪市内のみで見れば無産政党は大阪府会選挙で一一％の得票、衆議院選挙では一九％の得票を得ていた（『新修大阪市史』七巻、五七頁）。
39 『新修大阪市史』七巻、一〇六～一〇七頁。
40 『新修大阪市史』七巻、一二四頁。
41 『新修大阪市史』八巻、四一三頁。
42 『新修大阪市史』八巻、四一六、四三三頁。
43 『新修大阪市史』八巻、四三一頁。
44 たとえば、一九四六年五月の「飢餓突破労農代表者会議」のような食糧危機への不満（『新修大阪市史』八巻、四四二頁）や、一九四七年一二月の全国労働組合懇談会による賃上げ要求（『新修大阪市史』八巻、四四五頁）では、その初期における社会党と共産党の共闘が見られる。
45 的場［一九九二］。
46 総評は、一九五〇年にGHQの後押しで労働組合のナショナル・センターとして結成されたものの、朝鮮戦争をきっかけに「平和と民主主義」の国民運動を訴え、その後急速に左傾化を進めていた。
47 功刀［二〇〇九］、一頁。
48 功刀［二〇〇八］。
49 もちろん、東京都が初の社共共闘だったわけではない。一九六六年からすでに、仙台市、中村市、須崎市、高知市、そして京都市などで社共共闘が行われていた（功刀［二〇〇九］、三七頁）。
50 高畠［一九七九］、三五五頁。
51 『新修大阪市史』九巻、五八五頁。
52 小山［一九八八］、一七五頁。
53 芝村［一九八二］。
54 前田［一九九五］、一〇八頁。
55 『新修大阪市史』九巻、六八四頁。
56 加茂［一九九三］、七六頁。
57 これは、初期の公害研究に典型的に見られる議論とも言える。すなわち、社会主義を採用することによって公害問題における優位性を持つことを論証することで、公害のみならず貧困のような都市問題が資本主義に付随する問題であり、社会主義を実現することによってその解決が図られるというのである（代表的には庄司・宮本［一九六四、一九七五］など）。
58 Estevez-Abe［2008］。
59 石田［一九六三］によれば、農業就業者の減少によって自民党得票率が減少し、産業労働者の増加によって社会党得票率が増大することで、一九六八年には社会党が勝利を得ることになる、と予想したものであった。得票率の予測については非常に乱暴な推計であるが、当時の石田の危機感のあらわれであるとも言える。
60 下村［二〇一一］、一一一－一一七頁。
61 田中［一九六七］、二八六－二八八頁。
62 御厨［一九九五］、六四－六五頁。
63 『朝日新聞』一九六八年五月二八日朝刊。

64 都市政策調査会［一九六八］、五頁。
65 都市政策調査会［一九六八］、一〇頁。
66 都市政策調査会［一九六八］、一〇頁。
67 御厨［一九九五］、七二―七三頁。
68 下村［二〇一一］、七六―七七頁。
69 御厨［一九九五］、七三頁。
70 下村［二〇一一］。
71 土山［二〇〇七］。
72 カルダー［一九八九］、宮本［二〇〇八］。
73 ただし、同じ右派でも河上丈太郎系の議員は社会党に残留しており、この点が民社党の弱点と言えた。また正確に言えば、社会党からの離党者が政党を結成したときは「民主社会党」と称しており、一九七〇年に「民社党」へと改称した。本書では民社党という呼称で統一している。
74 島田［二〇〇七］、三二頁。
75 都市化と多党化に一定の関係を見出す議論として、富田［二〇〇三］、四二一―四三三頁。富田によれば、一九七〇年代前半の都道府県議会議員選挙において、大阪府、京都府、東京都、神奈川県、福岡県、兵庫県などで保守系の得票率が低く、都市化が進んだ都道府県において、民社党・公明党・共産党が議席を増やし多党化の傾向が見られるという。
76 政令指定都市のない普通の県では、相対的に人口が集中する県庁所在市などで極端に大きい選挙区ができて、それ以外は定数一や二の選挙区といったところが少なくない。それに対して政令指定都市がある道府県では、政令指定都市の区を単位として選挙区が作られるので、全県を通じて定数が三から六程度に収まることになる。
77 砂原［二〇一一a］。
78 「都市政策大綱」と『日本列島改造論』の連続性／断絶性については議論がある。御厨［一九九五］は構想策定において活躍した官僚の人的な連続性は認めつつも、田中角栄にとっては「大綱」は「自分のものではないという思い」がある一方で、「改造論」に対する「思い入れは、一入（ひとしお）」であるとしている。それに対して土山［二〇〇七］は、それに新全総も含めた三つの構想から読み取れる共通の思想として、地方の経済開発や大都市と地方をつなぐ交通網の整備が強調されることを挙げている。
79 田中［一九六八］、一二八頁。
80 中馬［一九七二］、七二頁。
81 一九八六年の「八増七減」、一九九二年の「九増一〇減」と呼ばれる定数是正がそれにあたる。
82 菅原［二〇〇九］、一二五―一二八頁。
83 蒲島［二〇〇四］。
84 斉藤［二〇一〇］。
85 原［一九九三］。

第Ⅲ章

1 西尾［一九七九］、二二四、二三七頁。
2 田村［二〇〇四］、横道［二〇一〇］。
3 第Ⅰ章で確認したように、この第二次勧告は、大都市制度の問題を行政事務再配分によって解決することを目指すものだった。この府県制度の改革と併せて考えれば、神戸委員会が府県制度をもう一度作りなおそうとする志向を持っていたことがうかがえる。
4 第四次地方制度調査会答申の詳しい内容については田村［二〇〇四］、六二―七七頁。
5 地方制度調査会総会における採択は、三三名の参加者のうち、一七名が「地方」案に賛成、一二名が「県」案に賛成、残りが両案に反対、という結果であった。
6 長谷川［二〇〇三］。
7 なお、関係する都道府県議会の議決において、議員の賛成が過半数であっても三分の二に満たないときには住民投票を実施し、その過半数の同意がなければ、申請できないとされていた。
8 『大都市制度史』六〇七頁。
9 大杉［一九九一］、八八頁。
10 たとえば水資源であれば琵琶湖を抱える滋賀県との関係が重要になるし、産業の面では兵庫県との関係が重要になるということである。

11 第一四次地方制度調査会の参考人陳述による。

12 具体的には、第五一国会に提出した法案は解散総選挙の煽りを受けて継続審査になったあと、第五八国会で審査未了による廃案となる。その後一九六七年の第五五国会に提出した法案は第五八国会で審査未了による廃案、一九六九年の法案は参議院で修正可決したものの、衆議院で審査未了による廃案となった(大杉[一九九一]、七三頁)。

13 大阪府総務部法政調査課[一九七三]。野党としては、人口が集中する都市部を抱える府県では知事選挙において自民党と互角に競争できても、自民党が強い農村部まで広く包含するようになるとその競争が困難になるという危機感があったと考えられる。

14 最終的に府県合併のような広域行政における抜本的な改革志向に関する議論は、第一八次地方制度調査会の答申で終焉する。この答申では、「公選知事を中心とする府県制度は三五年の歳月を経て国民の生活及び意識のなかに強く定着し、その間において、府県の地位も重要性を増すに至っている。〔中略〕住民意識や行政需要の動向とかかわりなく府県制度の改廃を考えることには、重大な問題があるとする意見が大勢を占めた」としてその現状維持が明記された(大杉[一九九一]、一二六頁)。

15 大阪市都市再開発局[一九七八]。

16 一九六〇年一〇月六日には、北大阪一帯で史上初めて一〇時間を超える交通渋滞が発生し、機動性に欠ける路面電車は最もその被害を受けた。そうした事態が引き金となって路面電車が渋滞の元凶という非難が向けられたという(『新修大阪市史』八巻、一六二頁)。

17 具体的には、谷町線の一九七七年都島~守口間と八〇年天王寺~八尾南の延伸、八三年守口~大日間の延伸、千日前線の八一年新深江~南巽間の延伸、中央線の八五年深江橋~長田間の延伸(八六年に近鉄東大阪線〔現在のけいはんな線〕と相互乗入)、御堂筋線の八七年のあびこ~なかもず間の延伸がある。

18 都市環境研究会[一九八八]、一五四頁。

19 このような開発の背景には、港湾の性格の変化がある。一九八五年に運輸省港湾局がまとめた『21世紀への港湾』のなかでは、港湾を単に物流・生産の拠点とするだけではなく、機能を充実させて「港湾空間の質」を高めて豊かなウォーターフロントを実現することが目標とされている(運輸省港湾局[一九九〇])。特に大都市の港湾においては、国際化の進展や産業構造の高度化に対応した基盤整備の他、地価の高騰を背景とした居住空間の整備が求められたのである。その他にも、一九八七年の第四次全国総合開発計画(四全総)では東京首都圏への一極集中の是正を強調し、特に東京湾に集中しているウォーターフロント開発について、国土の双眼構造を担うプロジェクトとして「テクノポート大阪」等が挙げられている。

20 大阪府企業局[一九八二]、一一七頁。当時企業局建設第二課長だった大隅欣一の発言による。

21 その他、北大阪急行が地方鉄道法を根拠に整備されることで、軌道法を根拠としていた大阪市営地下鉄との接続に問題が生じていることも指摘されている。地方鉄道法は運輸省が所管する法律であり、一般の鉄道を規制するものであるのに対して、道路上を走る路面電車などを規制する軌道法は運輸省と道路を管轄する建設省の共管する法律である。一般に地下鉄は地方鉄道法によって規制されるが、もともと路面電車であった市電を引き継いだ大阪市営地下鉄のみは軌道法によって規制されている。この点が問題視される背景には、軌道法で進めたい建設省と地方鉄道法で進めたい運輸省の対立があり、開発をめぐるアクターが多元的であったことを示している。

22 これは、万博までに市内中心部の地下鉄をおおよそ整備した大阪市交通局が、その後市域外への延伸に乗り出すまでの期間、「技術屋が余っていた」ために可能になったという(大阪府企業局[一九八二]、一四三頁)。

23 大阪府企業局の初代局長として臨海工業地帯の造成に携わった湯川宏は、後に一九七五年の大阪府知事選挙で黒田了一知事の対抗馬として自民党の支持によって立候補し、敗北している。

24 たとえば、たびたび引用している大阪府企業局の職員の回顧(大阪府企業局[一九八二])には市との関係がきわめて限定的にしか登場しない。大阪府以外でしばしば登場する機関は、自治省・建設省といった中央省庁である。

25 林［二〇〇九］。

26 大阪では特に一九七四年に「近畿圏の既成都市区域における工場等の制限に関する法律」が制定されたことで、工場が分散し、大学も郊外へと分散するきっかけとなった（『新修大阪市史』九巻、二〇二頁）。

27 大阪府企業局［一九八二］、一八一頁。石油ショックだけではなく、当時企業局に公営住宅への裏口入居問題をめぐる批判があったことも影響しているという。

28 企業局は、泉南ニュータウン構想は凍結したものの、その後もニュータウンを作り続けている。代表的なものとして、泉佐野市などのりんくうタウン、箕面市の箕面森町（水と緑の健康都市）、阪南市に造成された阪南スカイタウンがあり、現在も進行中の彩都（国際文化公園都市）建設を行っている。整備途中で断念したものとして、岸和田市の岸和田コスモポリス、和泉市の和泉コスモポリスなどが存在する。再開発事業と同様に、これらの事業は大きな負債を出しており、大阪府企業局が二〇〇五年に廃止される原因となった。

29 中山［一九九五］。

30 水内［二〇〇一、二〇〇四］。

31 大阪市都市整備局［二〇〇九］。

32 八木［二〇〇八］、その具体例として、たとえば西村［二〇〇八］。

33 八木［二〇〇八］。

34 阿部［二〇〇一］。

35 大阪府建築部住宅建設課［一九八五］、一二三頁。特に福祉的な性格の強い二種府営住宅でその傾向が強かったという。大阪府職員の回想によれば、その背景には、他の府県と比べて大阪では府営住宅の割合が大きく、大阪市以外の市町村が独自に公営住宅を建設することが少なかったことがあるとされる（大阪府建築部住宅建設課［一九八五］、九四－九五頁）。

36 豊田［二〇〇七］。

37 たとえば加茂［二〇〇五］を参照。

38 大阪二一世紀協会が設立された背景には、黒田了一知事のときに、大阪市の大島靖市長との関係が断絶状態にあり、岸昌知事の就任に併せて大阪府と大阪市の関係を修復するという意味合いもあったという（関西新聞社特別取材班［一九八七］）。

39 第一条の文言は、具体的には以下のとおりである。「この法律は、大阪湾臨海地域における近年の産業構造の変動等経済的社会的環境の変化に対処して、世界都市にふさわしい機能と住民の良好な居住環境等を備えた地域としての当該地域の整備等に関する総合的な計画を策定し、その実施を促進することにより、当該地域及びその周辺の地域における活力の向上を図り、もって東京圏への諸機能の一極集中の是正並びに世界及び我が国の経済、文化等の発展に寄与することを目的とする」。

40 WTCビルはもともと一五〇メートルという高さを予定していたが、一九九〇年に突如二五二メートルという高さに引き上げられている。この背景にはりんくうゲートタワービルとの競争による事業規模拡大が指摘されるが（森［二〇〇四a］）、大阪湾臨海地域開発整備法が制定されても両者の並存は続いた。

41 谷［二〇〇七］。

42 平山［二〇一一］。

43 徳田ほか［二〇〇九］。しかし、徳田らによれば、大阪の都心で年少人口はほとんど増えておらず、新たに居住するのは、単身者や子どものいないカップルなどがほとんどであると指摘されている。他方、東京においては公的住宅の大量供給によって子育て世代が都心回帰を進めているという違いがあるという。

44 武者・高林［二〇一〇］。

45 角谷・山谷［二〇一〇］。

46 砂原［二〇一〇］。

47 このような関係は、しばしば国会議員と地方議員による「票と利益の交換」（井上［一九九二］）と表現される。

48 竹中［二〇〇六］。

49 山田［二〇〇七］。

50 堀内・斉藤［二〇〇三］。

51 斉藤［二〇一〇］。

52 砂原［二〇一一b］。
53 小泉政権以降、国庫支出金の改革という流れとほぼ並行するかたちで、地方交付税の改革はしばしば議論されてきた。二〇〇一年に発足した地方分権推進会議と同時期の経済財政諮問会議において地方交付税を中心とした大規模な改革が議論された（砂原［二〇〇七］）。また、二〇〇七年に発足した地方分権改革推進委員会での井伊雅子委員や、二〇〇九年に発足した地域主権戦略会議での橋下徹議員の主張にも同様の提案が見られるが、いずれも委員会の多数を占める意見にはならなかった。
54 北村［二〇〇九］。
55 詳細については小西［二〇〇七］などを参照されたい。

第Ⅳ章

1 河村［二〇〇八］。
2 その典型的な例として、二〇〇〇年代に「無党派」を標榜してきた知事のうち、長野県の田中康夫や高知県の橋本大二郎、徳島県の大田正などが県議会と対立し、田中・大田は不信任決議が可決され、橋本には辞職勧告が出された結果、辞任して「出直し選挙」を行い、有権者の支持を確認しようとしたものがある。最近では、二〇一一年に自ら辞職して、市議会のリコールと同日選挙を行った河村たかし名古屋市長の例がある。
3 厳密に言えば、初当選と再選のときに岸を推したのは社会党・公明党・民社党の三党を中心とする「革新府民連合」であり、自民党は独自に岸を支援するというかたちが取られていた。三選に臨むにあたっては、正式に自民党も含めた「相乗り」の組織が作られている（関西新聞社特別取材班［一九八七］）。
4 村上［二〇〇四］。
5 喜多見［二〇一〇］。
6 日本経済新聞社［一九九九］。この改革の内容は、総務省のウェブサイトで、「都道府県及び政令指定都市行政改革の具体的な取組例」として紹介されていた。現在は、国立国会図書館が収集したウェブサイトで見ることができる。http://warp.ndl.go.jp/info:ndljp/pid/235321/www.soumu.go.jp/iken/map/osaka.html（二〇一二年七月三〇日確認）。
7 以下、この段落の記述は喜多見［二〇一〇］、二〇四－二一〇頁に依拠している。
8 太田知事は政党の「相乗り」で当選したと言えるが、初当選時には、自民党大阪府連が清風学園専務理事だった平岡龍人を擁立し、自民党の分裂選挙となっていた。
9 将来の地方債の償還に充てる減債基金の残高が〇円になれば、そこからの借入もできなくなる。減債基金の残高を残すために、本来予定されていた地方債の償還を不透明なかたちで先送りしたことが問題とされたのである。その先送りが行われなければ、二〇〇六年には減債基金の残高が〇円になり、大阪府の一般会計で一〇〇〇億円を超える赤字が出たという（『朝日新聞』二〇〇七年一二月三一日）。
10 西尾［一九九八］。とはいえ、時代が進むにつれて、内部からの生え抜きで市長が選ばれるのが難しくなっていく。磯村も大学教授時代から大阪市政に深く関わってきた経歴があるものの、一九八八年の年末に発覚した乱脈支出問題への批判を受けて「人心一新を訴える」ために助役就任を依頼されていたという（磯村［二〇一〇］）。
11 阿部［二〇〇五］。
12 この点について、芝村［一九九三］、阿部［二〇〇五］の優れた指摘を参照した。
13 磯村［二〇一〇］、一九八頁。
14 『朝日新聞』二〇〇四年八月二七日。
15 吉富［二〇〇三］。
16 改革案の策定にあたっては、上山と関係の深いコンサルティング会社のマッキンゼーが重要な役割を果したという。その成果は、上山＋大阪市役所［二〇〇八］にまとめられている。
17 二〇〇五年の出直し選挙でも、關淳一の有力な対立候補として、民主党前衆議院議員だった辻恵が立候補している。しかし、このときは、「相乗り」を志向した關に対して、自民党側が「市労連の支援は受けないとした關氏が民主の推薦を受けるのはおかしい」として民主党を外すことを突きつけ、關は自民党と公明党の推薦を受けることになった（時事通信二〇〇五年一一月一〇日）。民主党は対立候補を模索したが擁立できずに自主投票を決定したことで、辻は民主党を離党して無所属で立候補している。

18 なお、このときに江本を擁立して分裂を主導したのは、太田の初当選時に平岡を擁立したのと同じ府議たちである。

19『朝日新聞』二〇〇七年一〇月一六日。

20『朝日新聞』二〇〇七年一〇月三〇日。

21『朝日新聞』二〇〇七年一一月九日。

22『朝日新聞』二〇〇七年一一月三〇日。

23 読売新聞大阪本社社会部［二〇〇九］、一三一―三二頁、吉富［二〇一一］、二二一―二二頁。

24 それまで多くの選挙で自民党と共同歩調を取っていた公明党は、橋下のこれまでの発言に対する府議団からの批判が強いことで、当初は支持に難色を示していたが、最終的には支持を表明した。

25 時事通信二〇〇七年一二月一日。

26 時事通信二〇〇七年一二月五日。

27『朝日新聞』二〇〇八年二月六日。

28 時事通信二〇〇八年九月一〇日の記事によれば、知事は「地域連携の学校運営を行う方針のなかで、（結果の）公表、非公表を一つの重要な要素にして予算査定させてもらう」と述べたとされる。

29 二〇〇九年一月・一〇年一月の調査による。なお、「支持する」「支持しない」を尋ねることで、高い支持率が出やすい『読売新聞』に対して、「どちらとも言えない」が選択肢に入って相対的に支持率が低く出る『毎日新聞』の調査でも、約七割の大阪府民が支持するとしている。

30 国の直轄事業のうち、維持管理費については廃止され、建設費についても透明性を高める見直しが行われた。

31 砂原［二〇一二］。

32 時事通信二〇〇八年二月二〇日。

33 水道法上、水道の管理は市町村の業務であり、府は府内市町村への用水供給しか担っていない。さらに大阪府の場合、自己水源を持つ市町村もあり、池田市のように府営水道から六％程度しか供給を受けていないところもある。

34 特に大阪市の庭窪浄水場と大阪府の庭窪浄水場はともに守口市内で隣接している。またその対岸には大阪府の三島浄水場が置かれている。

35 時事通信二〇〇八年四月八日。

36 時事通信二〇〇八年六月二〇日。

37 時事通信二〇〇八年一二月一五日。

38 時事通信二〇〇九年三月三一日。

39 たとえば、池田市長だった倉田薫は大阪府市長会会長として、指定管理者制度を用いた手法に反対して、四二市町村の「企業団方式」を採用すべきであると橋下知事に申し入れている（倉田［二〇一一］、二四―二六頁）。

40 大阪港へのアクセスの悪さのひとつに、大阪市からの交通機関は大阪市交通局ではなく、大阪港トランスポートシステム（ＯＴＳ）が運営する短い路線となっている。この運転は大阪市交通局が行っているものの料金体系は別建てで、地下鉄からの乗り継ぎは料金が加算されるために割高となっている。磯村自身の回顧によれば、大都市の地下鉄建設の際には、既存市街地での混雑緩和・利便性向上を趣旨とする運輸省鉄道局の補助金が重要になるが、このときはその補助金を獲得することができなかった。同じ運輸省の港湾局から補助金を獲得できたものの、港湾局はこの延伸部分を大阪市交通局のものとは認めずに大阪市港湾局が別会社を創設して運営することを要求したことでこのような運営になったという（磯村［二〇一〇］、一三六―一三八頁）。これは、第Ⅲ章で登場した北大阪急行と同様に、大都市圏におけるリーダーシップの欠如を象徴するひとつの事例とも言えるだろう。

41 森［二〇〇四ａ］。

42 大阪市ウェブサイト http://www.city.osaka.lg.jp/shiseikaikakushitsu/page/0000034701.html による（二〇一二年七月三〇日確認）。

43 このとき法的整理ではなく特定調停が選択された理由は、大阪市の金銭的負担が少ないとされたことのほか、法的整理を行うことで大阪市の信用を失墜させることを避けたためであると説明される（森［二〇〇四b］）。

44 森［二〇〇四b］。

45 時事通信二〇〇九年八月一九日。

46 橋下・堺屋［二〇一一］、九〇―九一頁。

47 吉富［二〇一一］。

48 上山［二〇一〇］、吉富［二〇一一］、一六三―一六五頁。

49 大阪維新の会ウェブサイト「大阪再生マスタープラン」http://www.oneosaka.jp/policy/02.html による（二〇一二年七月三〇日確認）。

50 高寄［二〇一〇］、村上［二〇一〇］、村上・澤井［二〇一一］など。

51 橋下自らが、「大阪都構想も特別市構想も話が似ているようで違うような…そうなんです。実は本質的に同じ話をしているんです」と述べており（橋下・堺屋［二〇一一］、一九五頁）、「大阪都」を府県というよりも大都市として認識しようとしていることがわかる。

52 時事通信二〇一〇年五月二四日。

53 『毎日新聞』二〇一一年一月二四日、『読売新聞』二〇一一年一月二四日、『朝日新聞』二〇一一年二月一日。

54 大阪の統一地方選挙だけを考えると、大阪府議会議長経験者である長田義明が、震災に関する失言問題を引き起こして自民党公認を取り消されるという事件が起きている。

55 時事通信二〇一一年四月一三日。

56 ただし、橋下知事が辞職して再度知事に立候補することも制度的には可能だったが、同一人物の出直し選挙であるため、その場合は残任期間が満了する数ヵ月後に再度知事選挙が必要になり、現実的な可能性はきわめて低いと見られていた。

57 時事通信二〇一一年七月二二日。

58 自民党ではその他前衆議院議員の中山泰秀も独自に立候補する動きを見せた。

59 もちろん、所得の高い地域という問題と、所得の高い個人という問題は異なるので、地域の問題と個人の問題を混同する生態学的誤謬 ecological fallacy の可能性があることは留保される必要がある。

60 砂原［二〇一一a］。

61 たとえば、滋賀県や静岡県、広島県などでは知事との関係をめぐって県議会自民党が分裂した。しかし、政権をとった民主党が国政の運営に躓くなかで、二〇一一年の統一地方選挙を前に再度自民党として合流する例が目立っている。

第V章

1 Estevez-Abe [2008]。

2 Chhibber and Kollman [2004]、Hicken [2009]。

3 大川［二〇一一］。

4 御厨［一九九六］。

5 そのなかでも、二〇〇九年東京都議会選挙は、直後の衆議院総選挙の前哨戦という位置づけが過度に強調されたものだった。東京都議会選挙が自民党と民主党という国政の二大政党の枠組みで争われ、民主党が大勝するという構図は、当時の麻生政権に大きな打撃を与えたし、約二ヵ月後の総選挙ではほとんど同じ帰結が生み出された。

6 金井［二〇一二］、一五五頁。

7 二〇一二年二月一七日に決定された社会保障・税一体改革大綱では、「五　地方税制」において、「地域主権改革の推進及び国と地方を通じた社会保障制度の安定財源の確保の観点から、地方消費税を充実するとともに、地方法人課税のあり方を見直すことなどにより、税源の偏在性が小さく、税収が安定的な地方税体系を構築する」とされている。

8 たとえば佐藤［二〇一一］。

9 公共的な支出が地域の不動産の価値を高めることを、公共支出の「資本化」という。このような効果がありうる政策分野では、同じような議論ができるだろう。

10 大阪維新の会ウェブサイト「『分市』をめぐる議論について」http://www.oneosaka.jp/policy/05.html による（二〇一二年七月三〇日確認）。

11 このような観点からの都区財政調整制度の説明については、金井

[二〇一二]、一四九―一五二頁を参照。

12 地方自治法第二五二条の一七の二第一項で、都道府県は、都道府県知事の権限に属する事務の一部を、条例の定めるところにより、市町村が処理することとすることができる。また、都道府県教育委員会に属する事務については、地方教育行政の組織及び運営に関する法律第五五条第一項によって同様の処理が認められている。

13 森[二〇〇四a]の提示する概念では、「動態的」な市場の欠陥に対応する政府の役割と言える。

14 森[二〇〇四a]。

15 上山[二〇一〇]。

16 松谷[二〇一〇]。

17 たとえば上山[二〇一〇]でも、交通事業や水道事業の民営化が主張されている。

18 大都市の自治体が民営化された民間企業の株式を十分に持てばよい、という議論はあるかもしれない。しかし、それによって民営化された企業の方針が左右されるのであれば、それは民営化と呼ばないだろう。

19 特に集権―分権の理解について本書の議論とやや異なる部分はあるが、加茂利男は二〇年前に、「グローバル経済の受け皿としての大都市と、より公共性・共同性の強い生活様式を求める居住空間としての都市という二つの要請」を見出し、大都市でこのような矛盾するふたつの論理が内包されることをすでに指摘している(加茂[一九九〇]、二四四頁)。

20 大阪維新の会の主要なブレーンである上山信一は、「大阪都構想」が「集権化+分権化+民営化」とイコールであると明確に述べている(上山[二〇一二])。ここにトレードオフという視点はない。

21 野田[二〇一二]。なお、これらの調査結果と分析については、http://taweb.aichi-u.ac.jp/noday/data.html で参照可能である(二〇一二年七月三〇日確認)。

終章

1 第一三次地方制度調査会における中馬市長の口述記録による(『大都市制度史』(資料編)Ⅲ、八八九―八九〇頁)。中馬は自らの講演などで、たびたびこのエピソードを披露し、現状に縛られない先行施策の重要性を訴えていた。

2 特に大阪市については、二〇〇四年に発覚した職員厚遇問題を受けた阿部昌樹の論考で、この点が指摘されている(阿部[二〇〇五])。

3 日本の議論については、御厨[一九九六]を参照。

4 曽我[二〇一〇]。

5 ドイツでは、連邦を構成する一六の州のうち、首都であるベルリン市と第二の都市であるハンブルク市がそれぞれひとつの市で構成する都市州と、ブレーメンとブレーマーハーフェンの両市で構成する都市州という三つの都市州がある。

6 時事通信・官庁速報二〇一二年七月六日。

http://www.city.osaka.lg.jp/shiseikaikakushitsu/cmsfiles/contents/0000053/53962/31.pdf
図3－6　『President』2009年6月29日
http://president.jp/articles/-/1437?page=3
図3－7　『住民基本台帳人口移動報告年報　平成23年結果』
http://www.stat.go.jp/data/idou/2011np/kihon/pdf/gaiyou.pdf
図3－8　『平成24年度地方財政計画』
図3－9　『地方財政統計年報』各年版より筆者作成
図3－10　東京都ウェブサイト「都市と地方の共倒れを招く『法人二税の格差是正策』に反論する」
http://www.metro.tokyo.jp/INET/OSHIRASE/2007/10/20haq600.htm

表4－1　日本経済新聞社［1999］，60頁
表4－2　筆者作成
図4－1　曽我・待鳥［2007］，80頁
図4－2　大阪府ウェブサイト「府税収入の状況」
http://www.pref.osaka.jp/zaisei/joukyou/05fuzei.html
図4－3　森［2012］，95頁
図4－4　吉富［2011］，165頁
図4－5　各選挙結果から筆者作成

図5－1　筆者作成
図5－2　『日本の財政関係資料』（平成23年9月），60頁
http://www.mof.go.jp/budget/fiscal_condition/related_data/sy014_23.pdf
図5－3　大阪府自治制度研究会第2回資料9
http://www.pref.osaka.jp/attach/9799/00055416/shiryou02-09_gov.pdf

◎写真提供／読売新聞　138頁，167頁

Estevez-abe, Margarita, 2008, *Welfare and Capitalism in Postwar Japan*, Cambridge Univ. Press.
Hicken, Allen, 2009, *Building Party Systems in Developing Democracies*, Cambridge Univ. Press.

その他資料
『大阪社会労働運動史』
『大都市制度史』
『大都市制度史』（資料編）Ⅲ
『新修大阪市史』第六巻～第九巻
『データで見る大阪の姿』（平成17年度版）
『住民基本台帳人口移動報告年報　平成23年結果』
『地方財政統計年報』各年版

図表出典一覧

図0－1　筆者作成

表1－1　持田［1985］，85頁
表1－2　『大都市制度史』，318頁
図1－1　『新修大阪市史』8巻132頁

表2－1　『大阪社会労働運動史』，564，653，1006，1007，1161頁
表2－2　『大阪社会労働運動史』，1162頁
表2－3　功刀［2009］，64頁より一部抜粋
表2－4　『新修大阪市史』9巻584-585頁を一部修正
図2－1　各選挙結果から筆者作成
図2－2　各選挙結果から筆者作成
図2－3　菅原［2009］，26頁

表3－1　人口は国勢調査人口，面積は『大都市制度史』（資料編）Ⅲ，851，860頁
図3－1　『住民基本台帳人口移動報告年報　平成23年結果』
http://www.stat.go.jp/data/idou/2011np/kihon/pdf/gaiyou.pdf
図3－2　大阪市都市再開発局［1979］
図3－3　データで見る大阪の姿（平成17年度版）
http://www.city.osaka.lg.jp/seisakukikakushitsu/page/0000011042.html
図3－4　データで見る大阪の姿（平成17年度版）
http://www.city.osaka.lg.jp/seisakukikakushitsu/page/0000011042.html
図3－5　大阪市都市整備局［2009］

参考文献

水内俊雄, 2001,「大阪市大正区における沖縄出身者集住地区の「スラム」クリアランス」『空間・社会・地理思想』6：22-50.

水内俊雄, 2004,「スラムの形成とクリアランスからみた大阪市の戦前・戦後」『立命館大学人文科学研究所紀要』83：23-69.

源川真希, 2007,『東京市政－首都の近現代史』日本経済評論社

宮本太郎, 2008,『福祉政治－日本の生活保障とデモクラシー』有斐閣

武者加苗・高林喜久生, 2010,「パネルベイからバッテリーベイへ－大阪湾岸大型設備投資の経済波及効果」『都市問題研究』62（2）：54-73.

村上弘, 2004,「大阪府の財政－相乗り与党体制の意味」関西大学法学研究所大都市圏選挙研究班『大都市圏における選挙・政党・政策　－大阪都市圏を中心に－』

村上弘, 2010,「「大阪都」の基礎研究－橋下知事による大阪市の廃止構想」『立命館法学』331：241-332.

村上弘・澤井勝, 2011,『大阪都構想Q&Aと資料－大阪・堺が無力な「分断都市」になる』公人社

村松岐夫, 1988,『地方自治』東京大学出版会

持田信樹, 1984,「日本における近代的都市財政の成立（1）」『社会科学研究』36（3）：95-142.

持田信樹, 1985,「日本における近代的都市財政の成立（2）」『社会科学研究』36（6）：49-197.

持田信樹, 1993,『都市財政の研究』東京大学出版会

持田信樹・堀場勇夫・望月正光, 2010,『地方消費税の経済学』有斐閣

森裕之, 2004a,「公企業としての第三セクターによる社会資本運営－ATCおよびWTCを事例として－」『経営研究』54（4）：1-15.

森裕之, 2004b,「第三セクターの財政危機と再建問題－ATCおよびWTCの特定調停を素材として」『政策科学』12（1）：27-36.

森裕之, 2012,「維新の会は大阪をどう改造しているか」『世界』832：94-102.

八木寿明, 2008,「密集市街地の整備と都市防災」『レファレンス』7-25.

山田真裕, 2007,「保守支配と議員間関係－町内2派対立の事例研究」『社会科学研究』58（5/6）：49-66.

山中永之佑, 1995,『近代市制と都市名望家』大阪大学出版会

横道清孝, 2010,「日本における道州制の導入論議」財団法人自治体国際化協会・政策研究大学院大学比較地方自治研究センター『アップ・ツー・デートな自治関係の動きに関する資料』No.3

吉富有治, 2003,『大阪破産』光文社

吉富有治, 2011,『橋下徹　改革者か壊し屋か－大阪都構想のゆくえ』中公新書ラクレ

読売新聞大阪本社社会部, 2009,『徹底検証「橋下主義（ハシモトイズム）」－自治体革命への道』梧桐書院

Chhibber, Pradeep, K., and Ken Kollman, 2004, *The Formation of National Party Systems: Federalism and Party Competition in Canada, Great Britain, India, and the United States*, Princeton Univ. Press.

西尾勝，1979，「過疎と過密の政治行政」『年報政治学1977　55年体制の形成と崩壊』，pp. 193-258.
西村雄郎，2008，『大阪都市圏の拡大・再編と地域社会の変容』ハーベスト社
日本経済新聞社，1999，『自治体破産－関西で何が起きているのか』日本経済新聞社
野田遊，2012，「大阪都構想と自治－大阪市民の意向調査の分析から」『地域政策学ジャーナル』1（1）：61-82.
橋下徹・堺屋太一，2011，『体制維新－大阪都』文春新書
長谷川裕子，2003，「補論D　道州制に関する諸提案の検証」内閣府社会経済総合研究所『州制の導入および地方分権改革と地域経済の活性化に関する調査研究』http://www.esri.go.jp/jp/prj-rc/forum/shusei/shuseimain.html 2012年7月30日確認
林昌宏，2009，『港湾整備における行政の多元化とその影響－大阪湾の港湾整備に関する分析』大阪市立大学大学院創造文化研究科博士論文
原純輔，1993，「政治的態度の変容と階層，ジェンダー」直井優・盛山和夫・間々田孝夫編『日本社会の新潮流』東京大学出版会，pp. 101-120.
原武史，1998，『「民都」大阪対「帝都」東京』講談社選書メチエ
原田敬一，1985，「戦後大阪市政と大気汚染問題」『大阪の歴史』15：51-81.
原田敬一，1997，『日本近代都市史研究』思文閣出版
坂野潤治，2004，『昭和史の決定的瞬間』ちくま新書
平山洋介，2011，『都市の条件－住まい，人生，社会持続』NTT出版
藤森照信，2004，『明治の東京計画』岩波現代文庫
ヘインズ，ジェフリー・E，2007，『主体としての都市－關一と近代大阪の再構築』勁草書房
別所俊一郎，2006，「中央と地方の財政役割分担の経緯と現状－全国総合開発計画のケース」『財務省財務総合政策研究所と中国国務院発展研究中心（DRC）との「中央と地方の役割分担と財政の関係」に関する共同研究最終報告書』http://warp.ndl.go.jp/info:ndljp/pid/1022127/www.mof.go.jp/jouhou/soken/kouryu/dt54/dt54.htm 2012年7月30日確認
保阪正康，2010，『田中角栄の昭和』朝日新書
堀内勇作・斉藤淳，2003，「選挙制度改革に伴う議員定数配分格差の是正と補助金配分格差の是正」『レヴァイアサン』32：29-49.
堀田暁生，1994，「大阪市の成立と大阪市参事会」『大阪市公文書館研究紀要』6：3-17.
前田幸男，1995，「連合政権構想と知事選挙－革新自治体から総与党化へ」『国家学会雑誌』108（11/12）：1329-1390.
松谷明彦，2010，『人口減少時代の大都市経済－価値転換への選択』東洋経済新報社
的場敏博，1992，「戦後前半期の社会党－指導者の経歴を手掛かりに」『年報政治学91　戦後国家の形成と経済発展：占領以後』岩波書店，75-95.
御厨貴，1984，『首都計画の政治』山川出版社
御厨貴，1995，「国土計画と開発政治－日本列島改造と高度成長の時代」『年報政治学95　現代日本政官関係の形成過程』，pp.57-76.
御厨貴，1996，『東京－首都は国家を超えるか』読売新聞社

験から何を学ぶことができるか」『公共政策研究』7：132-144.
砂原庸介，2010，「地方における政党政治と二元代表制－地方政治レベルの自民党「分裂」の分析から」『レヴァイアサン』47：89-107.
砂原庸介，2011a，『地方政府の民主主義－財政資源の制約と地方政府の政策選択』有斐閣
砂原庸介，2011b，「地方への道－国会議員と地方首長の選挙政治」『年報政治学2011－II』，pp. 98-121.
砂原庸介，2012，「政権交代と利益誘導政治」御厨貴編『政治主導の教訓－政権交代は何をもたらしたのか』勁草書房，pp. 55-79.
曽我謙悟・待鳥聡史，2007，『日本の地方政治－二元代表制政府の政策選択』名古屋大学出版会
曽我謙悟，2010，「都市化と一極集中の政治学－一極集中は地方分権により緩和されるのか？」日本比較政治学会編『都市と政治的イノベーション』ミネルヴァ書房，pp. 89-110.
高畠通敏，1979，「大衆運動の多様化と変質」『年報政治学1977　55年体制の形成と崩壊』
高寄昇三，2010，『大阪都構想と橋下政治の検証－府県集権主義への批判』公人の友社
竹中治堅，2006，『首相支配－日本政治の変貌』中公新書
田中角栄，1967，「自民党の反省」『中央公論』82（7）：284-293.
田中角栄，1968，「日本列島改造の青写真」『文藝春秋』46（2）：120-128.
谷謙二，2007，「人口移動と通勤流動から見た三大都市圏の変化－大正期から現在まで」『日本都市社会学会年報』25：23-36.
田村秀，2004，『道州制・連邦制－これまでの議論・これからの展望』ぎょうせい
中馬馨，1972，『市政に夢を－前大阪市長中馬馨遺稿集』大阪都市協会
津田真澂，1972，『日本の都市下層社会』ミネルヴァ書房
土山希美枝，2007，『高度成長期「都市政策」の政治過程』日本評論社
徳田剛・妻木進吾・鰺坂学，2009，「大阪市における都心回帰－1980年以降の統計データの分析から」『評論・社会科学』88：1-43.
都市環境研究会，1988，『都市とウォーターフロント－沿岸域の管理・計画』都市文化社
富田信男，2003，「少数政党のあゆみ－公明党を中心として」『現代日本政党史録3　55年体制前期の政党政治』第一法規，pp. 399-461.
豊田哲也，2007，「社会階層分極化と都市圏の空間構造－三大都市圏における所得格差の比較分析」『日本都市社会学会年報』25：5-21.
中川清，1985，『日本の都市下層』勁草書房
中嶋久人，2010，『首都東京の近代化と市民社会』吉川弘文館
中山徹，1995，『「検証」大阪のプロジェクト』東方出版
名武なつ紀，2007，『都市の展開と土地所有－明治維新から高度成長期までの大阪都心』日本経済評論社
西尾正也，1998，『私の大阪市史』イグザミナ

加茂利男, 1990,「転換期の大都市制度と東京・大阪」大阪市立大学経済研究所編『世界の大都市7　東京・大阪』東京大学出版会, pp. 227-250.
加茂利男, 1993,『日本型政治システム－集権構造と分権改革』有斐閣
加茂利男, 2005,『世界都市－「都市再生」の時代の中で』有斐閣
カルダー, ケント, 1989,『自民党長期政権の研究－危機と補助金』文藝春秋
河村和徳, 2008,『現代日本の地方選挙と住民意識』慶應義塾大学出版会
関西新聞社特別取材班, 1987,『知事誕生－大阪はこうして知事をつくった』産業新潮社
喜多見富太郎, 2010,『地方自治護送船団－自治体経営規律の構造と改革』慈学社出版
北村亘, 2009,『地方財政の行政学的分析』有斐閣
功刀俊洋, 2008,「革新市政発展前史－1950～60年代の革新市長（3）」『行政社会論集』21（1）: 1-70.
功刀俊洋, 2009,「革新市政発展前史－1950～60年代の革新市長（2の下）」『行政社会論集』22（2）: 1-64.
倉田薫, 2011,『拝啓　大阪府知事橋下徹様－あなたは日本を変えてくれますか？』情報センター出版局
黒田隆幸, 1996a,『それは西淀川から始まった－大阪都市産業公害外史【公害篇】都市産業公害の原点・西淀川公害』同友館
黒田隆幸, 1996b,『それは西淀川から始まった－大阪都市産業公害外史【行政篇】関一と中馬馨の大阪都市経営』同友館
小西砂千夫, 2007,『地方財政改革の政治経済学－相互扶助の精神を生かした制度設計』有斐閣
小山仁示, 1988,『西淀川公害－大気汚染の被害と歴史』東方出版
斉藤淳, 2010,『自民党長期政権の政治経済学－利益誘導政治の自己矛盾』勁草書房
佐賀朝, 2007,『近代大阪の都市社会構造』日本経済評論社
櫻井良樹, 2003,『帝都東京の近代政治史－市政運営と地域政治』日本経済評論社
佐藤竺, 1965,『日本の地域開発』未来社
佐藤主光, 2011,『地方税改革の経済学』日本経済新聞出版社
芝村篤樹, 1982,「戦後形成期の大阪府公害行政について」『大阪の歴史』6: 1-34.
芝村篤樹, 1993,「専門官僚制・市民参加・そして区政」大阪市政調査会編『新・都市自治論』ぎょうせい, pp. 223-241.
芝村篤樹, 1998,『日本近代都市の成立－1920・30年代の大阪』松籟社
島田裕巳, 2007,『公明党 vs. 創価学会』朝日新書
下村太一, 2011,『田中角栄と自民党政治－列島改造への道』有志舎
庄司光・宮本憲一, 1964,『恐るべき公害』岩波新書
庄司光・宮本憲一, 1975,『日本の公害』岩波新書
菅原琢, 2009,「自民党政治自壊の構造と過程」御厨貴編『変貌する日本政治－90年代以後「変革の時代」を読みとく』勁草書房, pp. 13-42.
杉原薫・玉井金五編, 1996,『大正・大阪・スラム［増補版］』新評論
砂原庸介, 2007,「中央政府の財政再建と地方分権改革－地方分権改革推進会議の経

参考文献

赤木須留喜，1977，『東京都政の研究－普選下の東京市政の構造』未来社
阿部昌樹，2001，「住宅政策における自治体の役割」原田純孝編『日本の都市法II 諸相と動態』東京大学出版会，pp. 299-320.
阿部昌樹，2005，「大阪市における都市自治の現状と課題－「都市経営」から「都市政治」へ」『市政研究』149：30-49.
石田博英，1963，「保守政党のビジョン」『中央公論』78（1）：88-97.
石田頼房，1987，『日本近代都市計画の百年』自治体研究社
磯村隆文，2010，『学者市長の人生』水山産業株式会社出版部
井出嘉憲，1972，『地方自治の政治学』東京大学出版会
井上義比古，1992，「国会議員と地方議員の相互依存力学－代議士系列の実証研究」『レヴァイアサン』10：133-155.
上山信一＋大阪市役所，2008，『行政の経営分析－大阪市の挑戦』時事通信社
上山信一，2010，『大阪維新－橋下改革が日本を変える』角川 SSC 新書
上山信一，2012，『公共経営の再構築－大阪から日本を変える』日経 BP 社
運輸省港湾局，1990，『豊かなウォーターフロントをめざして－「21世紀への港湾」フォローアップ』大蔵省印刷局
大川千寿，2011，「自民党対民主党（2）－2009年政権交代に至る政治家・有権者の動向から」『国家学会雑誌』124（3/4）：193-247.
大阪市都市再開発局，1978，『座談会 大阪の戦災復興その一』
大阪市都市再開発局，1979，『座談会 大阪の戦災復興その二』
大阪市都市再開発局，1982，『座談会その四 都市整備をめぐる戦前の回想－高津さんをかこんでー』
大阪市都市整備局，2009，「住宅地区改良事業住宅市街地総合整備事業（拠点開発型・密集住宅市街地整備型）・生野区南部地区整備事業実施状況説明資料」
大阪府企業局，1982，『新都市の創造－ニュータウンと臨海工業地帯』
大阪府建築部住宅建設課，1985，『府営住宅の歩み』
大阪府総務部法政調査課，1973，『都道府県合併に関する資料』
大杉覚，1991，『戦後地方制度改革の〈不決定〉形成－地方制度調査会における審議過程をめぐって』東京大学都市行政研究会　研究叢書 4
大原光憲・横山桂次，1965，『産業社会と政治過程－京葉工業地帯』日本評論社
小田康徳，1987，『都市公害の形成－近代大阪の成長と生活環境』世界思想社
加藤政洋，2002，『大阪のスラムと盛り場－近代都市と場所の系譜学』創元社
角谷広樹・山谷武，2010，「大阪港におけるスーパー中枢港湾に関する取り組みと産業・物流機能の強化」『都市問題研究』62（2）：85-104.
金井利之，2012，「東京都性論－あるいは人間不在の都政」飯尾潤・苅部直・牧原出編『政治を生きる－歴史と現代の透視図』中公叢書，pp.130-164.
蒲島郁夫，2004，『戦後政治の軌跡－自民党システムの形成と変容』岩波書店

◎歴代大阪府知事・市長

大阪府知事　戦後

赤間文三	1947～59
左藤義詮	1959～71
黒田了一	1971～79
岸　昌	1979～91
中川和雄	1991～95
横山ノック	1995～99
太田房江	2000～08
橋下　徹	2008～11
松井一郎	2011～

大阪市長

田村太兵衛	1898～1901
鶴原定吉	1901～05
山下重威	1905～09
植村俊平	1910～12
肝付兼行	1913
池上四郎	1913～23
關　一	1923～35
加々美武夫	1935～36
坂間棟治	1936～45
中井光次	1945～46
近藤博夫	1947～51
中井光次	1951～63
中馬　馨	1963～71
大島　靖	1971～87
西尾正也	1987～95
磯村隆文	1995～2003
關　淳一	2003～07
平松邦夫	2007～11
橋下　徹	2011～

大阪関連年表

西暦	元号	全国の動き	大阪府の動き	知事	大阪市の動き	市長
一八七八	明治一一	三新法制定				
一八八四	一七				阪堺鉄道（最初の私鉄）創立	
一八八八	二一	市制施行（三市特例）。東京市区改正条例			この頃から「予選体制」形成	
一八九〇	二三	府県制制定				
一八九一	二四				名護町取り払い（最初のスラム・クリアランス）	
一八九二	二五				上水道敷設開始	
一八九七	三〇				第一次市域拡張 大阪築港開始	
一八九八	三一	三市特例廃止				
一九〇二	三五		煤烟防止に関する意見書			
一九〇三	三六				市営市街電車開業。第五回内国勧業博覧会	
一九一一	四四	市制改正（専門官僚制による近代都市行政）				
一九一四	大正三	第一次世界大戦（〜一八）				
一九一八	七		方面委員制度導入		米騒動、市区改正条例準用	

一九一九	八	都市計画法制定		大都市事務協議会第一回会議
一九二二	一一	六大都市行政監督に関する法律		
一九二三	一二	関東大震災		
一九二五	一四	男子普通選挙導入		第二次市域拡張
一九二六	昭和元		大阪府庁舎完成	
一九二七	二			御堂筋完成
一九二九	四	救護法制定		
一九三二	七	大東京成立	大阪府煤煙防止規則	
一九三三	八			大阪市営地下鉄御堂筋線
一九四〇	一五	地方分与税制度・義務教育国庫負担制度		
一九四三	一八	東京都制施行		
一九四五	二〇	第二次世界大戦終結		
一九四六	二一	第一回総選挙。第一次地方制度改革		
一九四七	二二	統一地方選挙。地方自治法で特別市制導入		周辺七町村の合併申請（棄却）。大阪港復興計画
一九五〇	二五	シャウプ勧告	大阪府事業場公害防止条例	
一九五一	二六	神戸委員会第二次勧告（特別市挫折）		
一九五四	二九	地方交付税制度導入		

赤間

近藤

一九五五	三〇	五五年体制成立		第三次市域拡張
一九五六	三一	政令指定都市制度導入	公明党、参議院で議席	
一九五七	三二	第四次地方制度調査会		
一九五九	三四			地盤沈下防止条例
一九六〇	三五	社会党分裂	企業局設置	
一九六一	三六		商工部公害課設置	釜ヶ崎暴動
一九六二	三七	全国総合開発計画策定。煤煙規制法制定	千里ニュータウン初入居	阪神高速道路公団発足
一九六三	三八	第九次地方制度調査会（府県連合制度） 近畿圏整備法	関経連、阪奈和合併案	公害対策部設置
一九六四	三九	工場制限法（近畿圏）制定		
一九六七	四二	公害対策基本法 美濃部亮吉東京都知事当選	泉北ニュータウン初入居	
一九六八	四三	自民党「都市政策大綱」		
一九六九	四四		大阪府公害防止条例	市電廃止
一九七〇	四五	第一四次地方制度調査会（市域拡張挫折）。大気汚染防止法・水質汚濁防止法等制定	大阪万国博覧会	北大阪急行開業
一九七一	四六		泉北高速鉄道開業	
一九七二	四七	田中角栄『日本列島改造論』		

府知事：左藤

市長：中井　中馬

大阪関連年表

西暦	和暦	国	大阪府	大阪市
一九七三	四八	いわゆる福祉元年。石油ショック		
一九七七	五二			南港ポートタウン開業
一九八二	五七		大阪二一世紀協会設立	
一九八五	六〇	プラザ合意		「テクノポート大阪」基本構想
一九八八	六三			乱脈支出問題発覚
一九九二	平成 四	大阪湾臨海地域開発整備法		
一九九三	五	国会「地方分権の推進に関する決議」。自民党下野、細川連立政権成立		
一九九四	六		関西国際空港開業	二〇〇八年五輪招致宣言
一九九五	七	阪神・淡路大震災	木津信用組合破綻	WTCビル完成
一九九六	八	小選挙区制で初の総選挙	泉佐野コスモポリス破綻 りんくうゲートタワービル完成	
一九九八	一〇		財政再建プログラム（案）	
一九九九	一一	平成の大合併スタート		
二〇〇二	一四	工場等制限法廃止。都市再生特別措置法		
二〇〇三	一五		地方自治研究会中間まとめ	スーパー指定都市構想
二〇〇四	一六			職員厚遇問題発覚

府知事：黒田 → 岸 → 中川 → 横山

市長：大島 → 西尾 → 磯村

二〇〇五	一七	三位一体改革		關出直し選挙
二〇〇六	一八		企業局廃止。神戸空港開港	
二〇〇七	一九		関西国際空港B滑走路供用開始	
二〇〇八	二〇	地方法人特別税制度。リーマン・ショック		
二〇〇九	二一	民主党政権誕生		生活保護急増
二〇一〇	二二		「大阪都構想」発表。大阪維新の会結成	
二〇一一	二三		府市ダブル選挙。府市統合本部設立	
二〇一二	二四	大都市地域特別区設置法	関空・伊丹経営統合	
			太田 → 橋下 → 松井	關 → 平松 → 橋下

砂原庸介（すなはら・ようすけ）

1978（昭和53）年大阪府生まれ．2001年東京大学教養学部総合社会科学科卒業．06年同大学大学院総合文化研究博士後期課程単位取得退学．09年博士（学術）取得．日本学術振興会特別研究員を経て，09年より大阪市立大学大学院法学研究科准教授（専攻，行政学・地方自治）．

著書『地方政府の民主主義─財政資源の制約と地方政府の政策選択』（有斐閣，2011年．2012年日本公共政策学会 日本公共政策学会賞〔奨励賞〕受賞）

共著『変貌する日本政治』（勁草書房，2009年）
『政治主導の教訓』（勁草書房，2012年）他多数

大阪《おおさか》——大都市《だいとし》は国家《こっか》を超《こ》えるか

中公新書 *2191*

2012年11月25日発行

著 者 砂原庸介
発行者 小林敬和

本文印刷 三晃印刷
カバー印刷 大熊整美堂
製 本 小泉製本

発行所 中央公論新社
〒104-8320
東京都中央区京橋 2-8-7
電話 販売 03-3563-1431
編集 03-3563-3668
URL http://www.chuko.co.jp/

Published by CHUOKORON-SHINSHA, INC.
Printed in Japan ISBN978-4-12-102191-5 C1231

中公新書

政治・法律

h1